Henri Caffarel

PRÄSENT SEIN FÜR GOTT

Hundert Briefe über das Gebet

Herausgegeben von Frank Höfer

Übersetzt von Hans Urs von Balthasar
und Frank Höfer

HERDER

FREIBURG · BASEL · WIEN

Wir danken dem Oikos e. V. für die freundliche Unterstützung dieser Auflage.

Titel der französischen Originalausgabe:
100 lettres sur la prière

Titel der gekürzten deutschen Erstausgabe:
Saal der tausend Türen. Briefe über das Gebet

Die Bibelverse ohne Angabe zur Bibelübersetzung sind freie Bibelübersetzungen der Verfasser.
Bibelstellen mit dem Vermerk EÜ sind der folgenden Bibelübersetzung entnommen: Einheitsübersetzung der Heiligen Schrift, vollständig durchgesehene und überarbeitete Ausgabe © 2016 Katholische Bibelanstalt, Stuttgart. Alle Rechte vorbehalten.

FSC
www.fsc.org
MIX
Papier | Fördert gute Waldnutzung
FSC® C014496

Hermann-Herder-Straße 4, 79104 Freiburg

www.herder.de

Bei Fragen zur Produktsicherheit wenden Sie sich an
produktsicherheit@herder.de

Satz: Röser MEDIA GmbH & Co. KG, Karlsruhe
Herstellung: GGP Media GmbH, Pößneck

Printed in Germany

ISBN 978-3-451-39099-9

Inhalt

Vorbemerkung zur Übersetzung

In den Neunzigerjahren des vorigen Jahrhunderts hatten meine Frau und ich die Gelegenheit, Henri Caffarel persönlich kennenzulernen. Seitdem begleitet uns sein Buch über das Gebet im französischen Original. Deutschen, die kein Französisch können und beten lernen wollen, haben wir regelmäßig die vom Johannes-Verlag seit 1979 verlegte, aber leider sehr stark gekürzte Übersetzung empfohlen (Titel: *Der Saal der tausend Türen*). Wir sind glücklich, dass wir nun das Buch ungekürzt für deutsche Leser veröffentlichen können, sodass die von Pater Caffarel realisierte Anordnung mit den entsprechenden schrittweisen Anregungen voll erhalten bleibt.

Dem Johannes-Verlag sei hier Dank gesagt, dass die für die gekürzte Ausgabe von Hans Urs von Balthasar bereits übersetzten Briefe in dieser vollständigen Ausgabe übernommen werden konnten. Am Schluss befindet sich eine Aufstellung, aus der man ersehen kann, welche Briefe von Hans Urs von Balthasar und welche von mir übersetzt worden sind.

Dank gebührt dem Innsbrucker Bischof Hermann Glettler, der das Projekt mit seiner zupackenden Begeisterung sofort aufgegriffen und unterstützt hat, und dem Herder-Verlag, der spontan bereit war, die

Veröffentlichung zu übernehmen, und mit großer Geduld alle Schwierigkeiten aus dem Weg geräumt hat. Danken will ich hier auch dem Oikos e. V. (www.oikos-verein.de) und dessen Spendern. Die von dorther kommende finanzielle Unterstützung hat Hürden, die einer Veröffentlichung im Weg standen, problemlos bewältigt. All die Freunde, die geholfen haben, kann ich hier nicht namentlich nennen. Schon um ihre Hilfsbereitschaft zu wissen, hat der Arbeit an dem Projekt Schwung verliehen. Und – last, not least – ist hier meine Frau Claire zu nennen, die mir bei der Übersetzung mit der unerbittlichen Genauigkeit der Germanistin zur Seite stand und die nie daran gezweifelt hat, dass die Veröffentlichung des Originalbuchs von Henri Caffarel eines Tages gelingen wird.

Frank Höfer

Geleitwort

Das Gebet ist nicht ein beliebiger Zeitvertreib. Es ist lebensnotwendig, es ist für die Seele, was der Atem für den Leib ist. Viele Menschen spüren den Hunger nach dem Gebet. Je hektischer und zerrissener die Zeit wird, desto deutlicher meldet sich in den Herzen der Menschen das Verlangen nach Halt, nach dem inneren Kompass, der durch die wirre Zeit hindurch Orientierung weist. Diese Suche bedarf der helfenden Hand, des wegweisenden Meisters. Zu viele Surrogate werden an den Wegen angeboten, die Stillung versprechen und sie doch nicht geben können.

Henri Caffarel gehörte zu den erfahrenen Bergführern des Gebetes. Seine „Briefe über das Gebet", sein „Haus des Gebetes" in Troussures wurden vielen Menschen zur sicheren Wegweisung auf der Suche nach dem lebendigen Beten. Lebensnah, bildreich, anschaulich, ermutigend wirken seine Worte. Sein langes, erfülltes Priesterleben – 66 Jahre wirkte er im priesterlichen Dienst – widmete er besonders der Seelsorge für die Eheleute und der Gebetsschulung. Seine Worte wirken weiter als Einladung, die Welt des Gebetes kennenzulernen: „Kommt und seht! Kostet und seht, wie gut der Herr ist."

„Meiner Ansicht nach ist das innere Gebet nichts anderes als ein freundschaftlicher Umgang, bei dem wir oftmals ganz allein mit dem reden, von dem wir wissen, dass er uns liebt." Mit diesen einfachen Worten beschreibt die „große" Hl. Teresa von Ávila in ihrer Lebensbeschreibung das innere Gebet. Henri Caffarel versteht es, uns in ebenso einfachen wie anschaulichen Worten diese höchste Gebetsweise nahezubringen. Manchen mag es scheinen, dass der Aufstieg zum kontemplativen Gebet ein schmaler Pfad, ein steiler Höhenweg ist, der nur wenigen Eingeweihten vorbehalten ist. Die Meister des Karmel, besonders die „kleine" Hl. Thérèse von Lisieux, sind derselben Überzeugung, die auch Henri Caffarel uns lehrt, dass jeder Getaufte zu diesem „freundschaftlichen Umgang" mit dem Gott berufen ist, der „uns liebt".

Herrn Frank Höfer gilt ein besonderer Dank. Durch seine Initiative ist dieses Buch entstanden. Möge diese erste deutsche Gesamtausgabe vielen Hilfe zum Gebet sein. Lernen können wir es letztlich nur durch das eigene „Beten ohne Unterlass" (vgl. 1 Thess 5,17).

Christoph Kardinal Schönborn
Wien, am 8. Dezember 2021

Einleitung

Das 2. Vatikanische Konzil hat die Laien mit Nachdruck an die Forderung des Evangeliums erinnert, für die Welt präsent zu sein, aber es hat sie – und dies wurde nicht immer ausreichend bemerkt – nicht weniger kraftvoll ermahnt, sich zuallererst in die Gegenwart Gottes zu begeben. Was wäre denn eine Präsenz für die Welt von Zeugen, die nicht Jenen aufgesucht hätten, für den sie Zeugnis ablegen sollen, von Wortführern, die nicht auf Jenen hörten, dessen Botschaft sie übermitteln sollen, von Arbeitern, die die Anweisungen des Bauherrn nicht entgegennehmen würden?

Für Gott präsent wird man im Wesentlichen durch das Gebet – ich spreche von jenem Gebet, das vor allem Anbetung und Opfergabe seiner selbst ist. Deshalb gibt es in diesen Zeiten, in denen die Christen sich ihrer apostolischen Berufung und ihrer weltlichen Aufgaben deutlicher bewusst werden, nichts, was wichtiger wäre, als sie in das Gebet einzuführen und ihnen beten zu helfen.

Dies ist der Grund für dieses Werk, das 100 Briefe über das Gebet vereint. Die meisten von ihnen sind in den *Cahiers sur l'oraison* erschienen (*Hefte über das Beten*, die Henri Caffarel ab 1957 publizierte; Anm. d. Übers.). Sie sind in zehn Kapiteln um zehn grundlegende Themen herumgruppiert.

Der Leser möge zu diesem Buch bitte nicht greifen, wenn er eine systematische Abhandlung über das Gebet erwartet! Er würde enttäuscht werden. Diese Seiten geben nicht vor, alles über das Thema zu sagen, und bieten nicht die strenge Logik eines Handbuchs. Es handelt sich um eine geordnete Art Austausch von Gesichtspunkten. Spontane und vielfältige Fragen, die auftauchen, werden im vertraulichen Gesprächston beantwortet. Das hindert nicht, dass sich in den Zeilen dieses Buchs eine umfassende Theologie des Gebets sowie die Erfahrung von großen Betern verbergen, welche die christliche Tradition im Lauf der Jahrhunderte bereichert haben.

Man sollte es sich auch versagen, diese Texte in einem Zug durchzulesen. Man würde ihre Botschaft verpassen. Der Autor wünscht sich, dass der Leser nicht mehr als einen Brief pro Tag liest; und dass der Brief so gelesen wird, wie er geschrieben wurde: betend; dass der Brief Gegenstand der Meditation sei, eine Einladung, in das Vertrauensverhältnis mit Gott einzutreten.

Die vorgelegte Ordnung der Briefe ist nicht zwingend. Jeder soll sich an seinen Bedürfnissen orientieren.

Der Leser hüte sich vor allem davor, seine Lektüre fortzusetzen, wenn er sich zu innerem Schweigen eingeladen fühlt. Der einzige wirkliche Gebetsmeister ist der Heilige Geist. Wenn er uns in unserem eigenen Inneren ruft, muss man alles verlassen und reine Aufmerksamkeit werden.

„Der Herr, der dich ruft, ist da“

Wenn man die Freundschaft oder die Liebe definiert, beschränkt man sich oft auf die Beschreibung der Gefühle und der Verhaltensweisen eines der beiden Partner. Dieser Irrtum findet sich in vielen Büchern, die vom Gebet handeln: Sie beschränken sich auf das, was der Mensch tut, obwohl das Gebet eine Begegnung und ein Austausch der Liebe zwischen Gott und dem Menschen ist, ein Tun zu zweit.

Wenn wir uns zum Beten begeben, brauchen wir die Überzeugung, dass Gott uns dort erwartet. (1. Du wirst erwartet) – Sicherlich ist Gott überall. Aber der Ort, an den er uns einlädt, ist im Herzen unseres Seins, um uns mit sich in jenem Dialog der Liebe zu verbinden, der das Gebet ist. (2. Das Haus des Herrn) – Lernen wir, unsere Gefühle und Gedanken gegenüber Dem, der uns empfängt, spontan und in aller Einfachheit auszudrücken. (3. Sprich mit ihm) – Wichtiger noch als unsere Worte sind unsere tiefgründigen Haltungen; da ist vor allem jene erste Antwort der Liebe des Menschen auf die Liebe Gottes, die darin besteht, sich seiner selbst zu entäußern, sich dem Herrn völlig zur Verfügung zu stellen. (4. Der Rat des alten Pfarrers) – Gabe seiner selbst, die nur wahrhaftig ist, wenn sie im Jetzt wirklich ist: glühende Aufmerksamkeit; unser ganzes Sein ist für Gott präsent, all unsere geistigen Kräfte sind wach. (5. Vor Gott stehen) – Damit unsere Worte und unsere inneren Neigungen Gott aber gefallen, muss man ihn zunächst fragen, was er uns sagen will und was für eine Antwort er von uns erwartet. (6. Rede, Herr, dein Diener hört) – So wird jedes Gebet wie in jeder Liebesbegegnung jeden Tag neu sein, ursprünglich, sofern wir ein aufmerksames und erfindungsreiches Herz mitbringen. (7. Eine Erfindung der Liebe) – Trotz unseres guten Willens wird das Gebet oft nicht so sein, wie wir es uns wünschen würden: all unsere Kräfte auf den Herrn ausgerichtet, von ihm gefesselt. Aber wenn unser tiefes Sein Gott zugewandt ist, ist unser Gebet bereits wahrhaftig; es ist vielleicht sogar bereits weit fortgeschritten. (8. Das Wesentliche) – Müssen wir auf Methoden zurückgreifen, wenn das Beten schwerfällt? Ganz wie der Liebe widerstreben dem Gebet Methoden. Dennoch gibt es Gesetzmäßigkeiten des Dialogs. Sowohl in unseren Beziehungen mit Gott wie in denen zu einem anderen Menschen ist es sehr wichtig, diese zu kennen. (9. Gebetshaltung) – Aber letztlich darf man nicht vergessen, dass das Gebet vor der Initiative und dem Können des Menschen eine Gabe Gottes ist. (10. Das Gebet, eine Gabe Gottes)

1 Du wirst erwartet

Kennen Sie das Gefühl der Verlassenheit, wenn bei Ihrer Ankunft in einer unbekannten Stadt – in einem Hafen, am Bahnhof, auf dem Flugplatz – niemand da ist, der Sie erwartet? Wenn dagegen ein freundliches Gesicht Sie empfängt, Hände sich Ihnen entgegenstrecken: Wie wunderbar sind Sie dann getröstet, befreit von dem grausamen Eindruck, verirrt, verloren zu sein. Wie belanglos wird dann das fremde Gebaren, die fremde Sprache, diese ganze verwirrende große Stadt: Man erträgt es leicht, für alle ein Fremder zu sein, wenn man wenigstens für einen ein Freund, ein Bruder ist.

Wie tröstend erst, wenn Sie entdecken, dass Ihre Gastgeber Sie erwartet haben. Eltern und Kinder brauchen nicht große Worte zu sagen, damit Sie es erraten; der Empfang, eine bestimmte Weise des Entgegenkommens genügen. Und in Ihrem Zimmer werden gerade diese Blumen, dieser bestimmte Kunstband – man kennt Ihren Geschmack! – Sie vollends davon überzeugen.

Sie sollten, lieber Freund, wenn Sie beten wollen, fest davon überzeugt sein, erwartet zu werden: erwartet vom Vater, vom Sohn und vom Heiligen Geist, erwartet in der Familie des Dreifaltigen Gottes. Dort ist Ihre Wohnung bereitet! Denken Sie an das, was Christus gesagt hat: „Ich gehe, euch eine Wohnung zu bereiten!" Sie werden mir vielleicht entgegnen, er habe vom Himmel gesprochen. Gewiss. Aber gerade das Gebet ist der Himmel, wenigstens, was in ihm wesentliche Wirklichkeit ist: Gottes Gegenwart, Gottes Liebe, Gottes Empfang für sein Kind.

Wenn wir zum Herrn gehen, werden wir immer erwartet. Besser: Wir haben kaum ein paar Schritte getan, und schon kommt Gott uns entgegen, kommt er auf sein Kind zu. Erinnern Sie sich an das Gleichnis: „*Als er noch weit entfernt war, sah sein Vater ihn schon, war von Mitleid gerührt, eilte ihm entgegen, umarmte und küsste ihn.*" Und doch hatte dieser Sohn seinen Vater schwer beleidigt. Trotzdem wurde er ungeduldig erwartet.

2 Das Haus des Herrn!

Stephan und Sylvia, ein kinderloses Ehepaar, beide Ärzte, kamen vor ihrer Abreise in den fernen Urwald, wo sie sich mit zwei Missionaren allein einer ganz neuen christlichen Gemeinde widmen wollen, zu mir. Sie wissen, dass es hart sein wird, dass sie viel werden beten müssen, um durchzuhalten. Darum haben sie mich gebeten, mit ihnen zum letzten Mal vom Gebet zu sprechen, ihnen einen wesentlichen Rat zu geben. Als sie weggingen, baten sie mich dringend, für sie aufzuschreiben, was ich ihnen gesagt hatte.

Meine lieben Freunde! Jahrhundertelang sahen die Straßen und Fußwege in Judäa mehrmals im Jahr endlose Züge von Männern, Frauen und Kindern nach Jerusalem ziehen.

Die Berghänge in Judäa sind rau; die Sonne brennt heiß, es gibt nur wenig Schatten. Doch nichts konnte diese frommen Juden zurückhalten, zum heiligen Berg zu pilgern.

Die Gefühle, die sie leiteten, die ihren Mut stärkten, sind uns bekannt: ihren Widerhall finden wir in vielen Psalmen, die sie unterwegs sangen und die ihre Wallfahrtslieder waren:

„Wie lieblich sind deine Wohnungen! Meine Seele sehnt sich nach den Vorhöfen des Herrn. Mein Herz und mein Leib jauchzen dir, dem lebendigen Gott, entgegen … Ein Tag in deinen Vorhöfen ist besser als Tausende sonst. Lieber möchte ich stehen an der Schwelle von meines Gottes Haus, als in den Zelten der Frevler wohnen" (Ps 84).

„Voll Freude war ich, als sie mir sagten: Zum Hause des Herrn wollen wir wallen" (Ps 122).

Waren sie heimgekehrt, so wandten sie sich, ob sie nun zu Hause oder auf dem Felde waren, zur Stunde des Gebetes in die Richtung nach Jerusalem, um den Allmächtigen zu preisen.

Eine so leidenschaftliche Liebe zu ihrer Hauptstadt, eine solche Verehrung für ihren Tempel, eine solche Treue durch die Jahrhunderte hindurch dulden nur eine Erklärung: Jerusalem war viel mehr als die Hauptstadt des Reiches. Sie war die Stadt des Herrn. Und der Tempel war sein Herrschaftssitz, wo man sicher war, ihn immer zu finden.

Gott finden, ihm begegnen, diese tiefste Sehnsucht jedes religiösen Menschen war es, die diese Scharen von Gläubigen immer neu in Bewegung setzte – all diese Gottsucher, deren innere Glut uns die Psalmen offenbaren.

Dann kam Christus. Er bekennt seine Liebe zu Jerusalem, seine Ehrfurcht vor dem Hause des Vaters; aber zugleich erklärt er, dass der Tempel Salomons seine Bedeutung verloren hat, dass er verschwinden muss. In seiner Todesstunde am Kreuz zerreißt der Vorhang des Allerheiligsten, um deutlich zu machen, dass dieser Tempel nunmehr seine Bestimmung verloren hat. Ein neuer, unvergänglicher Tempel, „in drei Tagen wieder aufgebaut", wird ihn ersetzen: der Tempel seines Leibes, seines mystischen Leibes. Dort, und dort allein können die Menschen seither Gott finden.

Wer aber diesen Tempel betreten hat, wird selbst zur Wohnung Gottes. Jesus hat es uns versichert: *„Wenn einer mich liebt, wird er meine Worte halten, und mein Vater wird ihn lieben, und wir werden zu ihm kommen und Wohnung bei ihm nehmen"* (Joh 14,23).

Erstaunliche Offenbarung! Gott soll den Tempel Salomons verlassen haben, um in der Seele seiner Gläubigen zu wohnen? Ja, der heilige Paulus sagt es ausdrücklich: *„Wisst ihr nicht, dass ihr Gottes Tempel seid?"* (1 Kor 3,16). *„Wir sind der Tempel des lebendigen Gottes"* (2 Kor 6,16). Während der Ausdruck Tempel für uns kaum das Vergangene lebendig werden lässt, hatte er beim Apostel, der in der Verehrung und Liebe zum Tempel von Jerusalem aufgewachsen war, seinen vollträchtigen Sinn. Übrigens ist zu beachten, dass das in diesen Texten mit Tempel übersetzte Wort noch besser durch „Allerheiligstes" wiedergegeben würde, den Mittelpunkt des Tempels und die Stätte der göttlichen Gegenwart.

Gott ist also in uns, in der Herzmitte unseres Seins. Hier ist er gegenwärtig, lebendig, liebend, handelnd. Hier ruft er uns an; hier wartet er auf uns, um uns mit sich zu vereinen.

Gott ist da, aber wir, wir sind nicht da. Unser Dasein vollzieht sich an den Rändern unseres Selbst, an der Peripherie unseres Wesens, im Bereich der Empfindungen, der Gefühle, der Einbildungen, der Diskussionen, in den Vorstädten der Seele, die laut und unruhig sind. Und wenn wir einmal an Gott denken, ihm zu begegnen wünschen, gehen wir aus unserem Selbst hinaus, suchen ihn draußen, während er drinnen ist. Wir kennen die Pfade unserer Seele nicht, die uns in die unterirdische, lichtvolle Krypta unserer Seele führen würden, wo Gott wohnt. Oder wenn wir sie kennen, fehlt uns der Mut, der die überzeugten Juden auf die Wege zur Heiligen Stadt lenkte. Sich aufzumachen zur Mitte seines eigenen Wesens: Sollte das ein schwierigeres Unterfangen sein, als nach Jerusalem zu pilgern?

Beten: Das heißt, diese betriebsamen Vororte unseres Wesens, von denen ich sprach, verlassen; das heißt, alle unsere Kräfte zusammenraffen, sammeln und in die dunkle Nacht unseres Seelengrundes eintauchen. Dort, auf der Schwelle des Heiligtums, heißt es nur schweigen und lauschen. Es geht nicht um geistliches Empfinden, inneres Erfahren, es geht um den *Glauben*: an Gottes Gegenwart glauben, schweigend die Heiligste Dreifaltigkeit anbeten. Sich ihrem strömenden Leben darbieten und auftun. Sich ihrem ewigen Wirken einfügen, vereinen.

Nach und nach, von Jahr zu Jahr, wird das, was geistlich in uns ist, durch die Gnade Gottes geläutert, empfänglicher für das „Atmen Gottes" in uns, für den Geist der Liebe. Langsam werden wir Gott angeglichen. Unser äußeres Leben wird dann Zeugnis, Epiphanie unseres inneren Lebens. Es wird heilig, weil wir im Grunde unseres Wesens fest mit dem heiligen Gott vereint sind; es wird fruchtbar, und Ströme lebendigen Wassers gehen von uns aus, weil wir selber an den Quellen des ewigen Lebens trinken.

Liebe Freunde, das ist der „wesentliche Rat", den Sie verlangen. Möge er Sie im fernen Urwald zum Beten geleiten. In wenigen Worten will ich ihn zusammenfassen. Beten heißt: sich auf Pilgerfahrt zum inneren Heiligtum begeben, um da den wahren Gott anzubeten.

Und wenn Sie wollen, dass Ihr ganzes Leben ein einziges Gebet werde, ein Leben in der Gegenwart Gottes, ein Leben mit Gott, wenn Sie Menschen des Gebetes werden wollen, dann denken Sie daran, im Lauf des Tages oft in sich selbst einzukehren, um Gott, der Sie erwartet, anzubeten. Es braucht nicht lange zu sein: nur einen Augenblick untertauchen, und Sie kehren zu Ihren Aufgaben, zu Ihren Gesprächspartnern zurück, verjüngt, erfrischt, erneuert.

3 Sprich mit ihm

Vor einigen Wochen bin ich nach La Trappe gefahren. Der Gastpater empfängt mich und führt mich durch lange, helle, arme, stille Gänge zum Prior. Ich trete in einen Raum mit geweißten Wänden, ohne Schmuck, ohne Bilder, wo mich ein Mann des Schweigens und der heiteren Gelassenheit erwartet. Sein Gesicht ist streng und zugleich voll Milde, einer Milde, die nicht weich, sondern ganz vergeistigt ist und das Knochige und Hohlwangige seiner asketischen Gesichtszüge überstrahlt. In seinem Blick vereinen sich die Aufrichtigkeit eines Kindes und die Weisheit eines Greises. Unser Gespräch ist vertrauensvoll. Er erzählt mir von dem längst vergangenen Tag, der die Richtung seines Lebens bestimmte.

Als Junge besuchte er ein großes Pariser Jugendheim. An einem Donnerstag im Winter hatte der Vikar am Ende eines langen Spielnachmittages zu den Älteren, die sich in der kleinen Kapelle zusammengefunden hatten, über das Gebet gesprochen. Unser Junge ließ seine Spielkameraden heimgehen, scheinbar, um dem Vikar beim Aufräumen zu helfen. In Wirklichkeit wollte er ihn etwas fragen, aber er wusste nicht, wie er es anfangen sollte. Beim Auskehren des Saales – da war es weniger peinlich als im Auge-zu-Auge – sagte er schließlich: „Sie sagen uns dauernd, dass man beten soll, aber sie lehren uns nicht, es zu tun." – „Das ist wahr. Du möchtest beten können? Gut, Franz, geh in die Kapelle und sprich dort mit Ihm." – „Ich bin an diesem Abend in die Kapelle gegangen", sagte der alte Prior, „und bin wohl lange geblieben, denn ich erinnere mich, spät nach Hause gekommen und gescholten worden zu sein. Ich hatte zum ersten Mal gebetet. Und ich glaube wohl, dass ich seither nicht mehr aufgehört habe, mit ihm zu sprechen." Als er mir dies anvertraut hatte, schwieg der Pater Prior. An einem leisen Beben seiner Stimme merkte ich, dass er diese frühe Erinnerung nicht ohne innere Bewegung wachgerufen hatte, dieses erste Glied in einer Kette langer Vertrautheit mit Gott. Das Schweigen hielt an. Ich wagte nicht, es zu brechen. Ich war sicher, dass er mit ihm sprach. Zweifellos dankte er Gott, dass er ihn mit fünfzehn Jahren dem Priester hatte begegnen lassen, der ihn auf die Wege des Gebetes führte. Der Rat des Vikars war nur scheinbar alltäglich. In Wirklichkeit offenbarte er sich als ein Mann des Gebetes, der statt einer langen Rede sich damit begnügte, dem Jungen, der beten lernen wollte, diese drei Worte zu sagen: Sprich mit Ihm. Man unterhält sich nicht mit einem Schatten. Man muss sich deshalb die Anwesenheit Gottes bewusst machen, um mit ihm sprechen zu können. Und um zu wissen, was man ihm sagen soll, muss der Glaube erwachen und suchen. Die Verpflichtung, die Worte zu formulieren, zwingt ferner, sich nicht mit unbestimmten Eindrücken zufrieden zu geben, sondern seine Gedanken, Vorsätze und Empfindungen klar auszudrücken. Die Vorzüge einer solchen Methode sind entschieden beträchtlich, sofern man einen so einfachen Rat als Methode bezeichnen darf.

Es gibt so viele Christen, die sich beim Beten unbestimmten Träumereien hingeben, über sich selber gerührt sind und in der süßen Wärme unbestimmbarer frommer Gefühle hindämmern; sie kommen nie dazu, ihren zur Konzentration unfähigen Geist auf Gott zu richten. Dass sie doch den Rat des kleinen Vikars hörten und ihn befolgten! Aber vielleicht würden sie ihn, aus Hochmut oder aus geistiger Trägheit, nicht der Mühe wert halten und sich entweder einbilden, auf den Wegen des Gebetes weiter fortgeschritten zu sein, oder sich gegen die Anstrengung sträuben.

Ich meinte, Ihnen auf Ihren letzten Brief keine bessere Antwort geben zu können, als Ihnen von meinem Gespräch in La Trappe zu berichten. Auch Sie möchten beten lernen: Hören Sie also auf den Rat des Pariser Vikars und setzen Sie ihn in die Tat um.

Es wird der Tag kommen, da Ihr Gebet keine Worte mehr braucht, wenn Sie – falls ich so sagen darf – das Handwerk gelernt haben. Oder genauer, wenn die Gnade das Werk in Ihnen weitergeführt hat. Aber überspringen Sie keine Stufen; und für den Augenblick: Sprechen Sie mit Ihm.

4 Der Rat des alten Pfarrers

Ich bin in Savoyen einem Bauern begegnet, der außerhalb seiner Berufsarbeit wichtige Aufgaben in den landwirtschaftlichen Organisationen übernimmt. Man hatte mir von der außergewöhnlichen Ausstrahlung dieses Christen erzählt. Wir lernen uns kennen und erzählen uns gegenseitig von unserer Tätigkeit. Da ich von den „Heften über das Gebet" spreche, verdoppelt sich sein Interesse sichtlich. Er merkt, dass seine Reaktion mich neugierig macht, und kommt meiner Neugier zuvor. „Als ich jung war, diente ich in unserem Dorf oft dem alten Pfarrer bei der Messe. Ein merkwürdiger Mann, rau, mürrisch, schweigsam, den man etwas fürchtete, aber liebte oder besser sehr verehrte; den man nicht mit dem Alltag belästigen wollte, aber in einer entscheidenden

Lage sogleich um Rat fragte in seinem Pfarrhaus, das schmuckloser war als eine Mönchszelle. Ganze Stunden verbrachte er betend in der Kirche. Als ich vierzehn Jahre alt war, sagte ich eines Tages zu ihm: ‚Ich möchte auch beten können, Herr Pfarrer.' Es muss zuerst etwas Außerordentliches in ihm vor sich gegangen sein, denn er lächelte in einer Weise, dass Worte es gar nicht ausdrücken können, er, den man sonst nie lächeln sah. Später ist mir der Gedanke gekommen, er habe wohl sein Leben lang darum gebetet, eines Tages möge ihm irgendjemand diese Frage stellen. So glücklich erschien er mir, dass ich glaubte, er würde dort in der Sakristei, wo ein unbestimmter Duft von Weihrauch schwebte, lange mit mir reden. Leider kann ich Ihnen nicht seinen klaren, unsagbar reinen Blick wiedergeben; ich will wenigstens wörtlich seine Antwort wiederholen; aber es waren nur wenige Worte: ‚Wenn du zu Gott gehst, Kleiner, denke ganz fest daran, dass er da ist, und sage zu ihm: Herr, ich stelle mich dir zur Verfügung.' Und in seinem gewohnten mürrischen Ton fügte er hinzu: ‚Los, troll dich, bring deinen Chorrock in Ordnung.' Später habe ich erfasst, dass sein schroffes Wesen verstecktes Zartgefühl war.

An diesem Tag habe ich beten gelernt. Und seitdem sind es vierzig Jahre, dass ich jeden Tag bete, indem ich mich ‚Gott zur Verfügung' stelle."

Geben Sie zu, diese Geschichte ist einen ganzen Vortrag über das Gebet wert. So werden Sie mich auch entschuldigen, dass ich darüber heute nicht länger schreibe. Doch versuchen Sie sich klarzumachen, was es bedeutet, „Gott zur Verfügung" zu stehen. Das reicht weit. Anfangen müssen wir damit, dass wir verzichten, über uns selbst zu verfügen. Dann uns ganz von uns selbst frei machen. Uns ganz Gott überlassen, seinem Ermessen, seiner Macht. Seiner souverän entscheidenden Macht unseren Leib, unseren Verstand, unser Herz, unseren Willen, unser Leben überlassen, damit er nach seinem Belieben darüber verfüge.

Doch wozu versuchen, es zu erklären? Nicht Worte können zum Verständnis führen. Beten Sie zum alten Pfarrer, der jetzt nicht mehr mürrisch zu sein braucht, weil er den gefunden hat, den er suchte, Ihnen die Gnade zu erlangen, Gott zur Verfügung zu stehen.

5 Vor Gott stehen

Ich teile Ihre Auffassung, dass Ihr geistliches Leben gegenwärtig zu kurz kommt. Nachdem ich überlegt und gebetet habe, bin ich zu der Überzeugung gekommen, dass es so bleiben wird, solange Sie in Ihrem Leben dem Gebet keinen weiteren Raum geben. Und unter Gebet verstehe ich wesentlich das, was man als „betrachtendes Gebet" bezeichnet. – Gebet heißt im Lateinischen *oratio*. *„Orare"*, das war für die Römer: eine Bitte an die Götter richten, eine Sache verteidigen und im abgeleiteten Sinne: eine Rede halten. – Das Beten im Geiste ist ein Gespräch der Seele mit Gott. So haben es die geistlichen Menschen immer verstanden. „Das Gebet, wage ich zu sagen, ist eine Unterredung mit Gott", schrieb Clemens von Alexandrien. Für den heiligen Benedikt ist es „Freisein für Gott". Für die heilige Teresa von Ávila ist das im Geiste Beten „ein freundschaftlicher Verkehr, bei dem wir uns in der Einsamkeit mit diesem Gott unterhalten, von dem wir wissen, dass er uns liebt". Für Dom Marmion „ein Gespräch des Gotteskindes mit seinem Vater im Himmel, erwirkt vom Heiligen Geist".

Die Worte „Unterhaltung" und „Gespräch" sind freilich nicht unzweideutig, sofern sie glauben lassen, das Gebet bestehe wesentlich und allein darin, innerlich mit Gott zu reden, während es doch ein das ganze Leben einfordernder, uns völlig in Anspruch nehmender Akt ist.

Unter der Bedingung, dass er in der ganzen Dichte seines Sinngehaltes genommen würde, könnte der Ausdruck „vor Gott stehen" das innere Beteiligtsein des betenden Menschen annähernd wiedergeben. Ich möchte, um Ihnen dies zu verdeutlichen, an eine Begebenheit erinnern, die lebendig in Ihrer Erinnerung stehen muss. Ich kam zu Ihnen zu Besuch. Beim Öffnen der Tür sagen Sie mir, Ihre Tochter Monika habe sehr wahrscheinlich eine Gehirnhautentzündung, und Sie führen mich in ein in Halbdunkel getauchtes Zimmer. Neben dem kleinen Bett sitzt Ihre Frau, still und sehr angespannt auf das arme, abgezehrte Gesichtchen blickend; hin und wieder streicht sie sanft eine Haarlocke aus Monikas Stirn; wenn das Kind die Augen öffnet, antwortet sie mit einem Lächeln – einer Art von Lächeln, das mit Worten nicht zu beschreiben ist. Ob sie im Zimmer etwas ordnet, ob sie im Esszimmer hastig ihre Mahlzeit einnimmt, die Mutter bleibt anwesend, ganz bei ihrer Tochter. Keine Faser ihres Wesens, keine Sekunde ihres Daseins, die nicht zu Monika hin bestimmt wäre. So ist es oder sollte es wenigstens im Gebet sein; ein tiefes Ausgerichtetsein der Seele, ein Austausch jenseits der Worte, der, ohne das Wort zu vernachlässigen, aus etwas ganz anderem besteht; eine Aufmerksamkeit, ein Gegenwärtig-Stehen vor Gott mit seinem ganzen Wesen, mit Leib und Seele, wach mit all seinen Fähigkeiten.

Was soll ich lange die Sache des Gebetes vor Ihnen verteidigen? Ich darf annehmen, dass Sie darin weiter voran sind, nicht zu den so zahlreichen Christen gehören, die seine Notwendigkeit nicht anerkennen wollen. Ich will Ihnen nicht verheimlichen, dass ich jeweils ein schlechtes Gewissen habe, wenn ich die Gründe vervielfachen muss, um Gottes Söhne einzuladen, zu ihrem Vater zu kommen, sich seinen Einsprechungen zu öffnen, in inniger Gemeinschaft mit ihm zu leben, ihm Liebe und Dankbarkeit zu erweisen. Ist es nicht erstaunlich, dass man drängen muss, damit geistbegabte Wesen sich daran machen, das Interessanteste zu erkennen? Damit die zum Lieben geschaffenen Wesen das lieben, was das Liebenswerteste ist? Freie Wesen sich lieber in den Dienst des Herrn stellen als in den der Knechte? Damit die für die

Glückseligkeit geschaffenen Menschen sich nicht mit minderwertigem Vergnügen zufriedengeben?

6 Rede, Herr, dein Diener hört

Erinnern Sie sich an das, was Sie mir einmal von Philipp erzählten? „Er ist ein sehr gefälliger Junge, immer bereit, meine Besorgungen zu machen; manchmal ist er sogar so übereifrig, dass er schon weg ist, ehe er richtig weiß, was er kaufen soll." Sie sind wirklich ganz seine Mutter, dachte ich beim Lesen Ihres letzten Briefes. Wenn die Zeit Ihres täglichen Betens da ist, fangen Sie ohne Säumen an, sind eifrig wie Philipp, denken an Gott, sprechen mit Gott, versuchen, Ihre Liebe zu ihm zu beleben, sogar noch ohne ihn zu fragen, was er erwartet und sich von Ihnen erhofft. Ich will Ihnen jetzt keine erhabenen Erwägungen über das Gebet vortragen, Ihnen nur einen ganz bescheidenen Rat geben, übrigens einen ebenso wichtigen wie bescheidenen. Fangen Sie Ihr Gebet nie an, ohne vorher eine Ruhepause eingelegt, eine Stille in sich geschaffen und Gott gefragt zu haben, was Sie mit dieser Viertelstunde des Gebetes anfangen sollen.

Ich komme auf Ihren Philipp zurück. Dieser gefällige Junge ist auch ein wohlerzogener Junge. Ich habe festgestellt, dass er vor einem Erwachsenen schweigt, ihn sprechen lässt, sogar wenn ihm etwas auf der Zunge brennt. Warum machen Sie es vor dieser unendlich größeren Person, die Gott ist, nicht so, wie Sie es Ihren Sohn gelehrt haben? Warum überlassen Sie Gott nicht die Initiative im Gespräch?

Verstehen Sie meinen Rat: sich nicht selbst zu fragen, was Sie Gott sagen wollen, sondern ihn zu fragen, was er Ihnen zu sagen hat, welche Antwort er von Ihnen erwartet, welche innere Haltung Sie einnehmen sollten, um ihm zu gefallen. Sicher werden Sie mir entgegenhalten:

„Halten Sie mich nicht für eine große Mystikerin. Ich höre Gott niemals zu mir sprechen." Und das aus guten Gründen: Um etwas zu hören, müsste man vielleicht mit Zuhören anfangen. – „Es ist mir sogar gelungen, nicht die ganze Zeit über selber zu reden; aber nie habe ich seine Stimme gehört." Ist es so sicher, dass Sie ihn hören wollten, dass Sie ganz aufmerksam waren?

Übrigens verspreche ich Ihnen nicht, dass seine Stimme sinnlich vernehmbar wird. Gewiss könnte sich das noch heute ereignen: Der heilige Paulus, zitternd und niedergeschlagen, wie verloren in der großen Weltstadt Korinth, vernimmt die Stimme Christi, der ihn liebevoll stärkt: *„Fürchte dich nicht, predige weiter und schweige nicht. Ich bin bei dir"* (Apg 18,9–10). Doch das ist nicht die übliche Weise des Herrn, zu handeln, nicht einmal dem heiligen Paulus gegenüber.

Wenn Sie sich angewöhnen, mit einem Augenblick aufmerksamen, fragenden Schweigens Ihr Gebet zu beginnen, werden Sie bald entdecken, in welchem Sinne wir sagen können, dass Gott zu uns spricht. Manchmal wird aus diesem Schweigen leise ein Gedanke aufsteigen, der schon nach Gebet schmeckt. Nehmen Sie ihn freundlich auf; bieten Sie ihm ein zum Reifen günstiges Klima.

Ein andermal kommen die Gedanken nicht so selbstverständlich. Sie müssen Ihr Nachdenken an das Schweigen ketten, forschen, wie Ihr Gebet beschaffen sein muss, um der Erwartung des Herrn zu entsprechen. Sie betrachten zum Beispiel im Geist die Vollkommenheiten dieses Gottes, in dessen Gegenwart Sie sich halten, und es kann sein, dass sich Ihnen dann die Notwendigkeit aufdrängt, anzubeten, Dank zu sagen oder sich zu verdemütigen. Oder Sie erinnern sich daran, dass der Geist Christi in Ihrem Inneren „Vater, Vater" ruft, und Ihr Gebet wird zur Einigung Ihres ganzen Glaubens, Ihres ganzen Wesens mit der Liebe des Sohnes zu seinem Vater. Oder ein Ereignis in der Familie oder in der großen Welt erscheint Ihnen geeignet, Ihr Gebet anzuregen, und Sie bitten für die Menschen, die Hilfe brauchen, wie

Abraham unter den Eichen von Mamre für die vom Feuer bedrohten Städte bat (Gen 18).

Vielleicht wird Ihnen vorkommen, als habe Gott bei alldem nicht eingegriffen, als hätten Sie allein den Gegenstand Ihres Gebetes gesucht und gewählt. Und doch, wenn Sie sich nicht unbesonnen in das Gebet gestürzt, Sie den Herrn demütig um Hilfe gebeten haben, dürfen Sie wohl annehmen, dass er von innen her Ihr Nachdenken unterstützt hat, selbst wenn es Ihnen nicht bewusst geworden ist, und dass er Sie dahin gebracht hat, seine Gedanken und Wünsche zu verstehen. Die eigenen Gedanken und Wünsche einem andern kundtun: Heißt das nicht mit ihm sprechen?

Bleiben Sie gleichwohl immer bescheiden. Ahmen Sie nicht jene naiven Menschen nach, die sich einbilden, ihre Einfälle seien gewiss Gedanken Gottes selbst.

Von alldem halten Sie eines fest: dass das erste Wort unseres Gebetes – ob wir nun Anfänger oder Fortgeschrittene im Gebetsleben sind – das des jungen Samuel sein muss: *„Rede, Herr, dein Diener hört"* (1 Sam 3,9).

Ein Schriftsteller des siebzehnten Jahrhunderts, P. Bourgoing, der über das hier Besprochene schrieb, liefert ein unwiderlegliches Argument, um seine These zu stützen: „Wenn die Natur uns zwei Ohren, aber nur eine Zunge gegeben hat, so um zu zeigen, dass wir im Gespräch mit den Menschen wenigstens zweimal mehr zuhören als sprechen sollten. Und wie sehr dann erst Gott gegenüber!"

7 Eine Erfindung der Liebe

„Wie kommt es, dass nach fünfzehn Jahren regelmäßiger Gebetspraxis diese jetzt so öde ist, offensichtlich nahezu wirkungslos, ohne Einsichten und ohne Freude?"

Um Ihnen zu antworten, habe ich mir die Erklärungen wieder in Erinnerung gerufen, welche die Autoren des spirituellen Lebens bieten, wenn das Beten karg ist: ein Glaubensleben, das zu wenig von Lektüre und Meditation vor allem des Wortes Gottes genährt wird, eine dahinsiechende Nächstenliebe, weil die Neigungen, Anhänglichkeiten und Leidenschaften zu wenig in Zucht genommen werden. Es kann sich auch um eine Folge mangelnder Disziplinierung der Fantasie oder des Denkens handeln.

Aber ich halte mich eher an eine andere Erklärung. Ich will nicht behaupten, dass sie die Richtige ist, aber ich hätte gerne, dass Sie eine Weile lang über sie nachdenken.

Ich frage mich, ob Sie nicht gleichzeitig Opfer der Routine und des „Know-how" sind. Ich will erklären, was ich damit meine. Als Sie sich im Bewusstsein Ihrer Unkenntnis daran gemacht haben zu beten, haben Sie um Rat gebeten, haben Artikel oder Abhandlungen über die Frage gelesen. Jedes Ihrer Gebete war ein Sieg über Ihre Unkenntnis, Ihre Apathie, Ihre Zerstreutheit. Oder zumindest ein mutiger Kampf.

Inzwischen haben Sie Erfahrung und Know-how gewonnen. Sie wissen, dass es wichtig ist, sein Gebet vorzubereiten, es auf gute Weise zu beginnen, und Sie tun genau das. Sie kämpfen gegen die Zerstreutheit, aber ohne sich zu verkrampfen, als ein Mensch, der Erfahrung hat, der weiß, dass Gott Zerstreuungen oft zulässt; Sie reden zum Herrn, aber Sie verstehen es auch zu schweigen, denn Sie haben im Gebet den Wert des Schweigens entdeckt; Sie leiden daran, nicht mehr wie früher dieses abrupte Hereinbrechen von Licht und Liebe zu erleben, aber Sie haben gelesen, dass die „Dürre“ in jedem fortschreitenden spirituellen Leben ihren Platz hat.

Könnte es sein, dass Sie ein „Profi“ des Gebets geworden sind, einer, der die Regeln der Gebetskunst gut kennt und sie anwendet? Man sagt vom Handwerker: Er hat handwerkliches Geschick; von einem Arzt, einem Pianisten, einem Prediger: Er kennt sein Metier. Sicherlich ist das wichtig. Aber es genügt nicht, vor allem, wenn es um die Beziehung zwischen Menschen geht: Ich denke an den Lehrer, den Schriftsteller, den Prediger …

Noch weniger reicht es aus in der Beziehung zwischen Mann und Frau in der häuslichen Gemeinsamkeit. Ich stelle mir einen jungen Ehemann vor, den man gelehrt hat, dass man die abendlichen Gespräche mit der eigenen Frau nicht dem Zufall überlassen sollte. Gut gerüstet mit diesen Ratschlägen fragt er bei seiner Rückkehr aus dem Büro seine Frau, wie der Tag war, was sie alles tun konnte und wer ihr begegnet ist, wie das neugeborene Kind sich betragen hat. Was ihn selbst betrifft, so vergisst er nicht, ihr von den besonderen Gegebenheiten seines Arbeitslebens zu erzählen. Und dann schlägt er ihr für das abendliche Beisammensein vor, zusammen das Buch zu lesen, das er gerade gekauft hat. Und doch ist nicht ausgeschlossen, dass der Abend trotz dieser richtigen Vorstellungen und dieser lobenswerten Anstrengungen für beide eine Enttäuschung ist, dass jeder einsam bleibt und sich langweilt, seinen inneren Monolog fortführt oder sich in Träume flüchtet.

Im Bereich des ehelichen Lebens geht es nicht nur darum, die Theorie zu kennen oder Know-how erworben zu haben. Zwei lebendige Wesen sind heute nicht mehr dieselben, die sie gestern waren. Man muss sich jeden Tag aufmachen, einander auf noch nicht gekannten Wegen zu begegnen, versuchen, die Tiefe dessen herauszufinden, was der Ehepartner lebt, suchen, was seine Aufmerksamkeit wecken kann, sein Interesse, seine Zärtlichkeit, vermeiden, was ihn gerade aufregt oder was ihm auf die Nerven geht, entdecken, was Gemeinsamkeit schaffen kann. So kommt manchmal das Wunder zustande: ein wirklicher tiefer Austausch von Herz zu Herz, von Seele zu Seele; wunderbar, wie sich die richtigen Worte finden, um den Austausch fruchtbar zu machen – wenn nicht Stille noch besser dazu führt.

Es genügt nicht, in Psychologie gut Bescheid zu wissen, die Gesetzmäßigkeiten guter Beziehungen zwischen Ehemann und Ehefrau auswendig zu kennen. Jedes Gespräch, jedes abendliche Beisammensein muss neu erfunden werden, damit Begegnung stattfindet, wirkliche Begegnung. Neu erfinden, das ist schwierig, das ist ermüdend, oder genauer: Das setzt eine lebendige, eine junge Liebe voraus, eine Liebe, die sich nie resigniert der Mittelmäßigkeit von Gesprächen überlässt, die, von Hoffnung angeregt, ungeduldig nach einer engeren Kommunion sucht. Die Liebe ruft Erfindungsreichtum hervor, und umgekehrt bereichert der Erfindungsreichtum die Liebe.

Für das Gebet gilt dasselbe wie im ehelichen Leben (es ist ebenfalls Begegnung zwischen Personen): Das Gebet leidet, wenn Know-how an die Stelle von Erfindungsreichtum tritt. Ich frage mich, ob das bei Ihnen nicht der Fall ist. Sicherlich ist es äußerst nützlich, die Regeln zu kennen und in die Praxis umzusetzen, die gebetskundige Menschen uns gelehrt haben, so wie Sie das ja tun. Aber wenn die Fähigkeit des Erfinderischen nicht ins Spiel kommt, wird das Gebet trotz all dieses Know-how, trotz all dieses Wissens etwas Höfliches, Oberflächliches, Künstliches bleiben; es wird nicht zu einer Kommunion der Seele mit Gott führen.

Sie werden mir sagen, dass ein Mann, der seine Frau liebt, durch Zeichen, die kein anderer wahrnimmt - ein bestimmtes Lächeln, etwas Lichtes im Blick, diese gewisse kleine Bewegung eines Gesichtsmuskels oder der Hand -, erahnen kann, was ihr Herz erfreut. Aber mit Gott…?

Durch den Glauben erkennen wir, was ihm gefällt. Es stimmt, dass der Glaube nicht genügt, um uns wissen zu lassen, was ihm *hic et nunc* gefällt, was er von dieser halben Stunde des Gebets will: einen bestimmten Aspekt seines Denkens oder seiner Vollkommenheiten, von denen er gern hätte, dass wir bei ihnen verweilen, eine bestimmte seelische Haltung, Lobpreis oder Reue, Anbetung oder kindliches Vertrauen, das er von uns erwartet, oder auch etwas, das wir ändern sollten, etwas, das zwischen ihm und uns steht. An welchem Anzeichen erkennt man das? Es kann eine bestimmte Qualität der Stille oder des Friedens sein, die sich nach einer Unruhe einstellen (Unruhe im wahrsten Sinn des Worts: Abwesenheit von innerer Ruhe), oder auch der Eindruck von innerer Fülle. Manchmal hat man das Gefühl, dass man die richtige seelische Haltung gefunden hat. Beim Schreiben dieser Zeilen kommt mir eine alte Kindheitserinnerung in den Sinn (entschuldigen Sie, wenn die Entsprechung etwas Komisches an sich hat): ein Billardtisch, darauf Kugeln und Löcher mit Zahlen: 10, 100, 500, 1000. Es ging darum, die Kugeln in die Löcher mit den höchsten Zahlen zu rollen. Die Kugeln rollten, alle unruhig unterwegs; eine davon näherte sich einem Loch, entfernte sich wieder, fiel aber schließlich in eines der Löcher, zitterte einen Augenblick, um sich dann zu stabilisieren, sobald der Ruhepunkt erreicht war. Wenn man zu Beginn des Betens Mühe hat, ist es angemessen, diesen oder jenen Gedanken oder jene innere Haltung „auszuprobieren", die uns bei einem früheren Gebet geholfen haben. Wenn nichts davon in uns ein Echo findet, in uns eine Empfindung des Friedens wachruft, bleiben wir wie auf wackligen Füßen, mehr oder weniger unruhig. Wir müssen dann weitersuchen und uns dabei klar sein, dass diese Suche Gott bereits gefällt. Umgekehrt, wenn in unsere Seele ein Friede einkehrt, wenn wir den Eindruck haben, im Wahren zu sein, dann muss die Suche aufhören: Was Gott von uns wollte, ist gefunden. Es bleibt lediglich, den Gedanken sanft zu vertiefen oder die Haltung zu verstärken. Dank der Gaben des Heiligen Geists werden wir nach und nach fähiger wahrzunehmen, was Gott gefällt.

Sogar wenn wir in der Ungewissheit bleiben: Sofern unser Gebet von dem Willen beherrscht ist, auf die Erwartung Gottes zu antworten, sind wir auf dem richtigen Weg. Tastend sollen wir suchen, aber immer auf friedliche Weise, indem wir uns mit Gott wie ein Sohn mit seinem Vater unterhalten.

Behalten Sie von diesem langen Brief im Kopf, dass jedes Ihrer Gebete eine Neuerfindung sein muss, eine Erfindung der Liebe – Neuerfindung im Sinn von Entdeckung – eine Entdeckung dessen, was Gott gefällt. Weder die Erinnerung an das, was das Gebet des Vortags war, noch lediglich die Kenntnis der Kunst des Betens werden Ihnen klarmachen, was das heutige Gebet sein soll. Das müssen Sie in innerer Geschmeidigkeit, mit einer ganz wachen, eifrigen, hoffenden Seele suchen.

8 Das Wesentliche

„Obwohl ich seit sechs Monaten dem täglichen Gebet treu geblieben bin", schreiben Sie mir, „bin ich nicht sicher, mehr als vier- oder fünfmal gut gebetet zu haben." Was wollen Sie damit sagen? Dass alle Ihre Gebete außer den vier oder fünf dem Herrn missfallen hätten? Aber darüber wissen Sie nichts. Dass sie Ihnen selbst keine Befriedigung gegeben haben? Das will ich gern glauben. Folgt aber daraus, dass sie nicht gut waren? Lassen Sie sich bitte nicht in die Falle locken, in die alle Anfänger gehen, und beurteilen Sie Ihr Gebet nicht nach der inneren Glut, der Andacht, den schönen Gedanken, den greifbaren Ergebnissen. Mit dem Beten geht es wie mit den Sakramenten: Ihr Wert und ihre Wirksamkeit bemessen sich nach einer übernatürlichen Ordnung und entziehen sich deshalb unseren menschlichen Maßstäben.

Wenn Sie wirklich erfasst hätten, was das Wesentliche des Betens ausmacht, würden Sie sich nicht durch das entmutigen lassen, was Sie „den Ansturm der Zerstreuungen" nennen.

Das Gebet ist ein komplexes Tun. Der ganze Mensch ist hier gefordert: der Leib und die Seele, der Verstand, das Herz, die Freiheit. Es ist aber wichtig, das Wesentliche herauszuheben, denn wenn dieses fehlt, verliert das Gebet jeden Wert.

Geht es um den Körper? Selbstverständlich nicht. Sonst müsste man sagen, dass der Gelähmte, der keine Gebetshaltung anzunehmen vermag, nicht beten kann. Und das wäre absurd.

Sind es die Worte? Aber offensichtlich können Worte niemals das Wesentliche sein, weder im Gebet noch in den Beziehungen der Menschen untereinander.

Ist es das Empfindungsvermögen, der Eifer? Das wäre sehr enttäuschend. Denn es braucht so wenig, um das Empfinden zu stören: eine Sorge, einen Schmerz, eine Freude, ein Leid, Zahnweh. Es wäre wirklich nicht zu verstehen, wenn der Wert unseres Gebetes jedem geringfügigsten inneren oder äußeren Zufall preisgegeben wäre.

Oder das Nachdenken? Sicher ist die Betrachtung wichtig; die Erkenntnis Gottes weckt die Gottesliebe. Wäre sie aber das Wesentliche des Gebetes, dann wäre der mit wenig Intelligenz Begabte zu mittelmäßigem Beten verurteilt, dessen Vollendung wäre den Intellektuellen vorbehalten.

Das beständige Aufmerksamsein auf Gott? Wäre dem so, müssten Sie in Verzweiflung versinken, Sie, den die „Zerstreuungen" überfallen; denn sehr oft hängt es nicht von uns ab, sie fernzuhalten: Unsere Aufmerksamkeit wie unser Empfindungsvermögen sind besonders unbeständig. Es ist ebenso schwierig, sie dauernd auf Gott zu richten, wie beim Gehen eine Magnetnadel in der Nordrichtung festzuhalten.

Was bleibt dann noch? Die Gefühle: eine innige Liebe, ein lebendiges Vertrauen, eine dankbare Ergriffenheit? Unsere Gefühle zeigen tatsächlich im Vergleich zu unserem Empfindungsvermögen und unserer Fantasie eine gewisse Beständigkeit. Und doch müssen wir zugeben, dass sie sich teilweise unserer Kontrolle entziehen; sie lassen sich nicht befehlen, die Inbrunst des Herzens hängt nicht von unserem Willen ab.

Was ist denn nun das Wesentliche des Gebetes? Es ist der Wille. Aber nehmen Sie bitte den Willen nicht als psychologischen Mechanismus, der uns einen Entschluss fassen lässt oder uns zwingt, etwas auszuführen, was uns missfällt. Nach rechter Philosophie ist der Wille die Fähigkeit unseres tiefsten Wesens, sich frei auf ein Gut, einen Menschen, ein Ideal hin „zu engagieren", um ein Lieblingswort unserer Generation zu gebrauchen. Wenn wir uns mit dem Zentrum unseres Seins Gott zuwenden und uns ihm frei und entschlossen ausliefern, dann beten wir wahrhaft, selbst wenn unser Empfindungsvermögen träge, unser Denken arm, unsere Aufmerksamkeit zerstreut ist. Und unser Gebet gilt so viel, wie diese Ausrichtung und diese Grund-Hingabe wert sind.

Während Empfindungsvermögen, Aufmerksamkeit, ja sogar Gefühle wechselnd, flüchtig sind, ist unser Wille unendlich fester, beständiger. Gemütsbewegungen reißen unseren Willen nicht notwendig mit, die Zerstreuungen der Fantasie sind nicht notwendig Zerstreuungen des Willens. Denken Sie an Ihre Erfahrung. Ist es Ihnen niemals begegnet, wenn Sie sich im Gebet plötzlich bewusst wurden, durch Zerstreuungen weit fortgetragen worden zu sein, dass Sie dann, in sich selbst zurückkehrend, Ihren Willen ruhig und unnachgiebig auf Gott gerichtet fanden, voll Verlangen, ihm zu gefallen? An Ihrem Willen hatte sich nichts geändert.

Beten heißt beten wollen.

Diese Formulierung ist, wie ich wohl weiß, dazu angetan, diejenigen unserer Zeitgenossen aufzureizen, die dem Aberglauben der Spontaneität huldigen. In ihren Augen ist alles, was man sich selbst auferlegt, gekünstelt, konventionell, unecht. Doch ich kenne Sie hinreichend, um zu wissen, dass Sie dieser Kinderei nicht verfallen.

Ideal wäre es wohl, wenn das aus unserem tiefsten Willen entspringende Gebet unser ganzes Sein in Bewegung brächte. Denn nichts in uns sollte unserem Gebet fremd bleiben – so wenig wie unserer Liebe. Gott will uns ganz: *„Du sollst den Herrn, deinen Gott, lieben aus deinem ganzen Herzen, aus deiner ganzen Seele, mit allen deinen Kräften.“* Deshalb muss man sich Mühe geben, Lärm und schädliche Betriebsamkeit auszuschalten, sich zu sammeln, sich ganz zusammenzuraffen, damit man sich ganz darbringen kann. Aber nochmals: Es ist glücklicherweise nicht notwendig, so weit zu kommen, damit wir richtig beten.

Wer dahin gelangen möchte, Zerstreuungen und Unruhe auszuschalten, muss mehr auf die göttliche Gnade als auf seine eigenen Anstrengungen zählen. Immerhin ist es heilsam, einige klassische Regeln zu kennen und zu üben:

Ein alter Schriftsteller (dessen Frauenfeindlichkeit wir uns nicht zu eigen machen möchten) lehrte: „Die Zerstreuungen beim Gebet sind wie die Frauen; beachte sie nicht, und alsbald lassen sie dich in Ruhe!“

Sich darüber betrüben, zerstreut gewesen zu sein, ist eine andere Art, zerstreut zu sein.

Manchmal genügt es, einen aufkommenden Gedanken sofort in den Terminkalender zu notieren, um nicht weiter davon behelligt zu werden; zum Beispiel den Telefonanruf, den man heute nicht vergessen darf.

Die für Zerstreuungen am wenigsten anfällige Stunde wählen: Für viele ist das die erste des Tages.

Sein Gebet aufzuschreiben, kann dem Geist helfen, sich zusammenzuraffen, wenn er allzu unruhig ist.

Die Gegenstände seiner Zerstreuung zu Gegenständen des Gebetes machen: So verhalten sich reife Menschen auch in Glaubensschwierigkeiten.

9 Gebetshaltung

Nicht über Methoden des Gebetes, wie Sie mich baten, möchte ich mit Ihnen sprechen – die finden Sie leicht in jeder Abhandlung über das Gebet. Ich will Ihnen nur einige Ratschläge für Ihre Gebetshaltung geben.

Suchen Sie nichts Originelles in diesem Brief. Ich gebe Ihnen nur die klassischen Hinweise, die die Autoren geistlicher Schriften an den richten, der sich zum Beten anschickt. Doch hüten Sie sich, darin Rezepte mit garantierter Wirksamkeit zu sehen, versuchen Sie vielmehr, ihren Geist zu erfassen.

Ein Bild steigt mir auf, das alte Erinnerungen zurückruft aus der Zeit, da ich jung war: wir Läufer standen vor der Startlinie, vorgebeugt, alle Muskeln gestrafft, bereit zum Start. Für das Gebet wie für den Lauf gilt: Auf den guten Anfang kommt es an. Fehlt dieser, so ist man nach fünf Minuten ganz erstaunt darüber, dass man an einem Betstuhl kniet: Während der Körper zum Gebet gekommen ist, sind die Gedanken bei den Geschäften geblieben.

Darum rate ich Ihnen dringlich, vom Beginn des Gebetes an über Gebärden und Haltung zu wachen. Eine sehr besonnen ausgeführte Kniebeugung ist ein Akt der Seele wie des Körpers; eine klare und aufrechte Haltung des wachen Menschen, vor sich selbst und vor Gott ganz gegenwärtig; ein Kreuzzeichen, langsam, sinnerfüllt. Langsamkeit und Ruhe sind von großer Bedeutung, um den überstürzten und angespannten Rhythmus eines viel beschäftigten und gehetzten Lebens, wie es das Ihre ist, zu brechen. Einige Augenblicke der Stille: Wie ein Ruck am Zügel werden sie Ihnen helfen, Sie in den Rhythmus des Gebetes zu bringen und den notwendigen Bruch mit der vorhergehenden Geschäftigkeit herbeizuführen. Es kann auch sinnvoll sein, sehr langsam halblaut ein mündliches Gebet zu sprechen.

Rufen Sie sich dann ins Bewusstsein, ich sage nicht „die Gegenwart Gottes“, sondern den gegenwärtigen Gott: einen Lebendigen, den Großen Lebendigen, der da ist, Sie erwartet, Sie sieht, Sie liebt. Er hat seine eigene Vorstellung von diesem Gebet, das da beginnt, und fordert Sie auf, blind einverstanden zu sein mit dem, was er damit will.

Wachen Sie über Ihr inneres Verhalten noch mehr als über Ihr körperliches. Die wesentliche Haltung des Menschen vor dem Angesicht Gottes: Abhängigkeit und Reue.

Abhängigkeit. Nicht die vage Ergebenheit desjenigen, der manchmal auf ein Vorhaben verzichten muss, um den Willen Gottes zu erfüllen, sondern eine viel tiefere Abhängigkeit: die eines Stromes (der versiegt, wenn er sich von der Quelle trennt), die der Rebe (die verdorrt, wenn sie vom Weinstock abgeschnitten wird), die des menschlichen Leibes (der kein Leib mehr ist, sondern ein Leichnam, wenn er nicht mehr mit der Seele verbunden ist).

Reue. Das schmerzliche Bewusstsein unserer tiefen Unwürdigkeit angesichts der Heiligkeit Gottes. Wie der heilige Petrus, der sich plötzlich vor Christus niederwirft: *„Geh weg von mir, ich bin ein Sünder.“*

Diese beiden Haltungen sind wichtig, um in Ihnen die Wege des Herrn zu ebnen.

Ist die Seele so vorbereitet, dann bitten Sie um die Gnade des Gebetes; denn ich habe Ihnen schon gesagt, das Gebet ist eine Gabe Gottes, noch bevor es ein Handeln des Menschen ist. Rufen Sie demütig den Heiligen Geist an, er ist unser Lehrmeister im Beten.

Dann können Sie die körperliche Haltung einnehmen, die für die Gelöstheit der Seele am günstigsten ist. In Stunden und an Tagen, da der Körper die Seele in seine Erschlaffung oder Starre hineinzuziehen droht, halten Sie ihn wach und beweglich. Andere Male, wenn er, weil müde und abgespannt, sich immerfort bemerkbar macht, gewähren Sie ihm eine Haltung der Ruhe und Entspannung.

So vorbereitet, kann das eigentliche Gebet beginnen. Was erwarten Sie von ihm? Dass Gott von Ihrem Selbst Besitz ergreife. Und das einzige Mittel dazu sind die drei großen übernatürlichen Fähigkeiten, die der Herr Ihnen eigens gewährt hat, um mit ihm in Fühlung und zur Einigung zu kommen (das ist der Grund, warum man sie *göttliche* Tugenden nennt): Glaube, Hoffnung, Liebe. Sie sind in Ihnen übernatürliche Kräfte, bereit zu wirken, sobald Sie Gott entgegengehen.

Üben Sie Ihren Glauben. Spekulieren Sie nicht über Gott, sondern denken Sie an ihn, betrachten Sie dabei, was er Ihnen über sich durch die *Schöpfung* sagt, in der alles von seiner Vollkommenheit spricht; durch die *Bibel* und vor allem und zuerst durch seinen *Sohn*, der nur deshalb Fleisch angenommen, nur gelebt hat, nur gestorben ist, um uns die unendliche Liebe des Vaters zu offenbaren. Das ist das große Verdienst eines heiligen Bernhard, der Franziskaner des dreizehnten und vierzehnten Jahrhunderts, des heiligen Ignatius von Loyola: Sie haben die Betenden wieder daran erinnert, dass Christus der zentrale Gegenstand der Betrachtung ist.

Aber wichtig ist nicht, viel zu denken, sondern innig zu lieben. Wenn der Glaube die Liebe in Bewegung gesetzt hat, so üben Sie diese. Von Neuem habe ich den Ausdruck „üben" gebraucht. Erschrecken Sie nicht: Damit soll kein übersteigerter Voluntarismus angepriesen werden. Die Übung des Glaubens und der Liebe sollte so natürlich und leicht werden wie das Atmen. Und bei Erstickenden muss man die künstliche Atmung zur Wiederbelebung anwenden. – Liebe üben wird nicht so sehr darin bestehen, Gemütsbewegungen, inbrünstige Gefühle in sich hervorzurufen, als sich mit Ihrem ganzen Willen Gott anheimzugeben, seine Wünsche und seine Interessen zu den Ihrigen zu machen.

Der Liebe ist es auch eigen, nach der Vereinigung mit dem, den man liebt, zu verlangen – und nach dem Glück, das sie verspricht.

Wenn es sich um Gott handelt, nennt man dieses Verlangen „Hoffnung“. Üben Sie deshalb auch die Hoffnung.

Das Gebet, das ich Ihnen eben beschrieben habe, nennt man „innerliches Gebet“. Man spricht manchmal etwas abfällig darüber wie von einem Zeitvertreib für Rentner. Soll man seinen Verächtern glauben, so steht es den Mönchen an und ist nicht Sache derer, die im rauen Kampf des aktiven Lebens stehen. Es geht darum, effizient zu sein, sagen sie. Man könnte ihnen antworten, dass Lob und Anbetung wichtiger sind als Aktionen. Aber schon allein auf der Ebene der Effizienz selbst, auf die sie sich stellen, lässt sich dieses Gebet mühelos verteidigen. „Das Tun entspricht dem Sein“, sagten die alten Scholastiker. Das innerliche Gebet aber vervielfacht unsere Wirksamkeit, weil es eine großartige Erneuerung unseres wieder in Kontakt mit seinem Schöpfer gebrachten Seins ist. Man braucht nur das Leben der Heiligen, einer heiligen Teresa von Ávila zum Beispiel, zu lesen, um sich davon zu überzeugen.

Das innerliche Gebet preisen heißt aber nicht, die andere Form des Betens, das „praktische Gebet“, zu verurteilen. Es gibt keinen Grund, diese beiden Arten des Gebetes in Gegensatz zu stellen: Viel wichtiger ist, sie einander anzunähern und zu verbinden.

Dass es nötig ist, unser Leben zu erneuern, über unsere Neigungen, unsere Gedanken, unser Verhalten nachzudenken, um sie zu läutern, ist mehr als selbstverständlich. Das ist der eigentliche Gegenstand des „praktischen Betens“. Warum sollte es nicht der normale Abschluss eines innerlichen Gebetes sein? Der Blick des Glaubens würde sich, nachdem wir Gott betrachtet haben, unserem Leben zuwenden. Die Liebe würde, nachdem wir unsere innerste Verbundenheit mit ihm erneuert haben, uns antreiben, ihm in unserer Alltagsarbeit zu dienen. Einer meiner Freunde beendet sein Gebet nie ohne „die Betrachtung über das Notizbuch“, wie er es nennt. Er betrachtet seinen Tag, stellt ihn vor Gott; er zählt alle auf, die er treffen muss, und seine Aufzählung wird zu einer Fürbitte.

Denken Sie nun am Ende dieses Briefes, das Gebet sei keine sehr einfache Übung, entmutigend für alle, deren Dasein schon kompliziert genug ist? Lassen Sie diesen Eindruck nicht überhandnehmen. Die selbstverständlichsten Handlungen erscheinen kompliziert, wenn man sie analysiert: eine Treppe hinabsteigen, atmen, lieben. Wenn wir sie aber dauernd ausführen, erweisen sie sich als ganz einfach. Gerade dieses letzte Wort bezeichnet eine Gebetsform, zu der man gelangt, wenn man im Gebet ausharrt: „das Gebet der Einfachheit". Der heilige Johannes vom Kreuz beschreibt es mit diesen Worten: „Bewahrt für Gott eine Aufmerksamkeit, die erfüllt ist von Liebe, einfach, aufrichtig, wie der sie hat, der seine Augen öffnet, um mit Liebe zu schauen."

Bevor ich schließe, möchte ich noch eine letzte Bemerkung anfügen. Wie man nicht von heute auf morgen Kunstschreiner, Musiker, Schriftsteller wird, so kann man auch ohne mühevolle Lehrzeit kein Beter werden. Wer darüber erstaunt ist, müsste eine armselige Vorstellung vom Gebet haben, er müsste nie in einem Kloster geweilt haben, wo man junge Menschen sieht, die ohne Zögern alles verlassen haben, um sich ins Gebet zu versenken, wo man alten Mönchen begegnet, deren klarer und milder Blick viel von den Geheimnissen ihres Gebetslebens erzählt.

10 Das Gebet, eine Gabe Gottes

Gott fordert von mir zu glauben – ich bemühe mich darum; meinen Nächsten zu lieben – ich übe mich darin; rein zu sein – ich kämpfe, um darin weiterzukommen; das ist die spontane Reaktion vieler Christen. Sie ist rührend und ein Zeichen von gutem Willen und Großmut. Aber sie ist auch recht einfältig. Zeichen eines noch kindhaften Glaubens, der nichts ahnt von der auf allen Seiten der Heiligen Schrift gegenwärtigen Wahrheit, dass der Mensch ohne die göttliche Hilfe Gott nicht gefallen und seiner Erwartung nicht entsprechen kann.

An Christus glauben ist unmöglich, wenn Gott sich nicht einschaltet. *„Keiner kommt zu mir, wenn der Vater ihn nicht zieht."* Wir können auch nicht aus uns selbst lieben. Es ist der Heilige Geist, sagt Paulus, der unseren Herzen die Liebe eingießt. Rein sein: Auch das müssen wir vom Herrn erhalten: *„Erschaffe in mir ein reines Herz, o Gott."* Mit dem Gebet steht es genauso. Ist Ihnen das bewusst?

Sie haben verstanden, dass Sie dem Gebet in Ihrem Leben Raum geben müssen, und Sie üben es; aber es gelingt Ihnen nur schlecht. Sie klagen sich deshalb an, es fehle Ihnen an Können, an Willen, an Beharrlichkeit. Sollten Sie sich nicht eher vorwerfen, dass Ihr Glaube noch nicht mündig ist? Zählen Sie nicht zu sehr auf sich selbst? Sie wollen beten? Bitten Sie Gott um die Gnade des Gebetes. Wirklich: Ihr Gebet bestehe darin, um das Gebet zu bitten. Das Gebet, diese Flamme in uns, die zu Gott aufsteigt; man muss es erbitten, wie Elija das Feuer vom Himmel auf das Holz herabrief, das er aufgeschichtet hatte. Bitten Sie mit Ausdauer, mit Demut, ungeduldig, zudringlich. Vergessen Sie nicht, dass Christus den lästigen Freund gelobt hat, diesen Mann, der nicht aufhört zu bitten, bis er erreicht hat, was er will.

„Mein Vater und ich sind tätig ohne Unterlass“

Beten ist eine Begegnung der Liebe, in der Gott der hauptsächliche Akteur ist; man muss auch an seine Liebe glauben, die sehnlich danach verlangt, auf unsere Erwartung zu antworten; man muss sich seinem Handeln überlassen.

Warum sich so sehr in Aufregung versetzen, als ob der Wert unseres Gebets einzig an unserer Bemühung gemessen würde? Die Liebe Gottes umgibt und drängt uns von allen Seiten, sodass es nur darum geht, ihm alle Wege zu öffnen. (1. An die Sonne glauben) – Das Gebet ist das Werk Gottes, und der Mensch tut das Seine dazu, nicht umgekehrt. So geht es darum, uns bis zum Grund unseres Seins dem göttlichen Tun auszuliefern. (2. Die Geschichte von der Geige und vom Geiger) – Nach Markus, dem Evangelisten, sagt Jesus angesichts des jungen reichen Mannes: „Er blickte ihn an und liebte ihn.“ Das gilt für jeden von uns. Beten heißt, sich dieses liebenden Blicks bewusst werden und sich seiner reinigenden und erneuernden Kraft ausliefern. (3. „Er blickte ihn an und er liebte ihn“) – Gott blickt auf uns, weil er an uns denkt; sein Blick ist voller Liebe, weil er in Liebe an uns denkt, und dies von Ewigkeit. Dieser sein Gedanke ist es, der uns in die Existenz hineingeschleudert hat; er ist es, der uns in der Existenz hält; wenn wir uns nicht verweigern, ist er es auch, durch den wir zu dem werden, der wir berufen sind zu sein: heilig und einzigartig. (4. Wenn Gott aufhören würde, an mich zu denken …) – Würde unsere Sünde Gott dazu bringen, sich von uns abzuwenden? Mit Sicherheit nicht, denn nicht unsere Heiligkeit zieht seine Liebe an; tatsächlich ist es seine Liebe, die denjenigen rein, lebendig, heilig macht, der – unerschütterlich – an ihn glaubt. (5. „Ich werde mich zum Sturzbach machen") – Diese kein einziges Wesen ausschließende Liebe ist jedoch nicht unpersönlich; sie ergießt sich nicht unterschiedslos auf jeden Menschen. Gott liebt jedes seiner Kinder auf einzigartige Weise. (6. Weil ich Agnes bin) – Deshalb will er aktiv Verantwortung für uns tragen. (7. So nehme ich mich deiner an) – Ungeduldig will er in seiner Liebe für unser Glück und an unserer Heiligung arbeiten. Mit unseren Bittgebeten gehen wir ihm entgegen. (8. Du bittest mich mit zu viel Schüchternheit) – Wir müssen alle Schüchternheit aufgeben; wir müssen ihn mit der Beherztheit des Kindes ansprechen, das sich auf unendliche Weise geliebt weiß, das alles zu glauben, alles zu hoffen wagt. (9. Parrhesia) – Was unser Gebet gegenüber dem allmächtigen Gott allmächtig macht, ist, dass es in uns durch den Heiligen Geist selbst bewirkt wird. (10. Abba, *Vater*!)

11 An die Sonne glauben

Sie stoßen sich an dem klassischen Hindernis: dem Gefühl, nichts zu erreichen, Ihre Zeit im Gebet zu vergeuden, oder vielleicht, wer weiß, der geheimen Demütigung, Gott nur ein formloses Gebet anzubieten, das verzweifelt leer ist; und schon sind Sie entmutigt. Vergessen Sie etwa, dass Sie beim Beten nicht allein sind, dass Gott neben Ihnen ist? Sie dürfen den Wert dieser Gebetszeit nicht allein im Blick auf Ihr eigenes Tun beurteilen. Auch Gott wirkt. Gott zuerst. Und sein Wirken ist doch wohl wichtiger als das Ihre!

Wenn Sie ein Sonnenbad nehmen, brauchen Sie sich nicht zu plagen, damit die Sonne eindringe und Sie erwärme: Es genügt, dass Sie da sind und sich ihren Strahlen aussetzen. Ebenso im Gebet. Man muss sich nur der „Sonne“ aussetzen.

Aber man muss auch an die „Sonne“ und ihre Wirkkraft glauben. Unser Glaube ist es, auf den es ankommt. Er allein nimmt die heiligende Kraft Gottes wahr, er allein öffnet uns und gibt uns dieser Wirkung anheim. Fangen Sie doch nie an zu beten, ohne sich den gegenwärtigen Gott bewusst zu machen, ohne sich seiner lebendigen und wirksamen Liebe darzubringen.

Und halten Sie durch: Von Ihrer Ausdauer hängt es ab, ob Gott Sie nach und nach verwandelt, vergöttlicht.

Wenn Sie versucht sind, mutlos zu werden, blicken Sie auf das Ziel, zu dem die Treue im Gebet die Heiligen geführt hat. Und der so starke Wunsch, der Sie zu Gott hat aufbrechen lassen, der Wunsch nach einer sehr innigen Vereinigung mit ihm wird wieder erwachen. Hier! Lesen Sie noch diesen Text des heiligen Johannes vom Kreuz, er gibt Ihnen Mut:

„Die Seele wird von den Strahlen der Gottheit ganz erfüllt und ganz in ihren Schöpfer verwandelt. Denn Gott teilt ihr übernatürlich sein Sein mit, sodass sie Gott selbst zu sein scheint, dass sie hat, was Gott hat, und dass alles, was jedem von beiden gehört, durch diese Umwandlung ein Einziges zu sein scheint. Man könnte sogar sagen, dass die Seele durch diese Teilnahme mehr Gott als Seele zu sein scheint, obgleich es wahr ist, dass sie ihr Wesen bewahrt und dieses vom göttlichen Wesen unterschieden ist, wie das Glas vom Lichtstrahl unterschieden bleibt, der es durchleuchtet und durchdringt.“

12 Die Geschichte von der Geige und vom Geiger

Stellen wir uns einmal das Ende eines Violinkonzertes vor. Beifall braust auf, während der Vorhang fällt. Die Begeisterung wird immer stürmischer. Da tritt die Geige an die Rampe, verneigt sich, weist auf den bescheidenen Geiger, der sich abseits hält, und wendet sich an das Publikum: „Ich möchte, dass Ihre Glückwünsche in gleicher Weise auch ihm gelten. Um der Wahrheit willen muss ich zugeben, dass es mir ohne seine Mitwirkung nicht so gut gelungen wäre."

Wie viele Christen lassen mich an diese Geige denken! Gehören Sie nicht auch zu ihnen. Für sie ist die Heiligkeit, diese Heiligkeit, nach der sie guten Willens streben, eine Angelegenheit des Menschen unter Mitwirkung Gottes. Ihr Benehmen unter diesem Gesichtspunkt ist aufschlussreich. Besonders Ihr Gebet, das sich darin erschöpft, Gott um seine Hilfe zu bitten, ferner Ihre Sache vor ihm mit all den guten Gründen, die Sie anführen können, zu verteidigen und ihn zu bestimmen, zu Ihren Gunsten einzugreifen. Diese Einstellung ist zweifellos rührend, aber sie beruht auf einer kindischen Vorstellung von den Beziehungen zwischen Gott und dem Menschen; sie verfälscht das christliche Leben und hindert den Aufschwung der Seele zur Vollkommenheit. In Wirklichkeit ist die Heiligung nicht das Werk des Menschen mithilfe Gottes, sondern das Werk Gottes mithilfe des Menschen. Und das ist etwas ganz anderes.

Wenn wir das verstehen, wird dadurch alles verwandelt, zuerst und vor allem das Gebet. Es will nun nicht mehr Gott zum Handeln bestimmen, vom Vater verlangen, dass er sich für sein Kind interessiert: Wir haben endlich begriffen, dass Gott immer handelt, wie es der Herr sagte: *„Mein Vater und ich handeln ohne Unterlass."* Das Gebet besteht dann wesentlich darin, sich diesem göttlichen Handeln zu überlassen.

Es ist sicher nicht möglich, vom Morgen bis zum Abend dabei zu bleiben; oft lockert unsere Beschäftigung die Bande, die uns an Gott binden, und bewirkt, dass wir seiner Einwirkung mehr oder weniger entschlüpfen. Durch das Gebet aber gelingt es uns erneut, unser ganzes Wesen und all unsere Fähigkeiten seiner Macht auszuliefern. Auch zu unseren Aufgaben zurückgekehrt, verbleiben wir im Kraftfeld des göttlichen Wirkens. Bewegt vom Geist Gottes, handeln wir nun als Kinder Gottes, wie der heilige Paulus schrieb: *„Die wahren Söhne Gottes sind jene, die bewegt sind vom Geist Gottes."*

In dieser Sicht werden Ihre Gebete nicht Bitten eines Kindes sein, das den Herrn zu zwingen versucht, seine Meinung zu ändern. Sie werden vielmehr eine Konversion sein (Konversion kommt vom lateinischen *convertere*: sich zuwenden), eine Wendung Ihres Wesens, indem Sie demütig, empfangend, durchlässig werden für das heilige Handeln des Herrn. Es geht nicht darum, dass der Herr sich uns zukehrt, sondern dass wir uns wahrhaft zu ihm bekehren.

13 „Er blickte ihn an und er liebte ihn"

Die Evangelien erwähnen mehrmals den Blick Jesu. Andreas stellt Jesus seinem Bruder Simon vor: Dieser *„blickte ihn an"* (Joh 1,42, EÜ). Petrus verleugnet seinen Meister: Der *„wandte sich [...] um und blickte Petrus an"*, und Petrus weinte bitterlich (Lk 22,61, EÜ). Ein tugendhafter Mann fragt Jesus nach dem Weg zum Ewigen Leben: *„Jesus blickte ihn an und liebte ihn"*; so sagt uns Markus (10,21), der die Gabe der kurzen und bedeutungsvollen Formulierungen hat.

Liebe und Blick sind eng miteinander verbunden. Man muss hinschauen, um zu lieben, aber auch lieben, um wirklich hinzuschauen: „Nur mit dem Herzen sieht man gut."

Nichts offenbart die Liebe besser als der Blick. Wer so angeblickt wird, täuscht sich nicht; unter dem Schock dieses liebenden Blicks erwacht sein ganzes Sein – ich spreche von seinem innersten Sein, seinem geheimen Ich; es bebt, gerät in Erstaunen, stürmt vor und lebt. Ein neues Leben, ein unbekanntes, glühendes, intensives Leben taucht in ihm auf: Der liebende Blick ruft Liebe hervor.

Das Wunderbarste am Blick der Liebe, mit dem ein Wesen uns anschaut, liegt nicht nur darin, dass man in diesem Blick die Seele und die Liebe dieses Anderen entdeckt, sondern in dem, was man darin über sich selbst lernt. Der liebende Blick ist tatsächlich, nach der glücklichen Formulierung von Lanza del Vasto, ein Spiegel, in dem man sich gesehen sieht.

Während es Blicke gibt, in denen man sich als verachtenswert, als *quantité négligeable* sieht, entdeckt man sich im Blick der Liebe – im Vollsinn des Worts – als liebenswert: als fähig, die Liebe im Herzen eines Anderen hervorzurufen. Ein solcher Spiegel gibt uns Auskunft über uns selbst, nicht in der Weise eines leblosen und gefühllosen Spiegels, sondern durch die Freude, das Erstaunen, die Liebe, den Schwung, die angesichts unseres tiefen Ichs in diesem Wesen erwacht sind und die sein Blick uns offenbart.

Höchst beeindruckend, sich so als würdig zu entdecken, geliebt zu werden, als fähig, die Liebe in einem Herz zum Strömen zu bringen wie eine Quelle aus einem Felsen. Wie sollte man da nicht mit sich selbst versöhnt sein? Liebe, Wertschätzung, Selbstachtung, diese Empfindungen, wenn nicht unbekannt, so wenigstens bis jetzt kaum geahnt – und sehr oft vorgetäuscht – da tauchen sie auf einmal in uns auf und lassen uns unserer Würde bewusst werden. Von da an weiß man, dass man einen Grund hat zu existieren, denn man *existiert für* einen Anderen.

Aber die Dinge liegen noch wunderbarer. Dieser Blick der Liebe, wenn er von einem Christen erlebt wird, hat etwas unendlich

Umstürzendes an sich: Er lässt den Blick, den Gott auf uns wirft, ganz durchscheinen. Im Licht Christi erkennt dieser Christ in seinem verborgenen Inneren seine Seele als die eines Kindes Gottes. Er erkennt seinen ewigen Namen – jenen Namen, den Gott von Ewigkeit her ausgesprochen hat: diesen Namen, der uns im Denken Gottes geboren hat, noch bevor Gott uns in die Existenz hat eintreten lassen. In ihm entdecken wir, mit welcher Liebe wir von Gott geliebt werden.

Ich bin mir ziemlich sicher, dass Gott für jedes Wesen gern hätte, dass es eines Tages in seinem Leben einem solchen Blick begegnen möge.

Aber sogar jene, die uns am meisten lieben, können nicht immer „im Akt des Liebens" sein. Ihre Blicke der Liebe – und ich spreche vor allem vom aus der Seele kommenden Blick – sind besonders begünstigte und nur von Zeit zu Zeit auftauchende Augenblicke. Handelt es sich um Gott, kann man sicher sein, dass seine Liebe immer „im Akt" ist und dass dieser Akt, diese brennende Aufmerksamkeit Gegenwart der Liebe für unsere Seele ist. Waches Staunen ebenfalls. Ja, so erstaunlich das auch sein mag, Gott hat Gefallen an der Seele seines Kindes, denn in ihr verbindet sich sein Blick mit dem, was in ihr mehr ist als sie selbst: dem ewigen göttlichen Namen, der ihr zueigen ist. Und dieser Blick der Liebe Gottes hat viel mehr Wirkung als jeder Blick eines Menschen: Er ist Schöpfer der Heiligkeit, Mitteilung göttlichen Lebens.

Um diese Wirkung hervorzubringen, muss ihn die Seele allerdings entgegennehmen, indem sie sich ihm bis in ihre Tiefe hinein durch einen Akt des Glaubens öffnet. Glaube des Menschen, welche die Liebe ihres Gottes anerkennt, eine aktive Liebe, eine Liebe, die ganz Akt ist. Und wenn dieser Glaube brennend und ohne Unterbrechung da wäre, würde der Blick der Liebe Gottes auf die Seele diese ohne Unterlass in Heiligkeit wachsen lassen, so wie die Sonne die Ernte zum Reifen bringt.

Beten heißt, sich dieses Blickes der Liebe Gottes bewusst zu werden, sich durch den Glauben seinem schöpferischen, wiederbelebenden, vergöttlichenden, seligmachenden Tun zu öffnen. So kommt es dazu, dass die Liebe Gottes, die „Caritas" in der Seele auftaucht.

Soll das Gebet gelingen, muss man daran glauben, dass dieser Blick der Liebe auf einen selbst gerichtet ist.

„Er blickte ihn an und er liebte ihn."

14 Wenn Gott aufhören würde, an mich zu denken ...

Sie schreiben mir: „Habe ich recht zu glauben, dass, wenn Gott einen Augenblick aufhören würde, an mich zu denken, ich aufhören würde zu existieren? Oder irre ich mich? Das würde mich traurig machen, denn seit dem Tag, an dem diese Idee während eines Gebets in mir aufgetaucht ist, fühle ich mich dem Herrn so viel näher, oder genauer gesagt, empfinde ich ihn als mir so viel näher."

Sie brauchen keinerlei Angst zu haben. Was Sie verstanden haben, ist vollkommen orthodox. Es gibt nichts, was nicht von Gott geschaffen ist, von ihm in der Existenz gehalten, folglich von ihm *gewollt* wird – nicht ein für allemal, sondern in jedem Augenblick; es kommt hinzu, dass es nichts gibt, was nicht von ihm *gedacht* wird, denn nichts kann gewollt werden, das nicht zuerst gedacht wird. Wenn Gott aufhören würde, ein Wesen in der Existenz zu halten, würde dieses Wesen sofort ins Nichts stürzen; dasselbe würde geschehen, wenn er aufhören würde, es zu wollen; das Gleiche, wenn er dieses Wesens nicht mehr denken würde.

So sind Sie nun hoffentlich beruhigt. Bedenken Sie jedoch: Wenn es auch nicht falsch ist, in Gott das Denken, Wollen und Handeln zu unterscheiden, so muss man doch sofort klarstellen, dass dies eine menschengemachte Redeweise ist, denn in ihm sind Denken, Wollen und Handeln ein und derselbe Akt.

Ich verstehe sehr gut dieses Empfinden der Nähe Gottes, das Ihre „Idee" in Ihnen wachgerufen hat. Dass jemand an uns denkt, macht ihn uns noch viel gegenwärtiger als seine physische Gegenwart. Diese kann nur körperlich sein: Ich denke an jene Ehefrau, die Seite an Seite mit jemandem lebt, der noch abwesender ist als einer, der am anderen Ende der Welt lebt. Gegenwärtigkeit und Abwesenheit sind vorrangig geistiger Art.

Aber denken Sie die angedeutete Wahrheit bis zu Ende durch. Sie müssen begreifen, dass Gott *seit Ewigkeit* an Sie denkt. Ihr Kommen in diese Existenz war nur die Verwirklichung in der Zeit dieses ewigen Gedankens, der ein Gedanke der Liebe ist. Gott umhegte immer schon diesen Gedanken, als er Sie schuf.

Sie inkarnieren diesen Gedanken, Sie sind dieser Gedanke, aber im Zustand eines Keims: Das Leben ist Ihnen gegeben – und die Gnade arbeitet in Ihnen –, damit sich das Leben in Ihnen entfalte.

Gott kann ja tatsächlich nur ein vollkommenes, ganz entfaltetes Wesen denken und wollen. Der Gedanke Gottes, der Sie sind, ist folglich der eines Heiligen, und eines „einzigartigen" Heiligen, keinem anderen vergleichbar, denn niemals entspringen in Gott zwei identische Gedanken.

Durch Ihre Beteiligung an der Arbeit Gottes an Ihnen werden Sie zu jenem Heiligen werden, den Gott in Freude seit Ewigkeit erfunden hat.

15 „Ich werde mich zum Sturzbach machen“

Ihr Brief hat mich tief berührt, insbesondere der Satz: „Warum schreiben Sie nie für diese armen Kerle, die Sünder? Haben Sie doch ein wenig Mitleid mit jenen, die zu Gott nicht mit dem Gebet der Gerechten beten können, und sagen Sie ihnen, ob es wahr ist, dass sie trotzdem nicht vom Reich des Gebets ausgeschlossen sind.“ Ich habe mich in meinen vorhergehenden Briefen ziemlich schlecht ausgedrückt, wenn ich Sie dazu gebracht habe zu glauben, dass sie an Gerechte gerichtete Briefe eines Gerechten waren!

Zuallererst habe ich ziemliche Mühe, Ihre Unterscheidungen nachzuvollziehen. Wer kann sich gerecht nennen? Wer wäre kein Sünder? Wer kann es unternehmen zu beten, ohne mit dem Bekenntnis seiner Sünde und dem Eingeständnis seiner Reue zu beginnen? Und welches Elend könnte Gott entmutigen?

Ich erinnere mich an jene bis zum Wahnsinn geliebte und außergewöhnlich schöne junge Frau, die in namenlose Verzweiflung versank; der Chirurg hatte eine sehr beunruhigende Diagnose bezüglich des kleinen, recht harmlos aussehenden Pickels am Rand ihrer Lippe gestellt. Wird sie bei ihrer gefährdeten Schönheit noch geliebt werden? Einer derartigen Verzweiflung begegnet man manchmal bei jenen, die sich ihrer moralischen Hässlichkeit bewusst sind. Sie sollten sich beruhigen. Wenn die Liebe, um im Herzen eines Menschen zu erwachen, den Anblick von Schönem oder Gutem erfordert, so ist dies nicht so bei Gott. Seine Liebe ist von ganz anderer Natur. Der heilige Paulus wusste dies gut, der, um diese Liebe zu benennen, jenes Wort benutzte, das vor ihm ungebräuchlich war: *„agapè“*, das wir mit Caritas *(„charité“)* übersetzt haben. Bei Gott ist es tatsächlich nicht der liebenswürdige Anblick eines Geschöpfs, der seine Liebe hervorruft. Vielmehr schafft seine Liebe die Liebenswürdigkeit, die Schönheit, die Gutheit desjenigen, den er liebt. Wir, die Sünder, sind verzweifelt, diese moralische Schönheit verloren zu haben, die uns die Wertschätzung der Anderen und vor allem unserer selbst eingebracht hat; und wir stellen uns vor, dass Gott sich ebenfalls abwendet. Wie wenn es bis jetzt unsere Tugendhaftigkeit gewesen wäre, die uns seine Liebe gebracht hat! Wie wenn der Mensch Gottes Wertschätzung einfangen, Gottes Herz aufwecken könnte!

Der Beweggrund für die Liebe Gottes liegt nicht in uns. Genauso wenig wie unsere Tugenden kann unsere Not über ihn bestimmen. Ohne Beweggrund ist er spontan, hervorsprudelnd, überfließender Reichtum, schöpferische Dynamik. Gott sucht nicht nach den menschlichen Werten, die er lieben kann; er sucht nach dem Armen (im biblischen Sinn des Wortes), das heißt nach dem Sünder, dem Unvernünftigen, dem Schwachen, mit einem Wort nach demjenigen, in dem er eine Leere findet, die gefüllt werden kann. Aber da ist der Sünder, der, weil er diese Art der Liebe nicht kennt, meint, dass Gott sich täuscht; und so protestiert er wie der heilige Petrus: *„Geh weg von mir, Herr, denn ich bin ein Sünder!"* Aber nein, Gott wird sich nicht zurückziehen, und die Misere des Sünders wird die Monstranz seiner Liebe sein.

Das Gebet des Sünders besteht vor allem in dem unerschütterlichen Glauben an diese göttliche, vollkommen unentgeltliche Liebe und dem ohne Zaghaftigkeit gegebenen Einverständnis mit ihr. Das erscheint wunderbar einfach; in der Tat erweist es sich oft als sehr schwer, weil unser – zugleich uneingestandenes und manchmal uns selbst unbekanntes – Bedürfnis, wegen unserer eigenen Vortrefflichkeit von Gott geliebt zu werden, derart zäh und hartnäckig ist. Beweis dafür ist jene bittere Verstimmung, die unser Innenleben in Unruhe versetzt, wenn wir einer Versuchung erlegen sind. In unserer Beziehung zu Gott müssen wir folglich die Tendenz, in seiner Liebe eine Art Anerkennung unseres eigenen Werts zu sehen, radikal kasteien. Und wenn Gott uns nicht vor jeder Schwäche schützt, dann ohne Zweifel weil er uns zu der Entdeckung bringen will, dass die Liebe, mit der er uns liebt, nicht auf unserer Tugend gründet, sondern dass sie spontan seinem Herz entspringt, und dass er sich mit Sicherheit darin nicht ändert, denn er ist nicht abhängig von dem, was er in uns findet.

„Mach dich zu Empfänglichkeit“, sagte unser Herr zur heiligen Katharina von Siena, „und ich werde mich zum Sturzbach machen.“ Eben darin besteht das Gebet des Armen, des Sünders: sich empfänglich zu machen.

16 Weil ich Agnes bin

Nur wer Gott kennt, betet gut. Um besser zu beten, muss man sich bemühen, ihn besser zu kennen. Und Gott hat dafür gesorgt, unserer Suche eine Richtung zu geben, indem er uns offenbart hat, dass er die *Liebe* ist. Aber was ist das für eine Liebe? Seine Liebe spiegelt sich in der Liebe jener, die uns lieben; das erlaubt es uns, etwas von ihr ahnen zu können. Auch ihre Karikatur bei jenen, die uns auf schlechte Weise lieben, hilft uns durch den Kontrast, sie besser zu verstehen. Das war die Erfahrung jener Frau, die ihr Mann verlassen hatte und die mir gerade geschrieben hat. Ich kopiere ihren Brief für Sie. Die vereinnahmende Liebe dieses Ehemanns für seine Frau rückt in seltsamer Weise das Wertvolle an dem persönlichen Charakter und der Großzügigkeit der göttlichen Liebe ins Licht.

„… Er hat mich nicht geliebt. Er liebte an mir die Frau, genauer, die Weiblichkeit: ich war ein Probestück der Weiblichkeit, das ihm zusagte. Aber als er bemerkte, dass ich ein „Jemand“ war, als er meinem

‚Ich' begegnete, war ihm das peinlich; was tun mit einem Ich, mit einer lebendigen Person. Von da ab war in seinem Leben ein Zuviel, etwas, das störte – etwas, oder eher jemand, der ihm das Recht verwehrte, allein zu sein, allein mit einem Ding, das ihm gehörte; jemand, der seine Rechte geltend machte, zunächst das Recht, als einzigartige, eigenständige Person anerkannt zu werden. Das war zu viel. Er hat sich distanziert; der Eindruck war, dass er sich in seinem Reich bedroht fühlte. Ich wurde für ihn zu einem Eindringling: Ich gestattete mir, eine Person zu sein, während er mich aufforderte, ein Objekt zu sein, ein angenehmes und bequem handhabbares Exemplar der weiblichen Spezies. Er entfernte sich; er schaute sich anderswo um; und eines Tages hat er eine andere Frau gefunden, die – zumindest seinem Glauben nach – akzeptiert, sein Ding zu sein.

Nach grauenhaft dunklen Monaten, in denen ich nach der Wut in die Depression rutschte, in denen alle denkbaren Versuchungen mich umlagerten, kann ich es ihm nicht mehr nachtragen. Ich bin heute im Frieden, oder besser der Friede ist in mir.

Und ich verdanke das ihm. Durch mein Leiden als auf schlechte Weise geliebte Ehefrau bin ich zu der Entdeckung geführt worden, mit welcher Liebe Gott mich liebt. Ich weiß seitdem, dass Gott, dass er mich nicht liebt wie ein Probestück der Menschheit, dass er mich nicht liebt, weil er die Menschheit liebt, sondern weil ich Agnes bin. Gott ist nicht wie die Sonne, die ihre Wärme ununterschieden und unerschütterlich jeder Kreatur zuteilwerden lässt: Er gibt mir seine Liebe, er gibt sich mir, weil *ich ich bin*. Er ist nicht jene Wohltätigkeitsdame, welche die Armen liebt, aber sich weder die Zeit nimmt, jedem in die Augen zu schauen, noch den Namen dessen zu kennen, dem sie beisteht: wozu denn! Sie liebt ja ‚den Armen'. Nichts dergleichen in Gott: Ich bin es, Agnes, und weil ich Agnes bin, die Gott liebt. Er kennt mich mit meinem ewigen Namen. Er ruft mich mit meinem Namen. Er erwartet ungeduldig meine Antwort. Er ist nicht eifersüchtig auf meine Selbstständigkeit und meine Persönlichkeit. Sie sind ihm beide lieb: Was wäre meine Antwort ohne sie wert? Für ihn bin ich kein Ding, dessen man sich bemächtigt und das man benutzt, sondern eine Freiheit, die sich schenkt und die er unendlich respektiert.

Dank Seiner Liebe bin ich jetzt versöhnt mit mir selbst und mit den anderen. Gott hat die Quellen meiner Zärtlichkeit in meinem Herz freigesetzt. Endlich lebe ich. Und die Stunde des Gebets ist zugleich die Stunde intensivsten Lebens …"

17 So nehme ich mich deiner an

Sie haben recht, wenn Sie eine bestimmte Art, von Gott zu reden, empört, eine Art, die ihm rein menschliche Gedanken, Gefühle und Verhaltensweisen zuspricht. Das ist ein schwerwiegender Irrtum: Er profaniert das göttliche Mysterium und bereitet schlussendlich dem Atheismus die Bahn. Viele Gläubige um uns herum geben dieser Tendenz nach. Sie stammt nicht erst von heute. Voltaire hat sie bereits mit der berühmten Formulierung gebrandmarkt, die ich Ihnen hier aus der Erinnerung zitiere: „Gott hat den Menschen nach Seinem Bild geschaffen, aber der Mensch hat es ihm gut heimgezahlt."

Andererseits haben Sie unrecht, Gott in die Wolke des Nicht-Erkennbaren zu verweisen. Wie wenn wir akzeptieren müssten, nichts von ihm zu wissen!

Es stimmt, dass Gott „ein verborgener Gott" ist (Jes 45,15, EÜ). Es stimmt, dass er ganz anders ist als wir; er erklärt es selbst durch den Propheten Hosea: *„Ich bin Gott und nicht Mensch"* (11,9). Halten wir unverrückbar fest: Gott ist nicht das Ebenbild des Menschen. Der Mensch ist das Ebenbild Gottes. Dies ist der Grund, warum die

Qualitäten des Menschen, vor allem seine Herzensqualitäten, uns die Vollkommenheiten der Liebe Gottes, die er für uns hat, ahnen lassen.

Die Bibel betont mit Nachdruck und immer wieder die Transzendenz des Allerhöchsten und spricht der menschlichen Vernunft die Fähigkeit ab, den Schöpfer so zu kennen, wie sie ein Geschöpf kennt; gleichzeitig geht die Bibel ohne zu zögern von den Geschöpfen aus, wenn sie von ihm spricht. Sie lädt uns ein, in ihm die Zuneigung eines Vaters zu finden, *„der einen Säugling an seiner Brust hegt"* (Hos 11,4) – und die Zärtlichkeit einer Mutter: *„Vergisst eine Frau das Kind, das sie ernährt; hört sie auf, den Sohn zu lieben, den sie in ihrem Fleisch getragen hat? Sogar, wenn man eine Frau finden würde, die ihn vergäße, ich werde dich nie vergessen!"* (Jes 49,15) – die Treue eines Ehemanns: *„Verwirft man die Frau seiner Jugend? Einen kurzen Augenblick habe ich dich gelassen, aber in ewiger Liebe habe ich Mitleid mit dir gehabt"* (Jes 54,6–8).

Die Haltung, in Gott als ihrer Quelle die edelsten, die zärtlichsten, die stürmischsten Gefühle des menschlichen Herzens wiederzufinden, ist folglich von tiefer Religiosität.

Als ich vor kurzem einen Text von Anouilh las, habe ich auch an Sie gedacht. Hier eine Kopie dieses Textes. Sie finden darin die Reaktion eines Ehemanns, der bei seiner Frau ist, als sie völlig erschöpft einschläft:

„Kaum hörtest du auf zu sprechen, als dein Kopf auf meine Schulter glitt und alles aufhörte … Mochten die anderen um mich herum auch weiter lachen und reden, ich hatte sie schon verlassen. Jason, der junge Mann, war tot. Ich war dein Vater und deine Mutter; ich war derjenige, der den auf ihm eingeschlafenen Kopf Medeas trug. Was träumtest du wohl in deinem kleinen Frauenkopf, während ich mich so deiner annahm? Ich trug dich auf ein Bett. Ich habe dich nur angeschaut, während du schliefst. Die Nacht war ruhig, wir waren seit Langem den Verfolgern deines Vaters zuvorgekommen, bewaffnet bewachten uns die Kameraden, und trotzdem wagte ich nicht, die Augen zu schließen. Ich habe dich, Medea – gegen nichts übrigens – diese ganze Nacht verteidigt.“

Es wird für Sie eine wunderbare Ermutigung sein zu begreifen, dass Ihr Gott nicht weniger „menschlich“ gegenüber Ihnen ist, wenn es Ihnen widerfährt, während Ihres abendlichen Gebets nach einem anstrengenden Arbeitstag in Halbschlaf zu geraten. Ich weiß, dass Sie in diesem Text keine Einladung zur Nachlässigkeit sehen werden, sondern zum Vertrauen in ihn, der Sie zärtlicher liebt als ein Mann seine Geliebte, und der sich um Sie mit all seiner mütterlichen Fürsorge kümmert.

18 Du bittest mich mit zu viel Schüchternheit

Lob, Anbetung, Hingabe an die göttliche Liebe sind, so sagen Sie mir, die Triebfedern Ihres Betens. Das freut mich. Aber vernachlässigen Sie trotzdem nicht das Bittgebet, wie wenn es weniger wert wäre oder einem überwundenen Stadium angehörte. Von dem, was man die Zielpunkte des Gebets nennt – Anbetung, Dank, Reue, Bitte –, darf man niemals auch nur einen einzigen aufgeben. Sie sind der rote Faden der Liturgie der Kirche, sie müssen auch denjenigen Ihres persönlichen Gebets bilden.

Ich habe oft festgestellt, dass das Bittgebet ein zuverlässiges Kriterium für die Echtheit eines spirituellen Lebens ist: Die falschen Mystiker verachten es, die wirklichen finden Gefallen daran. Ein Heiliger ist immer ein Bettler, nicht notwendig an den Türen der Menschen, aber an der Tür Gottes. Gern wartet er darauf, dass der Herr ihm sein tägliches Brot gebe; und vor allem erbittet er von ihm die spirituellen

Güter, nach denen ihn noch mehr hungert: das Wachsen der göttlichen Tugenden, die Erkenntnis und die Liebe des Kreuzes, die Demut, die tiefe Reue, die Gaben des Heiligen Geistes.

Der wirklich spirituelle Mensch erinnert sich im Übrigen an einen Satz des *Meisters*, der ihn zum Bittgebet auffordert: *„Mehr Freude liegt darin zu geben als zu empfangen."* In diesen Worten entdeckt er – mehr noch als eine Aufforderung – eine vertrauliche Mitteilung, die ein Geheimnis im Herzen Christi ist. Diese Freude am Geben ist es auch, die er seinem Gott schenken will, indem er sich angesichts seiner zum Bittsteller macht.

In einem Brief des heiligen Thomas Morus an seine Tochter habe ich einen Widerhall dieses Bedürfnisses zu geben und der diesbezüglichen Freude gefunden. Man sieht darin in aller Klarheit, dass die Heiligkeit nicht die väterlichen Gefühle auslöscht; vielmehr verfeinert und vertieft sie diese derart, dass sie wie der Spiegel werden, in dem sich die Empfindungen Gottes offenbaren. Wenn Sie diesen Text lesen, in dem dieser bewunderungswürdige Vater sein Bedürfnis und seine Freude zu geben zum Ausdruck bringt, dann verstehen Sie bitte, dass, was Sie angeht, eine derartige Haltung in Gott, Ihrem Vater, noch viel brennender ist.

„Du bittest mich, mein liebes Kind, mit zu viel Schüchternheit und Zögern um Geld. Wie du gut weißt, ist dein Vater immer bereit, dir welches zu geben, und dies umso mehr, als dein Brief nicht zwei Philippes d'Or für jede Zeile verdiente, wie dies Alexander für die Verse des Dichters Cherilus getan hat, sondern, wenn mein Geldbeutel sich an meinen Wünschen messen ließe, zwei Goldunzen für jede Silbe …

Ich schicke dir jedoch gerade das, was du von mir erbittest. Ich hätte gerne etwas hinzugefügt, aber wenn ich auch zu geben liebe, so liebe ich es ebenfalls sehr, dass meine geliebte Tochter mich freundlich bittet, wie sie das zu tun weiß. Beeile dich auch, das Geld auszugeben – ich bin sicher, dass du guten Gebrauch davon machen wirst. Je eher du mir gegenüber einen erneuten Versuch machst, umso mehr werde ich zufrieden sein.“

19 Parrhesia

Warum habe ich Sie wie einen Menschen des Alten Testaments behandelt? Weil Sie, wie es scheint, jene Tugend nicht kennen, die jeden wahren Jünger Christi in seinem Umgang mit Gott auszeichnet: die Parrhesia.

Die frommen Juden wagten es nicht, sich ihrem Gott zu nähern, vertraulich mit ihm zu sprechen; sie beteten ihn an, aber wie aus einer Distanz. Gott zu hören und vor allem ihn zu sehen hieß, wie sie dachten, den Tod zu riskieren. Sie wandten sich an ihn als an den zugleich höchst gefürchteten wie verehrten Meister: *„Ach Herr, dein Ohr höre aufmerksam auf das Gebet deines Knechtes und das Gebet deiner Knechte, die von Herzen deinen Namen fürchten“* (Neh 1,11, EÜ).

Nur der Hohepriester hatte das Recht, das heilige Tetragramm auszusprechen, die vier Konsonanten des göttlichen Namens: Das war das Äußerste der erlaubten Vertraulichkeit. Wenn jene, die mit dem Hohepriester zusammen waren, den Namen hörten, warfen sie sich nieder, das Gesicht zur Erde; die anderen sagten: *„Gelobt sei in alle Ewigkeit der Name seines Reiches der Herrlichkeit.“* Und niemand verließ seinen Platz, bis der göttliche Name sich sozusagen zurückgezogen hatte.

Aber die Propheten hatten eine neue Zeit angekündigt, die messianische, in der es jedem Menschen gegeben sein würde, sich Gott zu nähern und ihn vertrauensvoll anzubeten: *„Dann werde ich die Lippen der Völker verwandeln in reine Lippen, damit alle den Namen des Herrn anrufen“* (Zef 3,9, EÜ).

Und Jesus Christus sagt seinen Jüngern in der Tat: *„So sollt ihr beten: Unser Vater im Himmel"* (Mt 6,9, EÜ). *„Denn"*, kommentiert der heilige Paulus, *„ihr habt nicht einen Geist empfangen, der euch zu Sklaven macht, so dass ihr euch immer noch fürchten müsstet, sondern ihr habt den Geist empfangen, der euch zu Söhnen macht, den Geist, in dem wir rufen: Abba, Vater!"* (Röm 8,15, EÜ). *„Weil ihr aber Söhne seid, sandte Gott den Geist seines Sohnes in unser Herz, den Geist, der ruft: Abba, Vater. Daher bist du nicht mehr Sklave, sondern Sohn"* (Gal 4,6–7, EÜ).

Seitdem können sich die Christen, gewiss ohne die Haltung der Verehrung aufzugeben, die Grundlage jeder Religion ist, mit liebevollem Vertrauen ihrem Gott „nähern", von dem sie gelernt haben, dass er ihr Vater ist. Hören wir den heiligen Johannes: *„Wenn das Herz uns aber nicht verurteilt, können wir uns voller Beherztheit an Gott wenden"* (1 Joh 3,21). Und noch einmal der heilige Paulus: In Jesus Christus *„haben wir den freien Zugang durch das Vertrauen, das der Glaube an ihn schenkt"* (Eph 3,12, EÜ).

Diese Beherztheit, diese kindliche Zuversicht werden in den heiligen Schriften mit dem Wort *„Parrhesia"* zum Ausdruck gebracht. Es stammt aus den griechischen Wörtern *pan* und *rhétos*: das Recht, alles zu sagen. Die Liturgie jeder Messe lädt uns vor der Rezitation des Pater Noster zu dieser Parrhesia, zu dieser Beherztheit und kindlichen Zuversicht ein: „Dem Wort unseres Herrn und Erlösers gehorsam und getreu seiner göttlichen Weisung wagen wir zu sprechen …"

Ist es, um Sie für die Praxis dieser Tugend zu gewinnen, nötig, den obigen Überlegungen ein mitreißendes Beispiel anzufügen? Ich werde für Sie die heilige Thérèse zitieren. Überlastet mit schwierigen Aufgaben, bedrängt von Sorgen war ihr beim Gebet noch dazu das Gefühl der Gegenwart ihres Gottes entzogen. Als sie es eines Tages nicht mehr aushielt, beklagte sie sich beim Herrn mit ebenso viel kindlicher Kühnheit wie Respekt: „Und was ist nun! O mein Gott, genügt es nicht, dass ihr mich in diesem elenden Leben zurückhaltet, dass ich, aus Liebe zu euch, diese Prüfung akzeptiere, und dass ich damit einverstanden bin, in diesem Exil zu bleiben, in dem alles mich daran hindert, mich an euch zu erfreuen, wo ich mich um das Essen, um den Schlaf, um die Geschäfte, um die Beziehungen zu einer Unmenge von Leuten kümmern muss? Und doch schicke ich mich in all das aus Liebe zu euch! Denn ihr wisst gut, o mein Gott, dass das eine unsagbare Pein für mich ist! Und in den wenigen Augenblicken, die mir bleiben, um mich an eurer Gegenwart zu erfreuen, da verbergt ihr euch! Wie kann sich das mit eurer Barmherzigkeit vertragen? Wie kann eure Liebe für mich solches aushalten? Herr, wenn es mir möglich wäre, mich vor euch zu verstecken, wie ihr euch vor mir versteckt, ich glaube, ja, ich bin überzeugt, dass eure Liebe zu mir es nicht ertragen würde! Aber ihr, ihr seht mich immer. Zu hart ist eine solche Ungleichheit, o mein Gott. Ich flehe euch an zu bedenken, dass dies beleidigend für jene ist, die euch so sehr liebt."

20 Abba, *Vater*!

Im letzten Brief versuchten wir klarzulegen, worin das Wesentliche des Gebetes besteht. Nachdem sich gezeigt hatte, dass das Wesentliche nicht in dem Anteil bestehen kann, den Körper, Verstand oder Gefühl am Gebet haben, ergab sich, dass es im Willen liegt. Das ist nun richtig und zugleich falsch. Darum schreibe ich Ihnen von Neuem, damit sich kein Irrtum einschleiche. Wahr ist es in dem Sinne, dass der Betende nicht mehr und nichts Besseres als diesen Willensakt leisten kann, durch den er sich Gott zuwendet und sich ihm ausliefert. Dennoch ist das Gebet des Christen nicht allein Tat des Menschen, es ist auch und zuerst Tat Gottes, und klar ist wohl, dass Gottes Tun dabei wesentlicher ist als das des Menschen. Dies war in meinem Gedanken stillschweigend mitgemeint; haben auch Sie es beim Lesen bemerkt?

Eine eindrucksvolle biblische Szene zeigt deutlich, was sich im christlichen Gebet ereignet. Nach dem Besuch von Jahwes Engel bringen Manoach und seine Frau (Ri 13,19–20) in dessen Gegenwart auf einem Altar inmitten der Felder dem Herrn ein Opfer dar. Sie schichten Holz auf, legen das Zicklein darauf und zünden das Feuer an. Im selben Augenblick wird der Engel plötzlich wie vom Feuer verschluckt und steigt von der Erde wieder zum Himmel auf.

Ein geheimnisvolles Wesen regt das Gebet des Christen an, lenkt es, trägt es empor bis zum allmächtigen Vater: der Heilige Geist. Der Apostel Paulus legt uns diese wundersame Wahrheit sehr ausdrücklich dar: *„Der Geist kommt unserer Schwachheit zu Hilfe. Denn was wir beten sollen, wie es sich gehört, wissen wir nicht; aber der Geist selbst betet für uns in Seufzern, die unsere Worte unmöglich aussprechen können"* (Röm 8,26). Gerade dieses Beten des Heiligen Geistes in uns macht die erstaunliche Größe unseres Gebetes aus. Müde an Herz und Geist treten wir an, stammeln armes Zeug. Was verschlägt's. Aus diesem toten Holz lässt der Heilige Geist eine lebendige Flamme auflodern.

Dieses Gebet des Heiligen Geistes zu fassen, ist unmöglich; ein Wort indessen ist entscheidend: *Abba*, Vater. *„Weil ihr Söhne seid"*, schreibt der heilige Paulus, *„hat Gott den Geist seines Sohnes in eure Herzen gesandt, der ruft: Abba, Vater"* (Röm 8,15). Das Wesentliche unseres Gebetes liegt also in diesem Aufschwung kindlicher Liebe des Sohnes zum Vater, den der Heilige Geist in unserer Seele ins Leben ruft. Daher ist es nicht erstaunlich, dass unser menschliches Beten Gott angenehm ist!

Solange wir noch Anfänger im Beten sind, ist uns dieses Gebet des Heiligen Geistes für gewöhnlich nicht bewusst; wir vernehmen nicht diesen Ruf „Vater, Vater", der dennoch in den Tiefen unseres Wesens widerhallt. Unsere schlecht ausgebildeten inneren Sinne sind für die

Gegenwart des Heiligen Geistes in uns unempfindlich. Aber zuweilen, und dann immer öfter – im Maß, wie sich unser geistlicher Sinn läutert, – spüren wir mit einer tiefen Freude etwas von dem brausenden Leben des Geistes Christi. *„Der Geist selbst gibt unserem Geist Zeugnis, dass wir Kinder Gottes sind"* (Röm 8,16). Verstehen Sie dies dahin, dass wir in uns einen Aufschwung der Liebe zum Vater entdecken, der, wie wir zugeben müssen, nicht aus uns stammt. Jetzt wird Beten ganz einfach, es gilt nur *zuzustimmen*, dem *anzuhangen* (diese beiden Worte haben einen ganz tiefen Sinn für die mit dem geistlichen Leben Vertrauten), was in uns geschieht, sich nur dem Beten des Heiligen Geistes zu überlassen, wie das Öl der Lampe sich der Flamme hingibt, die es aufsaugt.

Sehr oft offenbart uns nichts diese geheimnisvolle Tätigkeit des Heiligen Geistes. Und doch dürfen wir deshalb nicht weniger zustimmen und uns ihm hingeben, aber dann im reinen Glauben und gerade durch jenen Willensakt, von dem ich in meinem vorigen Brief sprach.

Ich kann Ihnen nichts Besseres empfehlen, als Ihr Gebet mit einem Akt des Glaubens zu beginnen, bestimmt und nachdrücklich, an Christi Geist, der in Ihnen beten will. So, wie man einen Blankoscheck unterschreibt, geben Sie ihm im Voraus Ihre bedingungslose Einwilligung.

„Selig die Armen …“

Sich – im Bewusstsein der eigenen Sünde und radikalen Armut – vor den Gott der Barmherzigkeit hinstellen, gleichzeitig aber die Sicherheit der unvergänglichen und großzügigen göttlichen Zärtlichkeit in sich tragen: Das ist die grundlegende Haltung, um sich dem Gebet zu nähern.

Das Gebet ist ein bevorzugter Moment, um sich unserer spirituellen Armseligkeit bewusst zu werden und uns der Umarmung der göttlichen Barmherzigkeit auszuliefern. (1. Das Gebet des Sünders) – Es ist manchmal der verzweifelte Schrei einer Freiheit, die nicht mehr die Kraft hat, dem Bösen zu widerstehen, das sie umwirbt. (2. Das Gebet von Doña Proëza) – Genau dort, wo es der Versuchung erlegen ist, wo ihm der Mut fehlt, um sich von der Sünde freizumachen, hat das Kind Gottes immer das Recht, sich an seinen Vater zu wenden und ihn um Hilfe zu bitten. (3. Der wollene Faden) – Die anerkannte, eingestandene und verworfene Sünde ist bereits keine Sünde mehr; sie ist dem sanften Mitleid Gottes überantwortete Armut (4. „Meine Sünde kenne ich“) – Und die Vergebung des Vaters ruft in der Unreinheit und Dunkelheit der Seele eine ganz neue Liebe hervor. (5. Für denjenigen, der glaubt, des Gebets nicht würdig zu sein) – Während die eingestandene Sünde der Begegnung mit Gott nicht hinderlich sein kann, macht die uneingestandene Sünde, vor allem der Mangel an Liebe zum

Anderen, unser Gebet unfruchtbar. (6. Von Kopf bis Fuß) – Aber das Gefühl völliger Machtlosigkeit im Gebet ist nicht notwendigerweise die Auswirkung der Sünde. Der Herr kann es zulassen, um uns zu der Überzeugung zu bringen, dass wir im Bereich der Spiritualität bis in die Wurzel hinein Bedürftige sind. Beten heißt, die eigene Armut vor den Augen Gottes auszubreiten. (7. Das Gebet der Armut) – Wer an Wissen, Wollen, Können gewöhnt ist, findet es grausam, auf Armseligkeit und Machtlosigkeit reduziert zu werden. Es kann genauso fruchtbar wie grausam sein: Er lernt, vom „ich will" zum „ich bitte dich" zu kommen. (8. Sich bankrott erklären) – Sünde, Ohnmacht, Armut führen uns zur Entdeckung unserer Abhängigkeit, was Gott angeht. Wer aber liebt, empfindet die Abhängigkeit nicht als Unfreiheit, sondern vielmehr als Anforderung seiner Liebe. (9. Abhängigkeit) – Diese Abhängigkeit vom Herrn ist nichts zum Wesen des Menschen Hinzukommendes; sie gehört zu ihm, reicht bis an die Wurzel, ist total. Sich Gott zu schenken, bedeutet, sie anzuerkennen, rückhaltlos mit ihr einverstanden zu sein; die Fessel der Abhängigkeit wird hierdurch zu einem Band der Liebe. (10. Das Wasserzeichen)

21 Das Gebet des Sünders

Ich verheimliche Ihnen nicht, dass Ihr Brief mich erschüttert hat. Sie schreiben mir, dass ich in meinen Äußerungen zum Gebet die Sünder zu vergessen scheine. „Ohne Zweifel", fügen Sie hinzu, „weil Sie diese für unwürdig halten, es zu praktizieren." Gott bewahre mich vor einem derartigen Pharisäertum! Als der Sünder, der sich an seine sündigen Brüder wendet, um sie zu diesem Akt der Bekehrung einzuladen, welcher das Gebet ist, denke ich ohne Unterlass und ausschließlich an sie!

Nichtsdestoweniger habe ich über meine Art und Weise nachgedacht, das Gebet darzustellen. Um die Verachtung zu vermeiden, deren Echo in Ihren Zeilen widerhallt, sollte ich mich, wie mir scheint, öfter auf die außerordentliche Passage des heiligen Lukas, das Gleichnis vom „verlorenen Sohn" beziehen. Von Hunger gequält sagt sich der arme junge Mann eines Tages: „Ich werde zu meinem Vater zurückkehren." Und der Vater, der jeden Tag zu der Stelle ging, wo man die Straße weit hinunterschauen konnte, sah ihn, „lief dem Sohn entgegen", „fiel ihm um den Hals" und „küsste ihn zärtlich".

Eben dies ist Beten: der bevorzugte Augenblick, um sich der eigenen Misere bewusst zu werden, sie hinter sich zu lassen, indem man sich Gott zuwendet; der Ort der Begegnung zwischen dem Vater und seinem Kind; die Umarmung der Barmherzigkeit und der Not; das Freudenfest, sich wiedergefunden zu haben.

Verstehen Sie bitte: Das Kind reinigt sich nicht, heiligt sich nicht selbst, um dann den Vater aufzusuchen. Sie müssen vielmehr sehen, dass es sich ihm unrein, in abstoßende Lumpen gekleidet, nähert; das Kind wird durch die Vergebung des Vaters gereinigt und gewandelt; der Vater legt ihm die Festkleidung um. Ohne Bildsprache gesagt: Die Reinigung und Heiligung des Sünders ist nicht die Angelegenheit des Menschen, sondern das Werk Gottes – *„O Gott, schaffe mir ein reines Herz"*. Gabe Gottes, unentgeltliche Gabe, die der Mensch nicht verdienen könnte, die ihm gewährt wird, wenn er an sie glaubt, wenn er es wagt, an sie zu glauben. Groß in den Augen Gottes ist genau dies: dass der Mensch eine so hohe Vorstellung seines Gottes hat, um ohne zu zögern an die Barmherzigkeit zu glauben. Und genau dies ist es, was in den Augen Gottes so schwer wiegt: dass der ältere Sohn sich über die Barmherzigkeit empört, dass er darin nichts als fehlende Würde, als Beleidigung seiner Gerechtigkeit sieht.

Geborene Pharisäer können das niemals verstehen. Für sie heiligt sich der Mensch durch seine Anstrengungen und seine moralischen

Großtaten selbst, um sich dann – ihrer Meinung nach nun würdig geworden – vor Gott hinzustellen, mit ihm zu verhandeln, seine Vertrauten zu sein. In der Gemeinschaft der Heiligen dagegen *„ist mehr Freude über einen einzigen Sünder, der bereut, als über 99 Gerechte, die der Reue nicht bedürfen"*: Sie staunt über das Schauspiel der Barmherzigkeit, die jedes Mal aus dem Herzen Gottes hervorquillt, wenn ein Sünder vor ihn hintritt, der vertraut, der *„an die Torheit Gottes"* zu glauben wagt.

Das Gebet des Sünders – unser aller Gebet also – besteht eben darin: mit der eigenen Misere herzukommen, damit die Barmherzigkeit sie überschwemme; unser aller Gebet ist es, weil, wie der heilige Johannes sagt: *„Wenn jemand behauptet, er sei kein Sünder, so ist er ein Lügner."*

22 Das Gebet von Doña Proëza

Ihre Reaktion erstaunt mich. Wie kann man an dem Gebet Anstoß nehmen, das Doña Proëza im *Seidenen Schuh* an die Jungfrau richtet?

Zweifelsohne haben Sie nicht berücksichtigt, unter welchen Bedingungen es ausgesprochen wurde.

Die aus der Franche-Comté stammende junge, lebendige, heißblütige, stolze, großzügige Doña Proëza war mit Don Pelayo verheiratet worden, einem alten kastilischen, nüchternen, strengen und frommen Edelmann. – Ein schwieriges Gespann: eine Vollblütige und ein Zugochse! Eines Abends – es stürmte draußen – klopft ein Schiffbrüchiger an ihre Türe: Don Rodrigo, auch er vornehmer Abstammung, aus der Rasse der großen *conquistadores*. Und so entsteht zwischen ihm und Doña Proëza unvermittelt wie ein Blitz eine Liebe. Doña Proëza ist zu tief christlich, um nicht darüber zu erschrecken, zu loyal, um sich nicht dagegen zu wehren, zu menschlich, um diese Liebe erfolgreich abzuschütteln.

Der Reisende verlässt kurz darauf das alte Haus. Aber im Herzen der jungen Frau bleibt die Liebe und wird zur ununterdrückbaren Leidenschaft. Eines Tages unternimmt sie unter der Führung eines Offiziers ihres Mannes eine Reise; heimlich nährt sie die Hoffnung, Rodrigo zu begegnen. Doña Proëza ist drauf und dran, ihr Haus zu verlassen, als sie vor der Statue der Jungfrau, die über der großen Eingangstür steht, wie von einer Inspiration ergriffen wird. Auf dem Sattel ihres Maultiers stehend zieht sie ihre Schuhe aus und legt ihren seidenen Schuh in die Arme der Jungfrau.

Es stimmt, das Gebet, das sie an die Jungfrau richtet, ist nicht gerade großartig, aber ich finde Sie ziemlich ungerecht, sie als Heuchlerin und unfromme Person zu bezeichnen.

Verstehen Sie doch die Gefühle, die in der jungen Frau aufeinanderprallen, genau jene nämlich, die der heilige Paulus in seinem Brief an die Römer analysiert: *„Das Wollen ist bei mir vorhanden, aber ich vermag das Gute nicht zu verwirklichen. Denn ich tue nicht das Gute, das ich will, sondern das Böse, das ich nicht will“* (Röm 7,18–19, EÜ). Sie hat nicht mehr die Kraft, dem Ruf dieser verbotenen Liebe zu widerstehen, aber ihre Redlichkeit erlaubt es ihr nicht, das gut zu nennen, was schlecht ist. Ihr von der Leidenschaft überschwemmter Wille kämpft wie ein armes kleines Mädchen in den Armen eines Entführers. Ihr Glaube wagt zu glauben, dass es nicht gottlos ist, sich mit dem Aufschrei an Gott zu richten: „Du, Gott, kannst machen, dass ich nicht dem Schlechten, in das hineinzustürzen ich nicht lassen kann, verfalle; du kannst meinen Willen nicht mehr halten; er entgleitet dir, wie er mir entgleitet. Aber vielleicht genügt dir schließlich mein kleiner Schuh, den ich Unserer Lieben Frau übergebe, damit sie ihn dir gibt, um mich vom Weg der Sünde abzuhalten.“

Es stimmt sicherlich, dass zu einer Stunde, zu der man noch der Versuchung den Rücken zukehren kann, so zu beten Heuchelei wäre; aber wenn man sich – aufgrund einer eigenen Verfehlung oder nicht – als einer vorfindet, der der eigenen Leidenschaft ausgeliefert ist, der nichts mehr dagegen tun kann, dann ist dieser letzte Aufschrei einer Freiheit, die nicht nachgeben will, das Geständnis einer Armut und ein Glaubensakt in die innige göttliche Liebe, die mit besonderer Macht das Herz des göttlichen Vaters anrühren müssen.

In dem Augenblick, an dem man sich als einer vorfindet, der kurz davor ist, Gott zu verraten, in diesem Augenblick seinen Schuh herzugeben, ist das nicht wie ein Verrat an sich selbst?

Bitte lesen Sie das Gebet von Doña Proëza in diesem Licht. Ich bin sicher, dass es Ihnen als eines der demütigsten, aufrichtigsten, verzweifelt vertrauensvollsten Gebete erscheinen wird, die aus einem christlichen Herzen hervorbrechen können:

„Solange es denn noch Zeit ist: mein Herz in der einen Hand, meinen Schuh in der andern,

Stell ich mich dir anheim! Jungfrau Mutter, nimm meinen Schuh! Jungfrau Mutter, wahre in deiner Hand meinen unseligen kleinen Fuß!

Ich sage dir voraus, dass ich in Kürze dich nicht mehr sehen und alles in Bewegung setzen werde gegen dich!

Doch wenn ich dann versuche, mich ins Böse zu stürzen, dann sei es mit hinkendem Fuß! und will ich

Die Hürde überfliegen, die du errichtet hast, so sei es mit lahmem Flügel!

Nun ist meine Kunst zu Ende, du aber wahre meinen armen kleinen Schuh,

Halte ihn gegen dein Herz, o große Mutter, erschreckende du!"

23 Der wollene Faden

Ich greife in Ihrem Brief, lieber Freund, einen kurzen Satz auf, den ich nicht unkommentiert lassen kann: „Ich habe kein Recht mehr zu beten." Keine einzige Situation berechtigt uns, so etwas zu sagen … Keinem Menschen ist jemals das Recht genommen, sich an seinen Gott zu wenden. Wie schuldig, wie tief gefallen jemand auch sein mag, hätte man ihm auch die Bürgerrechte entzogen, wäre er auch von der Kirche exkommuniziert worden, solange noch irgendein Lebensatem in ihm ist, kann niemand ihm das Recht verweigern zu beten.

„Wie könnte ich mich", so fügen Sie hinzu, „an Gott wenden, da ich nicht den Mut habe, die Trennung zu vollziehen, die mich wieder zu seiner Freundschaft zurückkehren ließe?"

Trotz dieser wenig glorreichen Umstände können und sollen Sie den *Herrn* um seiner Vollkommenheit und seiner bewundernswerten Werke willen loben, durch Anbetung seine Herrschaft anerkennen, und das sogar, wenn Sie diese in einem Punkt missachten; sogar wenn Sie seinen Willen nicht tun, können und sollen Sie bitten, dass sein Reich komme, und für die Anderen beten.

Tun Sie also einen weiteren Schritt, der Sie seiner Freundschaft näherbringt, Sie diese wiederfinden lässt. Sie haben nicht die Kraft, um das zu tun, was er von Ihnen erwartet? Sei's drum! Aber warum ihn nicht um diese Kraft bitten? Werden Sie mir antworten: „Ich möchte gar nicht, dass er sie mir gibt"? Dann bitten Sie ihn, Lust zu bekommen, ihn um diese Kraft zu bitten. Eines Tages werden Sie dasselbe sagen wie jener gute Mann: „Der gute Gott ist sich wirklich für nichts zu gut!" Genauso ist es. Wir sind uns zu gut und finden es erniedrigend, darauf reduziert zu sein, darum zu bitten, „Lust zu haben", von unserem Übel geheilt zu werden. Armseliges Gebet! Und doch stellt es bereits ein lebendiges Band zwischen dem Menschen und Gott her. Wenn Sie in dieses Gebet einwilligen, wird es Ihnen die Lust verschaffen, welche die Bitte nach sich zieht. Und mit der Bitte kommt die Kraft, und die Kraft wird die Trennung bewerkstelligen, und dank der Trennung und der Vergebung wird die Freundschaft mit dem *Herrn* wieder erwachen.

Gestatten Sie mir, meine Lektion in eine Anekdote zu verpacken, damit es Ihnen unmöglich wird, sie zu vergessen.

In einem kleinen Dorf in Großbritannien – wir sind im 19. Jahrhundert – wird nach vielen Monaten Arbeit der Bau eines großen Fabrikschornsteins fertig. Der letzte Arbeiter ist über das Holzgerüst von der Spitze des Schornsteins heruntergestiegen. Das ganze Dorf ist versammelt, um das Ereignis zu feiern; und zunächst, um beim Abriss des großen Gerüsts dabei zu sein. Kaum ist das Gerüst unter Gelächter und Geschrei eingestürzt, sieht man mit Schrecken aus dem Inneren der Kaminspitze einen Arbeiter auftauchen, der eine letzte Maurerarbeit zu Ende gebracht hatte. Entsetzen der Zuschauer … wie viele Tage würde es brauchen, um ein neues Gerüst aufzustellen; in der Zwischenzeit würde der Arbeiter, wenn er nicht schon verhungert ist, dort erfrieren. Seine alte Mutter bricht in Klagen aus … aber auf einmal tritt sie aus der Menge, macht ihrem Sohn Zeichen und schreit: „John, zieh deine Strümpfe aus." Alle Leute sind bekümmert: Die arme Frau hat den Verstand verloren! Sie insistiert. Um sie nicht weiter in die Verzweiflung zu treiben, tut John, was sie will. Dann schreit sie: „Zieh am Ende vom Faden." Er gehorcht, bis er eine ganze Hand voll wollenen Faden zwischen den Fingern hält. „Und jetzt wirf das eine Fadenende herunter und halte das andere Ende gut fest." An dem Wollefaden macht man einen anderen Wollefaden fest, den der junge Mann bis zu sich hochzieht. Und an dem Wollefaden befestigt man eine Schnur, an der Schnur ein Seil und an dem Seil ein Tau. John braucht nur noch das Tau gut festzumachen, um unter den Hurra-Rufen der Leute herunterzusteigen.

Ist es mir gelungen, Sie davon zu überzeugen, Gott den wollenen Faden zuzuwerfen? Ich würde es mir wünschen. Ich werde den *Herrn* um der großen Freundschaft willen, die ich zu Ihnen habe, darum bitten.

24 „Meine Sünde kenne ich“

Ich habe meine Ferien genutzt, um einen hochbetagten und von mir verehrten Priester in seiner Provinzstadt zu besuchen. Er ist gelähmt und kann sein Zimmer nicht mehr verlassen, aber von seinem Sessel aus betrachtet er die Apsis seiner alten Kathedrale und betet ohne Unterlass.

Es fällt mir schwer, den Eindruck zu umreißen, der mich in seiner Gegenwart überkommt. Wie wenn eine ungewöhnliche Reinheit von ihm ausginge, die in einen eindringt – eine Reinheit, die er ausstrahlt, die aber nicht von ihm stammt: Ausstrahlung der *Reinheit Gottes* durch einen durchscheinend gewordenen Menschen. Und ich habe mich, während ich ihm zuhörte, gefragt, wie er diese Durchsichtigkeit erworben hatte. Mir drängte sich ein Wort auf: Demut. Tatsächlich erwähnt er oft mit einem äußerst bemerkenswerten Beigeschmack friedlichen, vertrauens- und freudvollen Schmerzes seine „Misere“.

Der Brief, in dem Sie mir sagten: „Ich denke lieber nicht zu viel an meine Sünden; das entmutigt mich“, war am Tag zuvor bei mir angekommen; Ihr Satz kam mir auch während des Gesprächs in den Sinn; er stand in seltsamem Gegensatz zur Haltung meines Gegenübers; ich habe ihm den Satz, natürlich ohne Sie zu nennen, zitiert, was zu den folgenden wertvollen Äußerungen geführt hat:

„Schauen Sie den Zöllner aus dem Gleichnis an: Da steht er vor Gott und wagt es nicht, den Blick zu heben; er klopft sich an die Brust und hört nicht auf zu wiederholen: ‚Gott, verzeih dem Sünder, der ich bin.‘ Seine Demut ist wunderbar. Aber bei ihm ist die Demut nicht, wie bei vielen Menschen, eine zusätzliche Tugend, auf die sie ziemlich stolz sind. Er drückt lediglich gegenüber Gott aus, was er den lieben langen Tag an sich feststellt: dass er Sünder ist. In einem gewissen Sinn ist dies das Einzige, was der *Herr* erwartet, um sich uns zu schenken: unsere Sünde zu kennen, zuzugeben, abzulehnen, zu bedauern. Wie der heilige Paulus spreche ich über die Sünde in der Einzahl, das heißt jenes Übel, aus dem unsere vielfältigen Sünden hervorgehen. Es ist unmöglich, sich der Sünde zu entledigen; sie klebt an unserer Seele. Aber anstatt in Selbstanklage zu versinken und zu verzweifeln, gibt es einen besseren Weg. Wir können Besseres tun, anstatt uns wie Adam nach dem Fall zu verstecken oder wie Petrus nach dem Fischfang-Wunder Gott zu bitten wegzugehen: Wir können uns vor Gott wahrhaftig und nackt hinstellen und ihm unsere Wunden zeigen. Und die anerkannte, eingestandene, abgelehnte Sünde ist bereits nicht mehr die Sünde, sondern nur noch die ‚Misere', die nach der sanftmütigen Barmherzigkeit des Vaters ruft. Weil wir unsere Sünde anerkennen, weil wir sie beim Namen nennen, weil wir uns von ihr ‚entsolidarisieren', weil wir sie dem reinigenden Blick Gottes aussetzen, ist sie nun nicht mehr gefährlich, sind wir nun auf wunderbare Weise gereinigt. Der Mensch, der beim Gebet und im Verlauf der Stunden des Tages in dieser Haltung lebt, in der er Gott seine Sünde eingesteht, ist ein klares Wasser, in dem sich die Reinheit des Himmels spiegelt."

Während unseres Gesprächs entschlüpfte mir der Ausruf: „Ah, und wie ich ihn kenne, diesen alten Urgrund meines Seins, in dem die Sünde schwärt!" Er löste eine derart lebhafte Reaktion aus, dass ich einen Augenblick lang glaubte, mein Freund sei von seiner Lähmung befreit: „Verleumden sie nie den Urgrund Ihres Seins. Bei einem Kind Gottes ist nicht der Grund des Seins von der Sünde vergiftet, sondern nur die finsteren, noch nicht evangelisierten Bereiche in ihm. Vergessen Sie niemals, dass der Urgrund des Wesens eines Christen ab der Taufe dank der glückseligen Dreifaltigkeit eine lichte, strahlende, unendlich reine Zone ist. Ach, wenn die Christen verstünden, dass der Himmel nicht anderswo, sondern in ihnen ist, im Herz ihres Herzens, dass der Grund ihres Wesens bereits ganz in die unendliche Liebe Gottes eingetaucht ist und dass ihnen nur eines zu tun bleibt: zuzulassen, dass diese Liebe die letzten Nester des Widerstands besiegt, dass sie alle Bezirke ihrer Innenwelt erobert!"

Werden Sie mir sagen, dass ich kaum auf Ihre Bitte um Rat antworte, wie Sie beten sollen? Aber diese Haltung, sich seine Sünde einzugestehen, ist der Boden für jedes wirkliche Gebet wie für das christliche Leben überhaupt.

25 Für denjenigen, der glaubt, des Gebets nicht würdig zu sein

Um in Kenntnis der Lage eine Witwe zu beraten, fragte ich sie nach der Entwicklung ihres geistlichen Lebens. „Mein inneres Leben habe ich Serge (das ist ihr Mann) zu verdanken", sagt sie mir. „Genauer: seiner Haltung gegenüber mir während einer wenig glorreichen Phase meines ehelichen Lebens: Nach fünf Jahren Ehe und als Mutter zweier Kinder war ich ihm untreu. Obwohl ich ihn liebte. Da ich sein Glück nicht zerstören wollte, achtete ich darauf, dass er keinen Verdacht schöpfen konnte.

Seine außergewöhnliche Liebe für mich wurde von Tag zu Tag tiefer. Eines Abends – ich erinnere mich daran, wie wenn es gestern gewesen wäre, – drückte er mir in Worten, die mir ans Herz gingen, seine Gefühle der Zärtlichkeit, seine Wertschätzung, seine Bewunderung für mich aus. Das war zu viel. Mir entfuhr: ‚Wenn du wüsstest!' – ‚Ich weiß', war seine Antwort. Diese Worte lösten in mir eine genauso gewaltsame wie ungerechte Entrüstung aus und ich platzte: ‚Wenn das so ist, warum führst du dann diese schreckliche Komödie auf? Eines von beiden: Entweder du leidest nicht unter dem, was *du weißt,* und es beweist, dass du mich nicht liebst, oder du bist erschüttert und deine Heiterkeit ist nur eine Lüge!' Ich war außer mir, aggressiv, vorwurfsvoll, verletzend. Er wartete, bis sich der Sturm legte. Dann fügte er ruhig, ernst, zärtlich hinzu:

‚Versteh mich! Seit sechs Monaten habe ich fürchterlich gelitten; mein eigenes Leid war mir erträglich, denn es fügte mir keinen Schaden zu, während dein eigenes Übel dir Wunden schlug, was für meine Liebe unerträglich war. Ich sah klar, was ich zu tun hatte, das Einzige, was ich tun konnte: dich noch mehr zu lieben als bisher, damit du für die Liebe wiedergeboren wirst, damit diese ganz neue Liebe nicht nur dein Übel in seiner Flamme verbrennt, sondern dir ein neues Herz schafft, eine neue Reinheit, eine strahlendere Schönheit als je zuvor.' Und tatsächlich hat die Liebe von Serge aus mir auf der Stelle diesen neuen Menschen gemacht."

Die vertrauensvolle Mitteilung dieser Frau hat es mir erlaubt, besser zu erfassen, was wirkliche Vergebung ist. Vergebung von oben herab zeugt Revolte; mit Widerstreben geschenkte Vergebung empört; Vergebung ohne Liebe kann nicht erlösen, nicht retten. Nur die wirkliche Vergebung, die Frucht reinster Liebe, kann eine lebendige Quelle im Herz des Ungläubigen zum Sprudeln bringen, kann denjenigen heilen, der die Liebe verraten hat, indem diese Vergebung dafür sorgt, dass er für die Liebe wiedergeboren wird.

Darf ich hoffen, dass mein Bezug auf diese weit zurückliegende Erinnerung Ihnen helfen wird zu verstehen, was Gott von Ihnen erwartet? „Ich fühle mich unwürdig zu beten", haben Sie mir geschrieben. Aber wann werden Sie dann beten? Wenn es Ihnen gelungen ist, sich von der Sünde loszumachen, allen inneren Schmutz und alle Unvollkommenheit entfernt zu haben? Werden Sie folglich vergessen, dass allein die Liebe Christi Sie reinigen, umwandeln, heiligen kann? Anstatt ihn zu fliehen, setzen Sie beim Beten Ihre Seele, die Seele einer Sünderin, seinem Blick aus. Sie werden entdecken, dass vergeben für Gott lieben heißt, mit einer derartigen Liebe lieben, dass in der Dunkelheit und der Unreinheit der Seele eine ganz neue Liebe auftaucht, welche die Seele nicht nur reinigt, sie nicht nur heilt, sondern ihr Zugang zu einer ganz neuen Vollkommenheit verschafft. Denken Sie daran, mit welchem Blick Christus Petrus angeschaut hat, als dieser ihn verriet … Glauben Sie, dass dieser Blick vorwurfsvoll oder zornig war? Dieser Blick war – was viel schrecklicher ist – ein Blick der Liebe, einer intensiveren Liebe, die eine noch drängendere, brennendere, umhüllendere Zärtlichkeit als je zuvor zum Ausdruck brachte. Petrus kann dem nicht widerstehen; sein Herz bricht – was Tränen nicht nur der Bitterkeit, sondern auch der Erleichterung zum Fließen bringt. Währenddessen, unter der vereinten Einwirkung des Blicks Christi und des im Inneren Petri wirkenden Geistes Christi, ergreift eine neue Liebe so sehr Besitz von seinem ganzen Sein, dass er einige Tage nach seiner Verleugnung Christus ohne Zögern zu versichern wagt: Du weißt doch, dass ich dich liebe, und um die ganze Wahrheit zu sagen: seit jenem Abend. Und Petrus lügt nicht: Diese neue Liebe, die der Blick seines Meisters in ihm hervorgerufen hat, wird ihn bis zur Gabe seiner selbst am Kreuz bringen, nachdem er sein Leben dafür hingegeben hat, endlos vielen Menschen die Liebe zu verkünden, mit der wir von Gott geliebt werden.

26 Von Kopf bis Fuß

Ihre Gebete sind ausgetrocknet wie die Wüste, beim Beten ist Ihre spirituelle Lebendigkeit weg; Sie haben das Empfinden, dass der *Herr* die

Tür nicht mehr öffnet, an der Sie doch nicht aufhören zu klopfen; all das macht Sie unglücklich und unruhig. Sie streben danach, so sagen Sie mir, wenn auch nicht den Schwung, so doch wenigstens jene Gebete wieder zu finden, bei denen Sie sich sicher waren, nicht Ihre Zeit zu verlieren. Sicherlich habe ich keinen unfehlbaren Rat für Sie. Ich möchte Sie lediglich einladen, selbst zu finden, was Gott von Ihnen erwartet.

Möglicherweise handelt es sich um eine vom *Herrn* zugelassene Prüfung, um Ihre Sehnsucht, Ihre Suche und Ihr Vertrauen anzustacheln. Aber es ist nicht ausgeschlossen, dass es ein Zeichen ist, das Sie darauf aufmerksam machen soll, dass etwas in Ihrem Leben fehlt. Ich bitte Sie, diese zweite Hypothese nicht zu schnell beiseite zu schieben. „Niemals", so schreiben Sie mir, „habe ich mich, um richtig zu beten, mit solcher Genauigkeit bemüht, den Ratschlägen zu folgen, die Sie mir gegeben haben." Ich stimme dem ohne weiteres zu. Genau dies bringt mich zu dem Gedanken, dass es etwas zu verändern gilt, nicht so sehr in Ihrer Art zu beten, sondern in Ihrem Leben. Im christlichen Leben hängt tatsächlich alles zusammen. Kümmert man sich nicht um eine bestimmte Tugend, vernachlässigt man den Empfang der Sakramente, missachtet man den Willen Gottes in irgendeinem Punkt, dann spürt man von all dem die Nachwirkungen, und das vor allem im Gebetsleben. Aus diesem Grund bin ich nicht sicher, ob Ihr Wille, sich hartnäckig darauf zu konzentrieren, besser zu beten, das beste Mittel ist, um dahin zu gelangen. Eher sollten Sie danach suchen, ob Gott von Ihnen nicht irgendeine Veränderung erwartet.

Prüfen Sie sich zuerst, was das Leben der göttlichen Tugenden angeht; das ist die Sprungfeder christlichen Lebens. Und zuallererst die „Caritas". Wenn Sie dem Nächsten gegenüber nicht offen sind, gern bereit, ihm einen Dienst zu tun, Zeuge zu sein für die Liebe dieses Gottes, der Sie seine unendliche Güte hat ahnen und schmecken lassen, dann würde dies erklären, dass der *Herr*, ich sage nicht: Sie zurückweist, sondern dass er Ihnen die Empfindung seiner Gegenwart und seiner Liebe entzieht. Lieben Sie, lieben Sie die, welche Sie umgeben; geben Sie sich Mühe, auf die zuzugehen, gegenüber denen Ihre Zuneigung weniger spontan ist. Achten Sie darauf, ob Menschen nicht vergebens von Ihnen materielle oder moralische Hilfe erwarten. Es kann gut sein, dass ein Fortschritt in der „Caritas“ von Ihrer Seite Sie beim Gebet die beruhigende Gegenwart Gottes wiederfinden lässt, oder zumindest das Gefühl, nicht Ihre Zeit zu verlieren, denn Christus kann Gebeten eines Menschen nicht widerstehen, der selbst nicht dem Rufen seines Nächsten widersteht. Wie Sie wissen, betrachtet er das, was wir einem anderen tun, als für ihn Getanes. Der heilige Augustinus bringt diese Identifikation Christi mit seinen Gliedern in seinem Kommentar zum ersten Brief des heiligen Johannes mithilfe eines unerwarteten und kraftvollen Vergleichs zum Ausdruck – man kann das unmöglich vergessen, sobald man es einmal gelesen hat:

„Wessen Haupt du anbetest, dessen Leib beleidigst du. Er liebt seinen Leib. Wenn du dich vom Haupt zurückziehst, zieht er, das Haupt, sich nicht von seinem Leib zurück. Umsonst ehrst du mich, schreit das Haupt aus der Höhe des Himmels herab, umsonst ehrst du mich. Es ist, wie wenn jemand dein Haupt umarmen wollte und dir dabei auf die Füße tritt. Mit seinen großen eisenbeschlagenen Schuhen zerquetscht er dir die Füße im Willen, dein Haupt zwischen seine Hände zu nehmen, um dich zu küssen. Würdest du diese Respektsbezeigungen nicht unterbrechen und schreien und sagen: ‚Was machst du da, du Unseliger, du drückst mich platt!‘ Du würdest ihm nicht antworten: Du zerquetschst das Haupt, denn er ehrt das Haupt; aber das Haupt würde mehr für die zerquetschten Glieder eintreten als für sich selbst, der geehrt wird. Das Haupt würde schreien: Ich will deine Ehrerweisungen nicht; hör auf, mich zu zerquetschen! Wenn du ihm antwortest: Wie kannst du sagen, dass ich dich zerquetsche? Ich will dir im Gegenteil einen Kuss geben, ich will dich umarmen. – Aber siehst du Dummkopf denn nicht, dass das, was du küssen willst, kraft der Zusammengehörigkeit, die aus dem Leib ein Ganzes macht, in dem gegenwärtig ist, das du zerquetschst? Du ehrst mich oben, unten zerquetscht du mich. Was du zerquetschst, leidet mehr, als sich das, was du ehrst, erfreut: Denn das, was du ehrst, leidet für jenes Glied, das du zerquetschst."

Ich würde diese erstaunlichen Zeilen gern so interpretieren: Du kommst zum Gebet, um mein Antlitz zu küssen, während du deinem Bruder die Würdigung und die Hilfe verweigerst, die er von dir erwartet, die Ich von dir in ihm erwarte; sei deshalb nicht erstaunt, wenn meine Reaktion gegenüber dir jene des Menschen ist, der denjenigen, der ihm auf die Füße tritt, wegschiebt.

Ich gebe nicht vor, lieber Freund, hier die Empfindungen Christi Ihnen gegenüber zum Ausdruck zu bringen; ich will Sie nur einladen, sich eine Frage zu stellen.

27 Das Gebet der Armut

Darf ich Ihnen sagen, dass ich mich über Ihre Erfahrung im Gebet, Ihr Gefühl völliger Ohnmacht und Niederlage, gefreut habe? Nicht aus Herzenshärte, glauben Sie mir, sondern weil diese harte Prüfung sicherlich eine große Wohltat für Sie bereithält.

Sie besitzen geistige und materielle Güter im Überfluss; Sie haben eine führende Stellung inne. Man bewundert und fürchtet Sie; man liebt Sie und gehorcht Ihnen. Viele Menschen und Dinge hängen von Ihnen ab. Und nun gibt es einen Bereich, den des Gebetes, in dem Sie versagen. Sie haben mit allen Mitteln versucht, hier voranzukommen; aber vergebens. In Ihrem Brief teilen Sie mir mit, „dass das Gebet nicht für Sie ist", dass Sie die Partie aufgeben.

Ich bitte Sie, bevor Sie es aufgeben, noch einmal ruhig darüber nachzudenken. Die Zeit des täglichen Gebetes erscheint Ihnen unerträglich. Kommt das nicht von der geheimen Weigerung, sich selbst so anzunehmen, wie Sie sind: dürftig, ohnmächtig, arm, und wäre es nur für eine halbe Stunde des Tages? Wenn Sie kaum angefangen haben zu beten und schon wieder in Eile sind, Ihre berufliche Arbeit aufzunehmen, sollte dies nicht daran liegen, dass Sie den anderen und vor allem sich selbst beweisen wollen, wie sehr Sie ein tüchtiger und schöpferischer Mann sind, „ein Erfolgsmensch", „ein Tatmensch"? Nehmen Sie sich in acht! Ich fürchte, Sie überlassen sich einer verfänglichen, gefährlichen Versuchung, die Sie der Gefahr aussetzt, schnell zur Partei jener Menschen überzugehen, die Christus verflucht hat: zu den Reichen. Der Reiche ist ja ein großer Herr, der *kann*, der *hat*, der *ist*. Wie nötig ist Ihnen das Gebet! In Ihrem gegenwärtigen, von Erfolg beherrschten Leben wahrt es Ihnen die Chance, Ihre Grenzen zu entdecken, Ihre Armut zu spüren, die wahrste, die wohltuendste, die Armut der Seele. Segnen Sie diese, weil sie Ihnen hilft, Ihre Kindheit wiederzufinden, jene Zeit, in der Sie nicht viel konnten, nicht viel besaßen, von anderen abhängig, klein und schwach waren. Im Reich Gottes ist man immer nur ein Kind, schwach und arm.

Sie sollten mehr in der Heiligen Schrift lesen, um dort die „Seligkeit der Armen" zu entdecken und zu betrachten. Ich spreche nicht allein von den wenigen Zeilen, die als die „Seligkeiten" bezeichnet werden. Die ganze Heilige Schrift ist Seligkeit der Armen. Sie preist sie von einem Ende bis zum anderen.

Doch es ist wichtig, diese Worte „Armut" und „arm" recht zu verstehen; ihre Erklärung ist nicht im Wörterbuch zu finden, sondern in der Heiligen Schrift. In den ältesten Texten sind die hebräischen Worte für den Armen konkret; sie bezeichnen den Bettler, den Elenden, den Krüppel. Sie drücken den körperlichen Zustand des Armen aus. Im Lauf der Jahrhunderte nahmen die Worte nach und nach eine religiöse Bedeutung an. Sie drückten schließlich mehr einen seelischen Zustand als eine körperliche oder soziologische Wirklichkeit aus. Jetzt nennt man jenen arm, der demütig Gott sucht, zu ihm seine Zuflucht nimmt, ihn fürchtet, ihm dient. Es ist übrigens leicht zu verstehen, wie man im Lauf der Zeit von der einen Bedeutung zur anderen übergehen konnte. Ganz natürlich wandte sich der Jude, der kein Geld und keine Arbeit hatte, sich nicht satt aß, den die Mächtigen verfolgten und der bei den Menschen keine Hilfe fand, an Gott.

In den letzten Jahrhunderten vor Christus waren die Armen schließlich die *„anawim"*, die Frommen, ob sie nun materielle Güter besaßen oder nicht. Der Ausdruck „die Armen" passte gut für sie; auch sie litten Not, auch sie hatten Hunger und Durst, aber nach der „Tröstung Israels", nach Gott. An sie wandte sich Christus auf dem Berge: *„Selig die Armen im Geiste, die Trauernden, die Hungrigen …"* Und die am meisten selige, weil am vollkommensten arme, war Maria.

Verstehen Sie jetzt, warum Sie das Gebet brauchen? Es wandelt Sie für eine halbe Stunde des Tages in einen „Armen". Seien Sie doch selig! Begreifen Sie, weshalb ich Ihnen sagte, Ihre Ohnmacht im Gebet sei eine Wohltat! Sie hilft Ihnen nicht nur, Ihre Gebetsunfähigkeit zu entdecken und anzunehmen, sondern auch Ihre viel tiefere Ohnmacht, sich selbst zu erlösen. Sie zwingt Sie, die Haltung des Bettlers anzunehmen, der alles unverdient von der unwandelbaren Liebe Gottes erhofft. Halten Sie durch, ich bitte Sie darum; dann wird der Friede allmählich Ihre Erbitterung verdrängen, und Sie werden zu Füßen des Herrn ausharren, glücklich, arm zu sein. Sie werden schließlich entdecken, dass Beten heißt: seine Armut dem Blick Gottes aussetzen!

Wenn nötig, versuchen Sie, sich mit den Gebeten der „Armen" zu helfen (oft auch die „Kleinen", die „Demütigen", die „Bedrückten", die „Elenden" genannt), die uns in den Psalmen überliefert sind.

28 Sich bankrott erklären

Wissen Sie, was ich dachte, als ich Ihren letzten Brief las? Dass Sie bis in Ihr Gebetsleben hinein als Betriebschef handeln. Glauben Sie mir, ich schätze einen Geschäftsmann wie Sie in keiner Weise gering, hege eher geheime Bewunderung für die Gaben, die Ihre Macht und Ihren Erfolg ausmachen: Unternehmungsgeist, Klarheit des Blickes, Zielstrebigkeit, Organisationstalent, Sinn für Befehl und Entschlusskraft. Das Gebet aber ist kein menschliches Unternehmen, und die Mentalität des Geschäftsmanns passt hier nicht hin. Nun glaube ich aber, Anzeichen dieser Mentalität in Ihren Reaktionen zu entdecken. Bei unserer letzten Begegnung fragten Sie mich nach Inhalten des Gebetes und waren enttäuscht, als ich Ihnen sagte, ich wüsste keine besseren als die Evangelien. „Das Lesen des Evangeliums hilft mir wenig zum Beten", haben Sie mir geantwortet. In Ihrem Brief beklagen Sie sich, in unseren Veröffentlichungen keine genaue und wirksame Methode des Gebetes zu finden. Dies alles enthüllt, scheint mir, Ihre Mentalität als Chef eines Unternehmens, der sich vor allem mit Effizienz, Ertrag und Gewinn beschäftigt. Es liegt mir fern, von diesem in der Tiefe unseres Wesens wurzelnden Trieb nach Erfolg schlecht zu denken oder zu reden: Die Menschheit verdankt ihm ihre Entwicklung und ihren Fortschritt, und wenn er zugleich viel Unheil verursacht, so dürfen wir nicht ihn anklagen, sondern unseren Egoismus, Ehrgeiz und Machtwillen, die sich ihn zu ihren Zwecken unterjochen. Für das Gebet aber ist das Streben nach Erfolg das schlimmste Hindernis. Das Gebet ist kein menschliches Werk, bei dem es auf unsern Erfolg ankommt, sondern ein Verzicht, in den wir einwilligen müssen. Und vielleicht ist gerade das der Grund, warum Sie so viel Mühe haben, sich hier einzusetzen. Verzichten kommt Ihnen als die größte Feigheit vor: Ist eine Schwierigkeit denn nicht da, um überwunden, ein Widerstand, um besiegt zu werden? Zweifellos haben Sie im Geschäftsbereich recht, aber nicht im Bereich des Gebetes.

Sie sind zum Beispiel beim Beten. Sie befragen eine Seite des Evangeliums; diese antwortet nicht. Sie klopfen, und die Tür bleibt verschlossen; mehr braucht es nicht, um Sie aufzubringen. Es gehört nicht zu Ihren Gewohnheiten, Widerstände von Leuten oder Dingen zu dulden. Und dann denken Sie, wozu sich aufhalten; selbst wenn es sich um den Dienst Gottes handelte – wozu diese kostbare Zeit verlieren, die man besser nutzen könnte? Oder aber man gebe Ihnen eine wirksame Methode! – O nein, Sie müssen den Widerstand dieser Zeilen, die Ihnen ihr Geheimnis nicht preisgeben, hinnehmen. Es geht nicht darum, eine andere, ansprechendere Seite aufzuschlagen, oder ein anregendes geistliches Buch zur Hand zu nehmen oder eine unfehlbare Methode der Betrachtung zu entdecken. Es geht darum, zu bekennen, wie ohnmächtig Sie sind, göttliche Gedanken zu verstehen; sich angesichts dieses stummen Textes zu demütigen; sich vor der schweigenden Transzendenz Gottes niederzuwerfen. Sie müssen in der Haltung des Sünders warten, bis der Herr sich erbarmt und Ihnen die Gnade des Gebetes gewährt, diese Gnade, auf die Sie keinen Anspruch haben, die er Ihnen unverdient geben wird zu seiner Stunde.

Die Gnade ist unverdient; launisch ist sie nicht. Wenn sie säumt, so ist es nicht Gott, der zu geben zögert, sondern Sie sind zu schwerfällig, jene Wege zu ebnen, auf denen der Herr einherschreiten will, um in Ihr Innerstes einzutreten und von Ihnen Besitz zu ergreifen.

Eine Erinnerung steigt in mir auf, deren Sinn Sie besser als jeder andere verstehen werden. Ganz verwirrt besuchte mich eines Tages die Frau eines Freundes, dessen Geschäft vor dem Bankrott stand. Sie konnte die Haltung ihres Mannes in dieser Situation nicht mehr verstehen. „Es gibt kein Wort für das, was in ihm vorgeht", sagte sie mir. „Leid, Zusammenbruch, keiner dieser Ausdrücke passt. Es ist weit mehr als Leid; es ist kein Zusammenbruch, denn er reagiert und tut alles, wie es die Situation verlangt. Es ist eine Art Tod, wie wenn er in seinem Lebensquell, seiner Menschenwürde getroffen wäre. Zweifellos sind wir Frauen unfähig, uns diese innere Katastrophe vorzustellen, die ein Misserfolg in seinen Unternehmungen, seiner schöpferischen Tat für einen Mann darstellt. Fast nur im Bereich der Liebe kennen wir ähnliche Herzensnot." Besser als meine Besucherin werden Sie, des bin ich sicher, die Ausweglosigkeit eines dem Bankrott zugetriebenen Mannes begreifen. Sollte der Widerstand, den Sie im Gebet erleiden, nicht auf derselben Ebene liegen? Im Alltag des Lebens haben Sie Erfolg, hier Misserfolg. Sonst wird überall von Ihnen verlangt, zu kämpfen, hier dagegen zu verzichten, sich für zahlungsunfähig zu erklären. Das geht gegen alle Ihre Gewohnheiten, mehr noch, gegen Ihr tiefstes Streben. Sie möchten siegen, und Sie haben recht; aber ist Ihnen klar, dass bei Gott unser Sieg gerade darin besteht, in unsere Niederlage einzuwilligen? Betrachten Sie Paulus auf dem Weg nach Damaskus.

Draußen im Leben sagten Sie: „Ich will." Im Gebet müssen Sie sagen: „Ich bitte dich." Da sind Sie nicht mehr der Mann, der Autorität besitzt, sondern das bittende Kind, der Bettler, der die Hand ausstreckt, der Zahlungsunfähige, der zu seiner Demütigung Ja sagt.

Um im äußeren Leben Erfolg zu haben, müssen wir wissen, wollen, können. Um im Gebet Erfolg zu haben, müssen Sie zufrieden sein, nichts zu wissen, nichts zu wollen, nicht zu können, damit Gott Ihnen sein Wissen, sein Wollen, sein Können schenke.

„Das ist gegen die Natur!", haben Sie mir eines Tages gesagt. Ja, ich begreife sehr wohl, dass es für Sie, mehr als für andere, eine Qual ist, ohnmächtig vor Gott auszuhalten, und dass Sie jede andere Tätigkeit oder sogar jede andere Qual vorzögen. Aber gerade durch das Gebet wird sich diese Umkehr Ihrer Natur vollziehen, diese Verwandlung, die Sie allein dem Willen Gottes anpassen kann.

Glauben Sie nun aber nicht, dass ich Sie zu einer mehr oder weniger quietistischen Passivität verleiten möchte. Verzicht leisten, sich zur

Stunde des Gebetes „bankrott erklären", das ist etwas sehr Positives, das setzt eine angestrengte geistliche Tätigkeit voraus; dass Sie an den gegenwärtigen, wirkenden Gott glauben, dass Sie all das erbarmungslos abtöten, was in Ihnen leben und Erfolg haben will; dass Sie sich geben, oder besser, geduldig, bereit, verfügbar darauf warten, dass Gott kommt und Sie ergreift.

29 Abhängigkeit

Hier zunächst der Hauptteil eines Briefs, den ich soeben erhalten habe:

„Ich bin vierzig Jahre alt und war bis jetzt nie krank gewesen. Die Erfahrung, die ich mache, ist wirklich neu und – das kann ich Ihnen versichern – wenig erfreulich. Die ersten Tage kochte in mir die Revolte hoch. Da war ich, ging wie ein aufgeklaubtes Objekt von Hand zu Hand, an dem man nach Belieben herumhantiert und bei dem man sich sogar nicht traute, ernsthaft auf meine Bitten um Erklärung zu antworten. Und das geschieht mir, der ich es im alltäglichen Leben nicht ausstehen kann, dass meine Sekretärin auf meinem Schreibtisch die Papierschere nicht an ihren Platz legt! Welch schrecklicher Eindruck, nur mehr ein *Ding* zu sein … Oh! Sicherlich ein Ding, um das man sich kümmert, das man durchcheckt, repariert, dessen gutes Funktionieren man prüft, aber eben doch ein Ding, das heißt, ein passives Wesen. Ich dachte mit Neid an den allerletzten Clochard: Er ist im Vergleich zu diesem in einer komfortablen Klinik liegenden Bürger, der nur mehr ein Ding ist, über das die anderen verfügen, ein großer Herr, er, der über sich selbst verfügt."

Ich möchte Ihnen die Überlegungen schreiben, die mir bei der Lektüre dieser Zeilen in den Sinn gekommen sind. Sie sind eine Fortsetzung unseres letzten Gesprächs.

Der Schreiber des Briefs hat recht: Nichts ist für den freien Menschen, der zu Recht stolz ist auf seine Autonomie, unerträglicher, als abhängig zu werden; es heißt buchstäblich für ihn, seine Würde als menschliche Person zu verlieren. Aber eigentlich gehört die Unabhängigkeit zum Bereich der Moral. Im Krankenhaus, im Flüchtlingslager, bei Folterungen gibt es Menschen, die frei bleiben. Ihr Körper ist Beute der anderen, aber ihre Seele entkommt dem. Erst wenn der Mensch aufgibt, wird er zum Ding. Ich stimme jedoch zu, dass die körperliche Abhängigkeit eine Einschränkung seiner Unabhängigkeit darstellt, weshalb sie dem Menschen bereits als unerträglich erscheint.

Nun, gegenüber dieser Unabhängigkeit, an welcher der Mensch so hängt, empfindet der Liebende das unabweisbare Bedürfnis, sie dem Wesen, das er liebt, zu opfern, und zwar gerade weil diese Unabhängigkeit das wertvollste Gut ist, weil das Opfer dieses Guts der unwiderlegbare Beweis ist, dass er den Anderen mehr liebt als sich selbst. Das ist der Grund, warum er sich glücklich zum Besitz des anderen erklärt, das *Ding* des anderen. Im 17. Jahrhundert sagte man von sich, der Sklave des geliebten Wesens zu sein – Sklave-Sein heißt, ein Ding zu sein, über das ein anderer verfügt, keine Person also, deren unverletzbare Selbstständigkeit man achtet.

Beten heißt, diese Empfindungen auf unsere Beziehung zu Gott zu übertragen. Es heißt, sich mit Freude und Stolz als Besitz Gottes, als sein Ding zu wollen. Es heißt: sich ausruhen in der frei gewollten, gewünschten, geliebten Abhängigkeit: „Wie der Stock in der Hand des Wanderers“, schrieb Péguy. Und der Mensch des Gebets schätzt diese Abhängigkeit umso mehr, je mehr er von ihr entdeckt, dass sie an die Wurzeln geht und seiner eigentlichen Natur entspricht. Er könnte gegen sie revoltieren, aber er kann nicht bewirken, Gott nicht seine Existenz zu schulden, und das nicht nur ein für allemal, sondern in jedem Augenblick. Das Gebet ist die Zeit, in der er die Illusion der Autonomie, die ihn im Tun manchmal überfällt, beiseiteschiebt, sich seiner grundlegenden Abhängigkeit wieder bewusst wird und sich erneut in die Hände des *Vaters* begibt, wie ein Ding, über das zu verfügen er ihn bittet: *„In manus tuas, Domine …* "

Jener Priester, dessen ganze Spiritualität um diese Idee der Abhängigkeit von Gott kreiste, hatte es gut begriffen; er vertraute mir eines Tages an: „Ich brauche nur an das Wort Abhängigkeit zu denken, um ins Beten hineinzukommen."

30 Das Wasserzeichen

Nachdem ich Ihnen geschrieben habe, dass die Grundhaltung des Betens darin besteht, sich Gott anzubieten, habe ich Bedenken bekommen. Sollte ich bei Ihnen einem Irrtum Vorschub leisten, der so verbreitet ist, dass man überrascht ist, jemanden zu treffen, der ihm entgeht?

Man hält sich für seinen eigenen Herrn, für autonom und frei. Und man sieht es als den besten Gebrauch seiner Freiheit an, als die schönste Geste, wenn man gerade auf diese seine Unabhängigkeit verzichtet, sich von Gott abhängig macht, indem man sich ihm gibt. Manche scheinen fast zu denken, der Herr schulde ihnen für diese Gabe wohl etwas Rücksicht und Anerkennung.

Gewiss, es gibt für ein freies Wesen nichts Größeres, als sich aus Liebe von einem anderen abhängig zu machen, wie es zum Beispiel die Braut an ihrem Hochzeitstag tut. Aber es ist eben nicht wahr, dass wir in unserer Beziehung zu Gott unsere eigenen Herren sind.

Halten Sie ein Papier gegen das Licht, so lesen Sie im Wasserzeichen den Namen des Herstellers. Betrachten Sie einen Menschen im göttlichen Licht, so werden Sie sogar bis in die Struktur seines Wesens hinein den Namen seines Herrn eingeschrieben finden. Der Mensch hat Gott zum Schöpfer, er gehört ihm wie die Ernte dem Bauern, wie die Statue dem Künstler. Nein, nicht „wie“, sondern weit mehr. Die Dinge gehören dem Menschen, weil sie Früchte seiner Arbeit sind. Aber sie verdanken ihm nicht ihr ganzes Sein; er hat sie nicht erschaffen. Während er selbst, der Mensch, Gott alles verdankt. Deshalb gehört er ihm in einer unendlich ursprünglicheren, tieferen, unbedingteren, ausschließlicheren Zugehörigkeit. Alles am Menschen gehört Gott: sein Verstand und sein Herz, sein Leib und seine Seele, sein Tun und sein Haben. Ob er es weiß oder nicht, ob er es bejaht oder ablehnt, die Wirklichkeit bleibt: Er ist aus Gott und er ist für Gott. Diese Abhängigkeit ist nicht das Ergebnis seiner eigenen Hingabe.

Was hat man nun unter diesem „sich Gott geben“ zu verstehen? Sicher nicht das, was dieses Wort in unseren menschlichen Beziehungen bezeichnet. Bei Gott heißt „sich ihm geben“, die einwandfreie, unbestreitbare, unabänderliche Tatsache anzuerkennen, dass wir ihm gehören, dass wir sein Eigentum sind. Das müssen wir mit unserem Verstand anerkennen, dem mit ganzem Herzen zustimmen und es mit der ganzen Kraft des Willens bestätigen. So vollzieht sich ein wesentlicher Wandel: Das Band der Abhängigkeit wird zu einem Band der Liebe.

Der Verdammte gehört Gott genauso wie der Heilige. Während diese Abhängigkeit die Seligkeit des einen ausmacht, weil er sie annimmt, quält sie den anderen, weil er sie hartnäckig leugnet. Für den einen ist sie Gemeinschaft der Liebe, für den andern Hölle; für beide existiert sie.

Hüten Sie sich also beim Beten vor dem naiven und anmaßenden Verhalten dessen, der sich durch einen großartigen Hingabeakt seiner selbst von Gott abhängig *machen* will. Denken Sie vielmehr daran, dass Sie bis in die letzten Fasern Ihres Wesens ihm ja schon gehören. Dabei werden Sie eine demütige und innige Freude erfahren, ein Gefühl völligen Geborgenseins. Dann willigen Sie in diese Zugehörigkeit ein, aus Ihrem ganzen Herzen, Ihrer ganzen Seele und mit Ihrem ganzen Gemüt. Das heißt, sich Gott geben.

„Dies ist das ewige Leben: dass sie dich kennen"

Wie in der Liebe – wie in aller Liebe – spielt in der Beziehung mit Gott und ganz besonders im Gebet die Erkenntnis eine grundlegende Rolle. Man muss kennen, um zu lieben, besser kennen, um besser zu lieben.

Die Erkenntnis Gottes ruft die Liebe zu Gott hervor; umgekehrt „zieht", nach dem Wort des heiligen Augustinus, „die Liebe zur heiligen Freude des Betens hin", wo sie sich in einer wachsenden Erkenntnis des Herrn erneuert. (1. Die Gott gestohlene Zeit) – Die unermüdliche Meditation der göttlichen Vollkommenheit bringt in uns die großen grundlegenden Gebetshaltungen zum Blühen: Anbetung, Lobpreis, Ehrfurcht, Dank, Hingabe seiner selbst. (2. Auf Gott reagieren) – Unser übernatürliches Erkenntniswerkzeug *(„faculté surnaturelle")* ist der Glaube. Da er oft lahmt, ist es wichtig, ihn durch Meditation und Gebet wachzurütteln, in die Tat umzusetzen und zur Entfaltung zu bringen. Er wird dadurch zur Begierde, den lebendigen Gott zu kennen. (3. Kennen, um zu lieben) – Um sich uns zu erkennen zu geben, spricht Gott auf vielfältige Weise zu uns. Seine Werke offenbaren ihn, unter ihnen vor allem die Ehe, Spiegel der göttlichen Liebe. (4. Brief an Paul und Monika) – Das Nachdenken über die großen Gesetze, die das eheliche Leben regieren, erlaubt es, die Anforderungen und die Reichtümer des Gebetslebens besser zu verstehen, das ebenfalls Begegnung, Kommunion der Liebe ist. (5. An einen Verlobten) – Noch viel mehr als in seinen Werken offenbart sich Gott in seinen Worten. Fehlt die Meditation der heiligen Schriften, verkümmert unser Glaube; genährt vom Wort Gottes trägt sie reiche und gute Frucht. (6. Der vertrocknete Garten) – Gott ist es nicht genug, in seinen Werken und durch seine Boten zu uns zu sprechen. Um sich uns zu erkennen zu geben, hat er uns seinen *Sohn* geschickt. „Auf ihn sollt ihr hören", ist die Aufforderung des *Vaters*. Wir müssen *ihm* unsere Aufmerksamkeit mit unserer ganzen Intelligenz, unserem ganzen Herzen, unserem ganzen Sein immer mehr zuwenden. (7. „Auf ihn sollt ihr hören") – Nach und nach ruft die Erkenntnis der unergründlichen Reichtümer Christi in uns Bewunderung und Liebe hervor und setzt die Quellen des Betens frei. (8. „Der unergründliche Reichtum Christi") – Am Kreuz erhöht, schenkt uns Christus das Wesentlichste der Offenbarung. Das Kreuz ist auch das Buch, in dessen Meditation wir nicht nachlassen dürfen. (9. Das gelehrteste Buch) – Zudem muss man die Sprache des Kreuzes verstehen: Es ist nicht das Loblied des Leides, sondern die Verkündigung der siegreichen Liebe. (10. Vor dem Kreuz beten?)

31 Die Gott gestohlene Zeit

Dass man gewagt hat, Ihnen zu sagen: „Die Stunden, die Sie mit Beten verbringen, sind Stunden, die Sie Gott stehlen, denn Gott erwartet Sie in jenem Nächsten, den Sie durch das Gebet im Stich lassen", ist unerhört! Ist es denn möglich, sich so vollständig über das Endziel des menschlichen Lebens zu täuschen? Und derart tief die Laien zu verachten? Denn es ist nichts Anderes als Verachtung, wenn man ihnen als einziges Recht zugesteht, Gott auf sklavische Weise zu dienen – als Sklaven, denen man verbietet, die Augen zu einem hochmütigen Meister zu erheben, der niemals auf die Idee käme, ihnen zu erlauben, in seine Nähe zu kommen.

Sie leiten Ihr Unternehmen in der beständigen Bemühung um soziale Gerechtigkeit; das Beste Ihrer Freizeit ist der Hilfsorganisation gewidmet, die Sie für Entwicklungsländer gegründet haben; trotz dieser Belastung sind Sie ein für die Ihren sehr „gegenwärtiger" Ehemann und Vater … und da sollten Sie ein schlechtes Gewissen haben, wenn Sie sich für das Gebet und die Meditation des Wortes Gottes eine halbe Stunde pro Tag und einen Samstagmorgen pro Monat vorbehalten!

Ich bitte Sie inständig, lassen Sie sich nicht von ungerechter Kritik beeinflussen. „Die Häresie des Tuns", von der Pius XII. mehrmals gesprochen hat, ist nicht verschwunden.

Wenn die Kultivierung seines Glaubens, Meditieren, Beten, ein Luxus oder zumindest ein Zeitvertreib wäre wie Briefmarken sammeln, Bridge spielen oder genussvoll Montaigne, Saint-Simon oder die Briefe Voltaires lesen …, dann würde ich Ihre Skrupel verstehen. Aber für einen Christen ist der Versuch, Gott besser zu kennen, das Allererste. Sie werden vielleicht einwenden, dass die Liebe wichtiger ist als die Erkenntnis. Das stimmt, aber Erkenntnis und Liebe gehören zusammen. Der Fortschritt in der Liebe ist kaum möglich ohne eine beständige Suche nach dem „Angesicht Gottes" – ein von den Verfassern der Psalmen bevorzugter Ausdruck. Auf der übernatürlichen wie auf der einfachhin menschlichen Ebene zieht eine bessere Erkenntnis eine tiefere Liebe nach sich, und eine vertiefte Liebe weckt die Sehnsucht nach besserem Kennen.

Im Übrigen lädt Gott selbst den Menschen dazu ein, ihn zu erkennen: *„Lasst ab und erkennt, dass ich Gott bin"* (Ps. 46,11, EÜ).

Der heilige Thomas fasst es genauer: „Der Freundschaft ist eigen, dass man mit seinem Freund spricht. Das Gespräch des Menschen mit Gott geschieht durch die Kontemplation."

Sie können Kontemplation als die Bemühung verstehen (Ihre Bemühung), Gott durch Lektüre und Gebet zu erkennen, oder genauer: als die einfache, durchdringende und fruchtbare Erkenntnis, zu der diese Bemühung normalerweise führt.

Der heilige Augustinus hat uns zu diesem Thema Zeilen hinterlassen, die Sie, wie ich hoffe, völlig beruhigen werden: „Die Liebe zur Wahrheit strebt nach der heiligen Freude des Gebets, während die Notwendigkeiten der Nächstenliebe zu gerechtem Tun führen. Wenn wir zu solchem Tun nicht gezwungen sind, bleibt nur, sich der Suche nach der Wahrheit und der Kontemplation zu widmen; wenn wir es sind, erfordert die Nächstenliebe, das zu Tuende zu tun. Aber selbst in diesem Fall ist es wichtig, die Freude der Kontemplation nicht ganz zu vernachlässigen aus Furcht, dass wir, dieser Süße entbehrend, unter der Arbeit zusammenbrechen."

32 Auf Gott reagieren

In der Psychologie wie in der Biologie beschäftigt man sich eingehend mit dem Studium der Reaktion. Man definiert sie als die Antwort eines lebendigen Wesens auf einen Reiz. Ich frage mich, warum man im geistlichen Leben diesen Begriff so wenig beachtet. Denn in einem bestimmten Sinn muss man vom geistlichen Leben – und namentlich vom Gebet – sagen, dass es die Reaktion des Menschen angesichts der Gegenwart Gottes ist.

Anbetung, Hingabe, Lobpreis, Furcht, Danksagung, Hinweihung: Alle religiösen Grundhaltungen des Menschen beim Gebet sind nur von daher verständlich.

Wenn Sie sich plötzlich der Transzendenz Gottes gegenüber finden wie Mose in der Wüste oder sich diese einfach durch eine konzentrierte Betrachtung bewusst machen, werden Sie da nicht unwiderstehlich gedrängt, sich anbetend niederzuwerfen wie die Beduinen zur Stunde des Gebetes? Niederzuwerfen – nicht allein Ihren Leib, sondern auch Ihren Verstand, Ihr Herz, Ihr ganzes Leben? Wenn Sie entdecken, dass alles von Gott kommt, haben Sie dann nicht das Bedürfnis, sich ganz Gott zuzuwenden, in einem Aufschwung der Hingabe und Unterwerfung? Wenn Sie die göttliche Herrlichkeit betrachten oder einfach ihren Widerschein in den Geschöpfen, steigt Ihnen da nicht die Bewunderung im Herzen auf und wird auf den Lippen zu einem Lobgesang? Wie viele Psalmen entstammen solcher Betrachtung!

Wenn Gott Sie seine Heiligkeit ahnen lässt wie Jesaja im Tempel, erleben Sie da nicht eine ehrfürchtige Scheu, ein Erschauern des ganzen Wesens, ein klares Bewusstsein nicht nur Ihrer Niedrigkeit zu Füßen der Majestät, sondern auch Ihrer Sünde? *„Weh mir, ich bin verloren"*, rief Jesaja damals aus, *„denn ich bin ein Mensch mit unreinen Lippen."*

Wenn es Ihnen gelänge, die vielfältigen Gnaden, die Ihnen zuteil geworden sind, zu zählen, müsste dann nicht die Danksagung, dieser Aufschwung des dankbaren Geschöpfes zu seinem Schöpfer, dieser Freudensprung des Kindes an die Brust seines Vaters, Sie vollends vom Boden erheben?

Und wenn Ihnen manchmal etwas von dieser unendlichen Liebe, mit der Sie geliebt werden, aufgeht, werden Sie dann nicht unausweichlich von dem Verlangen erfüllt, sich durch ein Angebot Ihres ganzen Wesens Gott zu weihen?

Begreifen Sie jetzt, was ich Ihnen sagte? Das Gebet ist in uns die Reaktion unserer Seele angesichts der Gegenwart Gottes. Gewiss sind nicht in jedem Gebet all diese inneren Haltungen notwendig ausgeprägt: Die eine oder andere herrscht vor. Doch der religiöse Erdboden, aus dem unser Gebet aufquillt, besteht aus diesen großen Empfindungen, die ein beharrliches Gebet allmählich ansammelt.

Die Einbildung, diese wesentliche religiöse Einstellung aus sich selbst gewinnen zu können, ohne mit dem Betrachten der göttlichen Vollkommenheit anzufangen, wäre ebenso absurd, wie wenn ein Spiegel sich einbilden wollte, das Licht aus sich selber hervorzubringen.

Ich rate Ihnen also sehr dringend, Ihre Gebete mit der Betrachtung über die Erhabenheit Gottes zu beginnen und dann persönlich *„im Geist und in der Wahrheit"* darauf zu „reagieren". Vermutlich wird einmal der Tag kommen, da Meditation und Gebet sich trennen: Im Gebet werden Sie das Bedürfnis erfahren, ganz friedlich auf Gott gerichtet zu sein, ohne jede Anstrengung des Verstandes. Aber greifen Sie nicht vor.

33 Kennen, um zu lieben

Ich muss Ihnen gestehen, dass mir Ihre Geringschätzung der Betrachtung nicht ganz echt vorkommt. Sie haben recht, wenn Sie denken, das Gebet soll keine intellektuelle Übung, sondern eine Zeit der Vertrautheit mit Gott sein, der Verstand müsse dem Herzen den Vorrang lassen. Doch ich fürchte, dass Sie unter dem Vorwand, den Vorrang der Liebe zu retten, den Platz verkennen, den die Erkenntnis Gottes im Gebet einnehmen muss. Sie setzen sich da für eine Neigung ein, zu der Frauen sich leicht hinreißen lassen, während Männer unwillkürlich eher dem Verstand den Vorrang lassen.

Beide Tendenzen sind gefährlich. Es gilt, die Menschen auf diese drohende Gefahr aufmerksam zu machen, die umso schlimmer für sie ist, wenn sie ihr inneres Leben in Gemächer einteilen, und zwischen Geist, Herz und Willen keine Verbindungstüren bestehen. Erkenntnis führt sie nicht notwendig zur Liebe. Aber das affektive Gebet, das Sie mit Recht schätzen, birgt die andere Gefahr in sich, dass eine zu wenig durch Erkenntnis genährte Liebe in Sentimentalität entartet.

In Wirklichkeit ist dieses etwas geringschätzige Abtun der Betrachtung nicht allein eine Sache der Frauen, sondern Ihrer Generation. Es ist zweifellos eine Reaktion gegen die Methoden der Betrachtung, denen die heutigen Menschen vorwerfen, dass sie die Seele fesseln, statt ihr Flügel zu leihen. Doch es ist schade, dass die mehr oder weniger verdiente Geringschätzung, in die gewisse Methoden der Betrachtung geraten sind, sich auf jede Bemühung um die Erkenntnis Gottes erstreckt.

Erinnern Sie sich an den Vortrag, dem Sie vor einem Monat mit Ihrem Gatten beigewohnt haben. Ich sagte Ihnen, dass die eheliche Liebe abnimmt, wenn die Gatten darauf verzichten, einander Tag für Tag gegenseitig neu zu entdecken. Genauso ist es in unseren Beziehungen zu Gott: Die Liebe ist gefährdet, sobald die Bemühung um Erkenntnis erschlafft. Erkenntnis und Liebe, anders ausgedrückt: Glaube und Caritas gehören zusammen.

Geben Sie sich also nicht mit einem müden Glauben, einer eingeschläferten Erkenntnis Gottes zufrieden. Erwecken Sie sie wieder! Wie? So wie Sie morgens Ihren kleinen Markus aus dem Schlaf herausholen: Er öffnet mühsam die von der Nacht schweren Augenlider, erkennt nichts und sinkt von Neuem in Schlummer. Auf Ihren wiederholten Anruf hin wacht er schließlich auf, sein Blick heftet sich an Ihren Blick, der ihm zulächelt; nun lächelt auch er, und plötzlich wendet er sich dem Tag zu, von dem Sie ihm Schönes versprechen. Bieten Sie doch dem Blick Ihres Glaubens etwas an, was seine Aufmerksamkeit fesseln kann; sorgen Sie dafür, dass er sich von Neuem dem Antlitz Gottes zuwendet, das er in seinem Halbschlaf nicht mehr erkannte.

Aber nicht in wenigen Augenblicken und auch nicht in einigen Wochen können wir einen schlafenden Glauben wiedererwecken, ihm Schwung, Kraft, pulsierendes Leben verschaffen. Das beste Mittel, ihn anzuregen, zu bereichern, neu zu beleben, ist das Gebet, ein betrachtendes Gebet. Jene, die einen lebendigen Glauben haben, weil sie ihn im Laufe der Zeit durch Studium und Betrachtung nähren, brauchen, wenn sie beten wollen, nur Gott zu lieben; sie sind darauf vorbereitet. Die anderen müssen sich geduldig und mühsam im Erkennen Gottes üben, indem sie das betrachtende Gebet pflegen. Ihr Glaube wird schließlich aufwachen und leben, ihre Liebe anregen und ihr Gebet vom Boden erheben.

Ich rate Ihnen, von Zeit zu Zeit das Gebet des heiligen Augustinus zu beten, das das Verlangen nach Erkenntnis in Ihnen erwecken und Ihr Suchen ermutigen wird: „Mein Herr und mein Gott, meine einzige Hoffnung, erhöre mich. Lass nicht zu, dass ich durch Müdigkeit aufhöre, dich zu suchen, sondern gib, dass ich unermüdlich dein Antlitz suche. Gib mir die Kraft, dich zu suchen, der du dich von mir immer tiefer hast finden lassen und mir die Hoffnung gegeben hast, dich immer mehr zu finden. Vor dir liegen meine Kraft und meine Schwachheit. Bewahre meine Kraft, heile meine Schwachheit. Vor dir liegen mein Wissen und mein Nichtwissen: Wo du mir geöffnet hast, lass mich eintreten; was du mir verschlossen hast, öffne auf mein Rufen hin."

34 Brief an Paul und Monika

Auch ihr beide fragt mich nach einem Betrachtungsbuch! Aber lernt doch das Buch entziffern, das Gott euch gegeben hat: eure Ehe.

Ich will es deutlicher sagen. Als junger Priester besuchte ich gern einen Malerfreund in seinem Atelier. Bei echten Künstlern findet man oft eine Seelenverfassung, die ihr Vorrecht zu sein scheint (ich sage nicht ihr Monopol, denn man begegnet ihr auch bei Heiligen). Eine gewisse Frische im Empfinden – vielleicht müsste ich Arglosigkeit sagen –, ganz ähnlich der Gesinnung „geistlicher Kindheit". Mein Freund besaß sie in seltenem Maß. Das Alter hatte diese kostbare Eigenschaft der Seele gleichsam gefiltert, geläutert. Auch wenn er einen durch sein Atelier führte, seine Gemälde zeigte, bewundernd vor ihnen stehen blieb wie eine junge Mutter vor ihrem Neugeborenen, war man gar nicht peinlich berührt; denn er zeigte keine Spur von Eitelkeit, sondern einfach eine innere Glut.

Lieber noch als seine Bilder betrachtete ich sein schönes, sehr ausdrucksvolles Gesicht. Dieses erstaunlich bewegliche Gesicht spiegelte Schattierungen, verschiedenartige Veränderungen, je nach dem Gemälde, das er erklärte. Nicht all seine Werke liebte er in gleichem Maß. Er verweilte mit Vorliebe vor bestimmten, zweifellos jenen, in denen er das Beste seines inneren Lebens zum Ausdruck gebracht hatte. An ihnen ergötzte er sich in kindlicher Freude, die auf meine Reaktionen lauerte und sich in dem Maße vertiefte, als ich tiefer in das Verständnis seines Gemäldes eindrang, oder eher noch in sein Empfinden, das nur dessen Reflex war.

Wie oft habe ich beim Verlassen seines Ateliers an Gott gedacht: Gott führt uns im weiten Atelier seines Weltalls an der Hand, um uns seine Werke zu zeigen, sie entziffern zu lassen, uns zu helfen, den tiefen Sinn darin zu entdecken, und uns durch sie in seine eigensten Gedanken und Gefühle einzuführen. Nicht alle seine Geschöpfe fesseln ihn in gleichem Maße. Bei manchen verweilt er, hält uns an, länger zu verweilen: bei jenen, in die er sein Bestes gelegt hat, durch die er uns seine höchste Vollkommenheit offenbart. Die Liebe, der Bund von Mann und Frau, gehört zu diesen.

Alles war geschaffen worden, Tag um Tag, und am sechsten Tage hatte die Erschaffung des Menschen das Ganze gekrönt. Doch der göttliche Plan war noch nicht vollendet, noch musste die Ehe eingesetzt werden. Da formte Gott Eva und traute sie Adam an. Dieser Bund von Mann und Frau sprach deutlich von seinem großen, herrlichen Plan, der sich am Horizont abzeichnete: dem Bund seines Sohnes mit der erlösten Menschheit. Wie sollte er für seine zeitlich letzte Schöpfungstat nicht eine Vorliebe haben, für die Ehe?

So ist es nicht erstaunlich, dass wir nie damit fertig werden, Entdeckungen im Eheleben zu machen. Es ist auch nicht verwunderlich, dass alle Mystiker, der Heiligen Schrift folgend, die Ehe heranziehen, um die Reichtümer der Liebe aufzuzeigen, die uns die Vereinigung mit Christus bereithält. Was ihr lebt, Paul und Monika, versteht es doch in seinem tiefen Sinn. Gleicht nicht jenen primitiven Menschen, die angesichts eines beschriebenen Blattes nicht einmal ahnen, dass es etwas aussagen will, vielleicht ein schönes Gedicht enthält. Eure Ehe ist nicht nur eine große menschliche Wirklichkeit, sie ist reich an übernatürlicher Bedeutung; es gibt Einen, der euch durch sie sein Herz offenbart, sein ungeduldiges Verlangen, zwischen jedem von euch und ihm Bande der Liebe zu knüpfen, die noch unergründlicher und beseligender sind als die der Ehe. Einen, der euch durch eure Ehe helfen will zu verstehen, was er von euch erhofft; welcher Art eure Beziehung zu ihm sein soll, solange ihr lebt.

Ich will euch drei Texte anführen, die euch zeigen sollen, wie man dieses Gleichnis, das die menschliche Liebe ist, lesen und verstehen muss. Ich sage mit Bedacht „Gleichnis", denn diese Sprache liegt nicht offen da. Eine gewisse „Unschuld des Auges" ist notwendig, um in der Ehe die göttliche Botschaft zu entziffern, deren Träger sie ist.

Den ersten habe ich im Brief eines Freundes gefunden, der in Marokko wohnt. Seine Frau hat die Ferien weit weg von ihm in Frankreich verbracht; aber die Rückkehr ist nahe, er bereitet diese Heimkehr vor und vor allem rüstet er sich selber … Und so sinnt er:

„Ich erwarte Françoise in acht Tagen. Wenn wir unsere heilige Kommunion so vorbereiten würden, wie wir das Wiedersehen mit einer Gattin vorbereiten, würden wir, glaube ich, wirkliche Fortschritte in der Erkenntnis und der Liebe Christi machen."

Der zweite ist ein Auszug aus den *Briefen an seine Braut* von Jacques Maillet. Er war davon durchdrungen, dass die göttliche Liebe die menschliche übertrifft, ohne dass diese dadurch entwertet würde. Madeleines Liebe ließ ihn an Gott denken, die Gottesliebe ließ ihn an Madeleine denken …

„An dich denken, Madeleine, das heißt mich verpflichten, eine kindlichere Fröhlichkeit wiederzufinden, das heißt mich zwingen, die Traurigkeit zu bekämpfen, um eines Blickes von dir würdiger zu werden. Diese Haltung, die ich meiner Geliebten gegenüber habe, lehrt mich die Haltung, die ich Gott gegenüber haben sollte: ein lebhafteres Verlangen, in seiner Gegenwart zu weilen; seinen Willen zu erfüllen, der niemals launisch ist; eine innere Sammlung, aus der seine Gegenwart jede unwürdige Unruhe verbannen müsste. Wenn ich doch nach Gott ein solches Heimweh hätte, wie ich es nach meiner kleinen Madi habe! Wenn ich doch jeden Augenblick daran dächte, mich von allem zu lösen, was mich von ihm trennt, wie ich alles beiseitezuschaffen versuche, was sich einschiebt zwischen mich und dich!"

Noch ein letztes Zeugnis. Unter vielen anderen wird es im Bericht über eine das Gebet betreffende Umfrage zitiert und ist in einer Sondernummer der Zeitschrift *L'Anneau d'Or*, „Herr, lehre mich beten", veröffentlicht. Eine Frau hat, vom ehelichen Zwiegespräch ausgehend, entdeckt, was Beten eigentlich ist. Entspricht das eheliche Zwiegespräch, das im Schweigen manchmal eine den Menschen übersteigende Dimension erlangt, in der menschlichen Liebe nicht dem, was in der Vereinigung des Menschen mit seinem Gott das Gebet ist: eine Zeit intimer Vertrautheit, in der sie sich am vollkommensten ausspricht und zugleich erneuert?

„Da ich zu beten entschlossen bin, habe ich mich ‚ins Wasser geworfen', ohne recht zu wissen, wie ich mich verhalten soll. Und dann plötzlich ein Licht ... Notwendig war zweifellos und vor allem, sich bereitzuhalten für eine Vertrautheit mit Gott. Aber ich bin ja – das ist ganz einfach – durch unser Eheleben in dieser ‚Gymnastik' geübt. Wenn ich dazu beitragen will, aus unseren gemeinsam verbrachten Abenden Augenblicke wahrer Vertrautheit zu machen, bringe ich alles in mir zum Schweigen, was von Haushaltssorgen, Kindersorgen und von zu erledigenden Arbeiten in mir summt; von alldem befreit, suche ich Herz, Geist und Seele für meinen Mann bereitzuhalten, mich seinen Sorgen, seinen Gedanken, seinen Schwierigkeiten zugänglich zu machen. Und dann sprechen wir vielleicht auch von unseren Kindern, von meinen eigenen Sorgen, meiner Arbeit, aber in einem gereinigten Klima.

Der Bezug auf unser Eheleben ist für mich die erste Einführung in das Gebet geworden.

Manchmal, wenn ich den Eindruck hatte, nicht von der Stelle zu kommen, hätte ich mich am liebsten etwas in die heilige Teresa versenkt; und dann hielt mich etwas zurück. Dann verstand ich, dass es eine andere Biografie zu befragen galt: jene, die wir jeden Tag zu zweit schreiben."

Und jetzt, da ich euch den Weg gezeigt habe, liegt es an euch, Paul und Monika, das Gleichnis eurer Ehe zu entziffern, darin eure eigenen Entdeckungen selbst zu machen. Doch versäumt nicht, nach dem Beispiel der Apostel Christus zu bitten, euch ihren Sinn zu erklären, sonst würdet ihr denen gleichen, von denen der Meister sagte: *„Sie sehen, ohne zu sehen, hören, ohne zu hören und zu verstehen; denn ihr Herz ist verhärtet, damit sie sich nur ja nicht bekehren"* (Mt 13,13).

35 An einen Verlobten

Mein lieber Franz,

in meinem letzten Brief habe ich Ihnen vorgeschlagen, diesen herausragenden Lebensabschnitt, welcher die Verlobungszeit ist, dazu zu nutzen, die Reichtümer und Anforderungen der Liebe zu entdecken, um so Ihre Ehe auf eine solide Grundlage zu stellen. Aber Ihre Verbindung zu Christus sollte ebenfalls großen Nutzen aus dieser wunderbaren Erfahrung der Verlobungszeit ziehen.

Oh! Ich weiß wohl, dass man da und dort sagt, dass Herz und Verstand der Verlobten „indisponiert" sind. Das ist wahr, wenn es sich um eine egoistische, vereinnahmende, fleischliche Liebe handelt. Bei wirklichen Christen stimmt dies nicht: Ihre Liebe macht sie im Gegenteil Anderen, der Welt, Gott gegenüber offen. Ich habe das oft festgestellt.

Dass eure Verlobungszeit also ein Weg auf Gott hin sei! Dass sie euch nicht nur anregt, ihm für euer Glück zu danken und ihn um Hilfe zu bitten, sondern vor allem, dass sie euch hilft, Christus näher zu kommen! Das Leben mit Christus ist (vor allem im Gebet) ebenfalls Zwiegespräch der Liebe, spirituelle Begegnung, Kommunion der Seelen. Sicherlich spielen Gefühl und Empfindung in der Liebe der Verlobten eine große Rolle, während die Liebe der Seele für Christus, ohne die sinnlichen und gefühlsbestimmten Saitenklänge auszuschließen, vor allem im Glauben wurzelt. Das ändert nichts daran, dass dieselben grundlegenden Gesetze sich auf allen Ebenen der Liebe wiederfinden.

Um meinen Gedanken zu erläutern, greife ich ein konkretes Beispiel aus einem vor kurzem erhaltenen Brief heraus:

„Die Gewohnheit, mein Gebet immer damit zu beginnen, Gott meine Freude hinzuhalten, stammt aus der weit zurückliegenden Zeit meiner Verlobung. Und so wurde ich dazu gebracht: Wenn ich während meiner Treffen mit Bernadette das Gefühl hatte, dass sie nicht glücklich war, fühlte ich mich schrecklich unglücklich. Nicht weniger unglücklich war ich, wenn sie mir in ihren Briefen nicht sagte, dass es ihr schwerfiel, nicht bei mir zu sein. Wenn wir dagegen zusammen waren und ich in ihren Augen die Freude blitzen sah, durchflutete mich ein intensives Glücksgefühl; das Gleiche war der Fall, wenn sie darüber klagte, nicht bei mir zu sein. Diese meine Reaktionen fingen an, mich zu beunruhigen. Warum brauchte ich es, dass sie in meiner Nähe glücklich und getrennt von mir unglücklich ist? Waren das nicht mittelmäßige, egozentrische Gefühle, in denen sich mehr Eigenliebe zeigte als eine uneigennützige Liebe ihr gegenüber? Ich erinnere mich daran, die Frage lang in mir hin und her gewälzt zu haben, bis zu dem Tag der erleuchtenden Einsicht: Wenn man jemanden liebt, will man, dass er glücklich ist; wenn man ins Auge fasst, eine Bindung mit ihm einzugehen, dann kann man sich nicht nicht fragen, ob man fähig ist, ihn glücklich zu machen, sein Glück zu *sein*. Eine Liebe, die sich nicht ängstlich diese Frage stellt, wäre keine wirkliche Liebe. An dem Tag, an dem ich das verstand, wurde ich von aller Unruhe und allen Skrupeln befreit; und ich war stolz, wie wenn ich der Erste gewesen wäre, der diese Entdeckung gemacht hatte. Als Bernadette mich am nächsten Morgen bei einem Gespräch fragte, was sie tun könne, um mich glücklich zu machen, ließ meine Antwort nicht auf sich warten: „Dass du selbst glücklich bist – nichts anderes als das: glücklich, dass ich da bin, dass ich dich liebe, glücklich über mich. Das wunderbarste Geschenk, das du mir machen kannst, das ist die Freude, diese Freude, die ich oft auf deinem Gesicht, in deinem Blick lese und die ich in deinem Herz erahne."

„Am Abend dieses Tags", fuhr der Briefschreiber fort, „als ich vor dem Schlafengehen am Fuß meines Betts betete, kam mir plötzlich der Gedanke: Wenn das Beste, das Bernadette für mein Glück tun kann, darin besteht, mir ihre Freude über meine Liebe zu ihr zu schenken, dann ist zweifelsohne das Beste, das ich tun kann, um Gott glücklich zu machen, ihm meine Freude zu schenken, meine Freude über seine Gegenwart, seine Liebe, sein Glück. Mir wurde damals klar, dass diese Freude kaum in mir lebte, und mich überkam große Scham. Und ich versprach mir, meinen Gott dauerhafter aufzusuchen, damit diese Freude in mir größer und meine Gabe ihm angenehmer werde. Recht viele Jahre sind vergangen; ich habe kaum je das tägliche Gebet verpasst, das ich immer mit der Gabe meiner Freude beginne. Der Nutzen dieser Vorgehensweise ist im Übrigen nicht zu unterschätzen: Sie führt mich jeden Tag zu der Frage: Ist Gott wirklich meine Freude? Und wenn ich feststelle, dass diese Freude abnimmt, dann kenne ich die Schlussfolgerung, die ich daraus zu ziehen habe: der Liebe Gottes gegenüber aufmerksamer zu werden."

Das ist, mein lieber Franz, nur ein Beispiel. Wenigstens hat es das Verdienst aufzuzeigen, wie die menschliche Liebe in einem ihrer Aspekte eine Hinführung zur göttlichen Liebe sein kann. Natürlich muss sie, diese menschliche Liebe, auf gute Weise gelebt werden; ihr Reichtum, ihre Anforderungen wollen erkannt und ihre Hinweise auf die Welt der Gnade wollen entdeckt werden.

36 Der vertrocknete Garten

„Mein Gebet ist ausgedörrt, mein Leben scheint mir keine Früchte mehr zu tragen wie am Anfang meines priesterlichen Dienstes. Aber ich finde die Ursache dafür nicht." Ihr Brief, der diesen kleinen Satz enthält, hat mich gerade im auf dem Land gelegenen Pfarrhaus erreicht, in dem ich einige Ferientage verbringe. Ich lese ihn wieder und wieder in meinem Zimmer, in dem die Vorhänge fast geschlossen sind, weil die Sonne draußen brennend heiß ist. Und der Gemüsegarten vor meinem Fenster sieht traurig aus: Alles ist verdorrt. Mein Freund, der Pfarrer, klagt, dass er kein Gemüse haben wird. Er bräuchte einen kräftigen Regen. Aber die Tage gehen dahin und der Himmel bleibt unerschütterlich blau.

Könnte es nicht das sein, was auch Ihrer Seele fehlt: der Regen, dieser Regen, der das Wort Gottes ist? Der Vergleich stammt nicht von mir, sondern von Jesaja: *„Wie der Regen und der Schnee vom Himmel fällt und nicht dorthin zurückkehrt, sondern die Erde tränkt und sie zum Keimen und Sprossen bringt, wie er dem Sämann Samen gibt und Brot zum Essen, so ist es auch mit dem Wort, das meinen Mund verlässt: Es kehrt nicht leer zu mir zurück, sondern bewirkt, was ich will, und erreicht all das, wozu ich es ausgesandt habe"* (Jes 55,10–11, EÜ).

Während der Bauer seinerseits nichts tun kann, um sich Regen zu verschaffen, genügt es für Sie, ihn zu wollen, damit das Wort Gottes Ihr Leben befruchte. Das Wort Gottes kann uns nicht im Stich lassen; wir lassen es im Stich.

Dass Sie die Meditation der Heiligen Schrift seit einigen Monaten aufgegeben haben, bringt mich zu der Frage – ich stelle sie Ihnen –, ob Sie dem Wort Gottes ausreichenden Wert beimessen.

Sie sagen mir, dass es Ihnen nicht mehr gelingt zu meditieren. Wenn Sie diesem Wort seinen grundlegenden Sinn von „nachdenken über ...", von nachdenken über das Wort Gottes, von „nach dem tiefen Sinn suchen" geben würden, könnten Sie von sich selbst nicht erklären, unfähig zur Meditation zu sein. Natürlich müssen Sie sich mit umso mehr Ausdauer darin üben, als Ihr von viel Aktivität und Überlastung bestimmtes Leben wenig hilfreich ist.

Sie versichern mir in der Tat, dass Sie sich anstrengen, Stille zu schaffen, innerlich leer zu werden. Und ich verstehe gut, dass Sie dies tun, um Raum für Gott zu schaffen. Aber liegt da nicht ein Missverständnis? Die Stille ist kein Wert in sich; wichtig ist nicht, sowohl sich selbst wie den Lärm in der Seele zum Schweigen zu bringen, sondern das Wort Gottes zu hören, das *„Wort des Lebens"* (Phil 2,16, EÜ), *„das Wort des Heils"* (Apg 13,26), es *„aufzunehmen"* (Mk 4,20), daran

„festzuhalten" (nach Lk 8,15; Joh 8,51; 14,23; 15,20). Das Wort Gottes ist es, welches in die Seele eindringt und dadurch allen Lärm beseitigt, die Stille schafft.

Es geht nicht so sehr darum, zu Beginn innerlich leer zu werden. Pater Plé schreibt treffend: „Bei vielen Leuten trifft man auf den Irrtum, dass für sie Sich-in-die-Gegenwart-Gottes-Begeben nur darin besteht, ihre Seele von allen irdischen Sorgen leer zu fegen. Hastig drängt man jeden unpassenden Gedanken weg, ein bisschen wie ein Polizist einen Raum leer räumen lässt, in den kurz darauf eine große Persönlichkeit kommen wird, der er zuvorkommt und für die er dafür sorgt, dass ihr Achtung entgegengebracht wird; sobald dann Kopf und Herz leer sind (vorausgesetzt, es gelingt) erwartet man ein ‚Gefühl' der Gegenwart Gottes. Nichts dergleichen geschieht, es sei denn, es handle sich um eine Illusion."

Ich weiß wohl, dass die spirituellen Autoren ein Gebet der Stille und der inneren Leere empfehlen, in dessen Verlauf man zu reden, zu argumentieren, zu handeln aufhören muss. Die Beschreibung dieses Gebets des heiligen Johannes vom Kreuz ist vielsagend: „Eine einfache und nur auf ihr Objekt fixierte Aufmerksamkeit – ungefähr wie jemand, der seine Augen öffnet, um liebevoll zu betrachten." Aber dieses passive, kontemplative Gebet ist eine Gabe Gottes. Man erreicht es niemals durch seine eigenen Anstrengungen, und wenn es uns nicht geschenkt wird, gibt es Besseres zu tun, als ihm entgegenzufiebern, als es im Nichtstun zu erwarten, als nach seinem (Wieder-)Kommen auszuspähen. Der Wind weht nicht? Dann nehmen Sie die Ruder, wenn Sie ins Weite vordringen wollen. Gott spricht nicht im Grund Ihres Herzens? Hören Sie ihn in den Heiligen Schriften. Suchen Sie sein Wort, kauen Sie darauf, kneten Sie es durch; in einem Wort: Meditieren Sie.

Sie sehen somit, dass das Gebet das Wort Gottes nicht in seiner Bewegung von Gott zum Menschen, sondern in seinem Elan der

Rückkehr des Menschen zu Gott ist. Es ist jenes Wort Gottes, das zu Gott zurückkehrt, „das seine Mission erfüllt hat", wie Jesaja sagt.

Genährt vom Wort Gottes wird es in Ihnen, wie im Garten nach dem Regen, wieder grünen und blühen. Das Leben, das Leben Gottes, das Leben der göttlichen Tugenden wird erneut hervorsprießen. In Ihrer Seele wird der *Glaube* jene wache, begierige, staunende Erkenntnis des Mysteriums Gottes und seiner Liebe sein, eine immer junge, weil jeden Tag erneuerte Erkenntnis. Und weil die Liebe die Liebe herbeiruft, wird die Nächstenliebe ihrerseits umso brennender hervorbrechen, als Ihr Glaube lebendiger sein wird. Und die Hoffnung, Gott immer mehr zu kennen und zu lieben, sein Reich auf der Erde immer mehr kommen zu sehen, wird die Triebfeder, wird zum Anreiz sowohl Ihres Gebets wie all Ihres Tuns.

37 „Ihn sollt ihr hören!"

Während die Evangelien ungezählte Worte Christi enthalten, überliefern sie uns nur drei Worte des Vaters. Wie kostbar müssten sie uns sein! Eines von ihnen ist ein Rat, der einzige Rat des Vaters für seine Kinder. Mit welch unendlicher kindlicher Ehrfurcht müssten wir ihn empfangen, mit welchem Eifer ihn befolgen! Dieser Rat enthält das Geheimnis aller Heiligkeit. Er ist kurz und einfach. „Ihn sollt ihr hören!" (Mt 17,6), sagt der Vater, indem er auf seinen vielgeliebten Sohn weist.

Beten ist also der große Akt des Gehorsams gegen den Vater, denn es bedeutet, uns wie Maria zu Jesu Füßen zu setzen, um sein Wort zu hören (Lk 10,39), oder besser, um ihm zu lauschen. Ihm, der zu uns spricht. Es gilt tatsächlich, mehr noch auf ihn als auf seine Worte zu achten.

Daraus folgt, wie sehr es sich empfiehlt, beim Gebet von einer Stelle des Evangeliums auszugehen, unter der Bedingung allerdings, dass wir sie nicht wie ein Professor der Philologie lesen, sondern in der Art einer Liebenden, die hinter den Worten des Briefes, den sie erhalten hat, das Herz des Geliebten schlagen hört.

Das Zuhören-Können ist eine große Kunst. Christus selbst sagt es uns: *„Darum achtet darauf, wie ihr hört"* (Lk 8,18). Wenn wir Wegrand, Fels oder unwegsames Gelände sind, kann sein Wort nicht in uns wachsen. Wir müssen guter Ackergrund sein, in dem die Samen das finden, was sie zum Aufkeimen, Wachsen und Reifen brauchen.

Zudem ist Hören nicht allein eine Sache des Verstandes. Unser ganzes Sein mit Seele und Leib, Verstand und Herz, Fantasie, Gedächtnis und Wille muss aufmerken auf Christi Wort, sich ihm öffnen, ihm allen Raum überlassen, sich von ihm ergreifen lassen, ihm ohne Vorbehalt anhangen.

Sie verstehen, warum ich das Wort „hören" dem Wort „betrachten" vorziehe. Es entspricht der Sprache des Evangeliums besser und bezeichnet vor allem nicht ein einsames, bei sich selbst verweilendes Tun, sondern meint eine Begegnung, einen gegenseitigen Austausch: das, was Beten eigentlich ist.

Nun gilt freilich: Ohne Gnade könnte niemand Christus hören, weil wir alle von Geburt taub sind, Kinder von tauben Eltern. Aber bei unserer Taufe hat Christus das Wort ausgesprochen, das seit der Heilung des Taubstummen im Gebiet der Dekapolis Millionen von Jüngern die Ohren geöffnet hat: *„Effata!"* (Mk 7,34).

Wenn wir durch das Gebet dem Wort Christi Zugang gewähren, verwandelt es uns, *„lässt uns vom Tod ins Leben hinübergehen"* (Joh 5,24), lässt uns auferstehen und wird in uns und für uns eine sprudelnde Quelle, ewiges Leben.

Aber das Wort bloß hören genügt nicht. *„Selig"*, sagt Jesus, *„die Gottes Wort hören und es befolgen"* (Lk 11,28), sich daran erfreuen und laben, es auf all ihren Wegen mitnehmen, zu all ihren Arbeiten, wie Maria das Kind, das sie empfangen hat und das das „Wort" selbst war. Durch seine Mutter heiligte es alle, die ihr begegneten, und ließ den Täufer im Schoße Elisabeths vor Freude aufhüpfen. Auch durch uns will es dasselbe tun.

Damit aber noch nicht genug. Dieses *gehörte und bewahrte* Wort muss *in die Tat umgesetzt werden* (Jak 1,25). Begreifen Sie, wie notwendig es ist, vom Morgen bis zum Abend auf seine in uns wirkende Gegenwart bedacht zu sein, sich seinen Eingebungen und seiner mitreißenden Gewalt auszuliefern! Seine lebendige Kraft ist es, die uns jene rechten Werke vervielfachen lässt, die uns für die Ankunft des Reiches des Vaters arbeiten, leiden, leben, sterben lassen. Und wenn wir treu sind, wird unsere Freude groß sein; denn Jesus hat gesagt: *„Die Gottes Wort hören und es befolgen, die sind mir Mutter und Brüder und Schwestern"* (Lk 8,21).

38 Der unergründliche Reichtum Christi

Ich freue mich, dass Sie sich entschlossen haben, Einkehrtage zu halten. Augenblicklich ist wirklich nichts wichtiger für Sie, als dem Gebet in Ihrem Leben Raum zu geben. Wenn Sie das tun, lassen Sie sich auf ein herrliches und gewaltiges Abenteuer ein, dem nur die Liebe Gestalt verleihen kann. Den größten Freuden wie den größten Prüfungen werden Sie hier begegnen, Freuden und Prüfungen sind übrigens zu schwache Worte: Sie werden den Sinn Ihres Lebens entdecken, und wenn Sie, ohne zu mogeln, das Spiel spielen, den Einsatz wagen, das heißt, Christus alle Gewalt über sich einräumen, dann werden Sie die

Fülle kennenlernen, welche die Liebe für jene bereithält, die sich ihren Forderungen nicht entziehen – diese einzigartige Fülle, die die höchste Liebe bereithält.

Entschuldigen Sie diese Vorwegnahme. Ich komme auf Ihren Brief und Ihre Frage „Wollen Sie mich führen?“ zurück. Ich habe keinen Augenblick gezögert, Ja zu sagen; auch wenn ich mich lange gefragt habe, welche Ratschläge ich Ihnen geben sollte. Soll man damit beginnen, von den verschiedenen Formen des Gebetes und den verschiedenen Methoden zu handeln? Soll man über die großen Anliegen des Gebetes sprechen: Lob, Anbetung, Reue, Bitte? Einige Überlegung und vor allem die Erinnerung an Christen, die ich sicheren Schrittes den Weg des Gebetes habe einschlagen sehen, haben mir das Thema dieses ersten Briefes nahegelegt.

Sie möchten beten lernen? So bemühen Sie sich, Christus zu erkennen. Nicht mit einer rein intellektuellen Erkenntnis, sondern einer Erkenntnis des Glaubens und der Liebe. Glauben Sie von Anfang an fest, dass Christus keine in den Nebeln der Geschichte verlorene Person ist, sondern ein Lebendiger, *der* Lebendige, der an Ihrer Tür steht und anklopft, wie er selber sagt. Von diesem Christus, von diesem Ihnen zugewandten Christus, der persönliche Beziehungen mit Ihnen anknüpfen will, müssen Sie zu erfahren versuchen, was er denkt und von Ihnen will, seine Meinung von Ihnen. Und damit Sie sich nicht in Spekulationen oder in Illusionen verirren, ein einziges Mittel: Nehmen Sie Ihr Evangelium zur Hand, lassen Sie es nicht mehr los und suchen, suchen Sie unermüdlich. Langsam, mit wachsender Deutlichkeit wird das wahre Antlitz Christi sich Ihnen zeigen, und seine Gnade hilft – denn ihn drängt es weit mehr, sich erkennen zu lassen, als Sie, ihn zu erkennen. Sie werden den *„unergründlichen Reichtum“* seiner Liebe, von dem der heilige Paulus spricht, entdecken.

Wird das Gebet so verstanden, dann ist die übrigens oft schlecht gestellte Frage gelöst, die Frage nämlich, ob das Gebet Betrachtung sein muss. Wenn man Betrachtung dahin versteht, dass sie nach einer strengen Methode, einem festen Schema vor sich gehen muss, dann müssen wir sagen, dass sie nicht unentbehrlich ist, obwohl sie für bestimmte Temperamente nützlich sein mag. Wenn man Betrachtung als eine geistige Übung ohne Beziehung zur Liebe auffasst, dann muss man sich vor ihr wie vor einem verstümmelten und gefährlichen Beten hüten: „Wehe der Erkenntnis, die sich nicht in Liebe wandelt." Wenn man aber unter Betrachtung das eifrige Trachten nach der Erkenntnis Christi versteht, die von der Liebe gefordert, angeregt, immerfort angetrieben wird, weil der Liebende alles daran setzt, immer besser zu erkennen, immer mehr zu lieben, dann ja, tausendmal ja, soll das Gebet Betrachtung sein.

Ich bin sicher, dass viele Christen den Mut zum Gebet verlieren, weil sie nicht dahin gelangen, Christus zu lieben, und wenn sie ihn nicht lieben, so liegt es daran, dass sie es versäumt haben, ihn kennenzulernen; denn man liebt keinen Schatten, man liebt keinen, den man nicht kennt. Nur die Entdeckung der unermesslichen Liebe, die Christus uns entgegenbringt, kann in uns das Gebet und die Liebe aufquellen lassen.

Wenn ich Ihnen rate, zuerst Christus kennenzulernen, habe ich das Gefühl, dem rechten Wege der göttlichen Pädagogik zu folgen. Hat nicht Gott es mit den Aposteln und Jüngern ebenso gemacht, um sie an sich zu ziehen? Jesus ist auf sie zugekommen und hat ihnen seine wunderbare Freundschaft angeboten: Sie haben ihn gesehen, berührt, gehört; sie sind erobert worden; sie haben sich hingegeben. Dann hat Christus sie eines Tages auf das bestürzende Wort hin: *„Es ist gut für euch, dass ich hingehe"* verlassen.

Nun mussten sie eine vertiefte Beziehung zu ihm erlangen. Dabei bleibt es nicht weniger wahr, dass die entscheidende Erfahrung für sie die Entdeckung der Liebe Christi war. So ist es auch beim Gebetsleben: Es soll die Menschen zu einer sehr hohen Vereinigung mit Gott führen, aber es kann keinen besseren Anfang nehmen und keine bessere Stütze haben als die höchst wunderbare Entdeckung der unermesslichen, zugleich menschlichen und göttlichen Liebe, die Christus uns anbietet.

39 Das gelehrteste Buch

Ich glaube, dass es falsch ist, während des Betens zu lesen. Statt Ihr Gebet zu nähren, schmeichelt es Ihrem Geschmack – um nicht zu sagen Ihrer Feinschmeckerei – für Ideen. Lassen Sie doch alle Bücher weg, oder besser, begnügen Sie sich mit dem „gelehrtesten Buch", wie es der Pfarrer von Ars bezeichnete, als er eines Tages darüber sprach. „Das Kreuz", sagte er, „ist das gelehrteste Buch, das man lesen kann. Die es nicht kennen, sind Unwissende, selbst wenn sie alle anderen Bücher kännten. Es gibt keine wahren Gelehrten außer denen, die es gerne um Rat fragen, in seine Tiefen eindringen. So bitter dieses Buch ist, nie ist man zufriedener, als wenn man in seinen Bitternissen ertrinkt. Je häufiger man in seine Schule geht, umso lieber möchte man dort bleiben. Die Zeit vergeht hier ohne Langeweile. Man erfährt alles, was man wissen will, und man ist nie übersättigt von dem, was man hier kostet."

Vielleicht werden Sie erwidern: „Die Sprache dieses Buches ist mir fremd." Es liegt an Ihnen, sie zu lernen. Ein Christ kann sie nicht ignorieren. Sie ist die Sprache Gottes. Sehen Sie sich all diese Menschen des Gebetes an, all die Heiligen, die uns die christliche Ikonografie – Zeichnungen, Buchmalerei, Gemälde – am Fuße des Kreuzes oder mit einem Kreuz in der Hand zeigt: Sie bemühen sich darum, seine Botschaft zu entziffern. Wird da nicht ganz deutlich, dass kein Buch es mehr wagen kann, sie vom Betrachten des Kreuzes abzubringen, dieses „Liebesbriefs des Geliebten"?

40 Vor dem Kreuz beten?

Ich versichere Ihnen, gnädige Frau, dass Ihr Brief mich in keiner Weise schockiert hat. Sie fragen sich zu Recht, ob es richtig ist, Ihre kleinen Kinder vor dem Bild Christi am Kreuz beten zu lassen, ob das Bild des Gekreuzigten nicht die Gefahr mit sich bringt, ihr Gefühlsleben durcheinander zu bringen. Aber Sie haben recht, den Beweggründen zu misstrauen, die viele Christen heute dazu bringen, das Kreuz links liegen zu lassen, die Leidensgeschichte des *Herrn* zugunsten seiner Auferstehung zu vernachlässigen – wie wenn die Auferstehung nicht zuvor erfordern würde, durch den Tod hindurchzugehen! Diese Christen sind weit weg vom heiligen Paulus, wenn er den Korinthern erklärt: *„Ich hatte mich entschlossen, bei euch nichts zu wissen außer Jesus Christus, und zwar als den Gekreuzigten"* (1 Kor 2,2, EÜ).

Ihre Frage hat sich dem christlichen Bewusstsein mit mehr oder weniger Klarheit über die ganzen 20 Jahrhunderte unseres Zeitalters hinweg gestellt. Die christliche Kunst ist Zeuge dafür; besonders die Geschichte der Darstellung des gekreuzigten Christus: Seien es Bilder, Skulpturen, Kreuzwege, Kreuze …

Die Darstellung Christi am Kreuz kam während der ersten sechs Jahrhunderte kaum vor. Das Bild des Guten Hirten war für die damaligen Christen das, was für uns das Bild des Gekreuzigten ist. Dann wird die Kreuzigung zum bevorzugten Motiv der christlichen Ikonografie. Die Kruzifixe werden immer mehr. Man findet sie als Skulptur in den Kathedralen, in allen Wohnstätten, in allen öffentlichen Gebäuden – Krankenhäusern, Schulen … – überall finden sie Eingang; an unseren Wegkreuzungen sind sie aufgerichtet. Aber schade! Denn ihre Herstellung ist oft eine kommerzielle Unternehmung, und das christliche Volk wird von seelenlosen Kreuzen schlechter künstlerischer Qualität überschwemmt. Was die Darstellung des Gekreuzigten durch wirkliche Künstler angeht, so sind sie öfters zweischneidig, manchmal eher sinnesbetont als spirituell – ich denke dabei an gewisse Maler der Renaissance.

Die wirklich christlichen Künstler selbst haben unterschiedliche Auffassungen, die man vereinfachend auf zwei Richtungen zurückführen kann: Die „realistische“ und die „mystische“. Je nach Zeit und Ort genossen sie unterschiedliche Wertschätzung.

Die realistische Auffassungsweise kam zeitlich nicht zuerst: Es hat lang gebraucht, bis sie zum Durchbruch kam. Bei ihr ist man bemüht, vor allem die körperlichen und moralischen Schmerzen Christi zum Ausdruck zu bringen. Die Künstler stellen Jesus entkleidet dar; sein Leib ist zerschunden, gequält, manchmal gekrümmt vor Schmerzen bis zu dem Punkt, wo er nicht mehr ist als ein unendlich bemitleidenswertes menschliches Wrack. Auf dem Kopf eine mehr oder weniger die Tragik betonende Dornenkrone. Diesen Künstlern geht es hauptsächlich darum, zu berühren, Mitleid hervorzurufen, vielleicht den Schrecken vor der Sünde hervorzurufen; zweifelsohne wollen sie damit auch die Christen ermutigen, ihre eigenen Leiden mit denen Christi zu vereinen. Einige dieser Kreuze scheinen jedes religiösen Gehalts entleert zu sein: Man hat das Gefühl, eher das Symbol der menschlichen Not zu kontemplieren als das durch den Mensch gewordenen Gott möglich gewordene Zeichen des Menschenheils.

Jene, die sie hergestellt haben, sprechen von der Wahrheit des Menschen und der Geschichte. Eigentlich verdrehen diese „realistischen“ Kreuze die Wahrheit oder zumindest vernachlässigen sie einen wesentlichen Aspekt. Sie bilden den leidenden Menschen ab, aber nicht den siegreichen Gott, die Qualen des Fleisches, aber nicht den Sieg der Liebe. Wenn Christus den Zeugen seines Leidens nur das Schauspiel menschlicher Not geboten hätte, wenn er nur ein armseliges Wrack gewesen wäre, hätte dann der Hauptmann, der ihm gegenüber stand, ausgerufen: *„Dies war wirklich der Sohn Gottes“* (Mk 15,39)?

Eine dem entgegenstehende Auffassung zeigt sich in den als „mystisch“ bezeichneten Kreuzen. Ihre Blickrichtung ist eine ganz andere. Sie zeigt Christus bekleidet, manchmal sogar mit einer langen Tunika, auf seinem Kopf eine Krone, gewöhnlich aus Dornen, aber auch eine kaiserliche Krone kommt vor. Seine Augen sind weit geöffnet, drücken Seelenkraft und inneren Frieden aus. Sein Gesicht strahlt Herrlichkeit aus, ist manchmal von unendlichem Mitleid für die Menschen ergriffen. Seine Arme sind horizontal, sein Leib gerade aufgerichtet. Die Künstler wollen uns daran erinnern, dass der Gekreuzigte vor allem Gott ist, ein lebendiger Gott, Sieger über das Leid und den Tod, Gott, der sein Opfer aus freiem Willen auf sich nimmt.

Solche Werke haben nicht so sehr die Tendenz, das Gefühlshafte anzusprechen, als vielmehr unseren Glauben an die Gottnatur Christi, an seinen Sieg anzuregen; sie wollen eher unsere Hoffnung, weniger unser Mitleid wachrufen; sie wollen uns davon überzeugen, dass die Passion nur ein Durchgang zur Auferstehung ist. Einige dieser Kreuze haben wenig Menschliches, aber es gibt andere, von denen ein Strom der Zärtlichkeit, der Milde, des strahlenden Friedens ausgeht. Ihr enormes Verdienst liegt darin, das Wesentliche nicht zu verschleiern, uns einen Vorgeschmack des göttlichen Mysteriums zu verschaffen.

Bringen Ihnen diese wenigen kunsthistorischen Bemerkungen eine erste Antwort auf die Fragen, die Sie sich stellen?

Die Entfernung des Kruzifixes aus unseren Kirchen, aus unseren Häusern würde Anzeichen für einen erschreckenden Rückzug des Religiösen bedeuten. Verzichten Sie deshalb nicht darauf, Ihre Kinder vor dem Kreuz beten zu lassen: Es ist, in den Worten des Pfarrers von Ars, „das weiseste Buch“. Genauso wahr ist aber auch, dass Sie unter den Kreuzen und den Bildern des gekreuzigten Christus wählen müssen. Schließen Sie unerbittlich jene aus, bei denen die Gefahr besteht, das Gefühlsleben der jungen Menschen durcheinanderzubringen und die tiefe Wahrheit des Opfers Jesu Christi zu verraten.

Ihre Kinder werden – das kommt hinzu – oft Kreuze sehen, die grobschlächtig und von unreligiösem Realismus sind. Lehren Sie sie, diese Darstellungen mit einem tiefen Verständnis und vom Glauben her zu betrachten, einem Blick, der sich mit dem Mysterium jenseits der unvollkommenen und trügerischen Ausdrucksweise vereint.

Unter diesen Bedingungen wird das Kreuz ihnen seine wahre Botschaft vermitteln: Es wird sich nicht als der Gipfel des Leids darbieten, sondern als das Zeichen der größten Liebe – der Liebe des *Vaters*, der die Menschen so sehr geliebt hat, dass er ihnen *seinen Sohn geschenkt* hat; der Liebe des Sohnes für Seinen Vater, der Liebe des Erlösers für die Menschen, Seine Brüder: *„Es gibt keine größere Liebe, als sein Leben für jene, die man liebt, hinzugeben."*

Gipfel der Freude auch, ja, der wunderbarsten Freude, denn Christus hat es gesagt: *„Mehr Freude liegt im Geben als im Empfangen."*

„Christus lebt in mir"

Das christliche Gebet ist nicht einfach ein Tun des Menschen, es ist eine geheimnisvolle, göttliche Wirklichkeit: das Gebet des Gottessohnes selbst, das im Herzen des Menschen eingepflanzt ist.

Ob wir es wissen oder nicht: Wir sind in der Gegenwart des Gebetes Christi. Anbeten heißt, unseren Platz im Herz des betenden Christus wieder einzunehmen. (1. „Ich habe für dich gebetet") – In Stunden der Entmutigung, der Nachlässigkeit oder der Verwirrung, wenn die Quellen des Gebets versiegt sind, bleibt ein Gebet immer möglich: das Gebet, bei dem wir Christus bitten, sich für uns, in unserem Namen an den *Vater* zu wenden. (2. Für uns betet er ohne Unterlass) – Aber Christus will noch mehr. Nicht zufrieden damit, für uns zu beten, will er sich mit uns in der Liebe vereinen, damit wir aus Seinem Leben heraus leben und aus Seinem Gebet heraus beten. (3. „Wenn du die Gabe Gottes kennen würdest!") – Beten besteht also darin, uns völlig den heiligenden Energien des verherrlichten Christus auszuliefern, der ohne Unterlass am Werk ist, aus allen Geschöpfen einen riesigen und einzigen Leib zu schaffen, einen Leib, der in Seinem Sohnesgebet ganz mitschwingt. (4. „Und Christus wird dich erleuchten") – So ist das Gebet jedes Christen, wie armselig auch immer es zu sein scheint, das Gebet des geliebten *Sohnes* selbst, welches der *Vater* anerkennt. (5. Nicht mehr ich bete …) – Dieses Gebet Christi in uns ist ein Same in den Dornen. An uns ist es, sein Wachsen zu begünstigen, indem wir die in uns wuchernden Gedanken und Wünsche zurückschneiden, die den Samen ständig zu ersticken drohen. (6. Ein Samenkorn unter den Dornen) – Nach und nach und im Maß, in dem wir mit all unserem Verstand und unserem ganzen Herzen dabei bleiben, wird das Gebet Christi intensiver und ergreift unser ganzes Sein. (7. Christus betet in mir) – Beten besteht folglich nicht so sehr darin, ein Gebet hervorzubringen, sondern sich einem ganz und gar bereits gemachten Gebet, dem lebendigen Gebet Christi, beizugesellen. (8. Sein Gebet ist mein Gebet) – Dieses, von der kindlichen Zartheit des *Sohnes* für Seinen *Vater* durchflutete Gebet ist einfach da; und es bringt uns dazu, uns mit unvorstellbar kühnen Worten an ihn zu wenden: Abba, geliebter *Vater*! (9. Geliebter *Vater* …) – Dem Heiligen Geist kommt es zu, uns mit Christus so zu vereinen, dass wir wahrhaftig sagen können: Ich lebe, ich bete, aber nicht mehr ich bin es, sondern Christus lebt und betet in mir. (10. Veni)

41 „Ich habe für dich gebetet"

Ich habe eine gewisse Scheu, Ihnen zu schreiben. Angesichts mancher Not kann man kaum mehr tun, als zu beten und zu schweigen: Der kleinste Rat läuft Gefahr, mehr Schlechtes als Gutes zu bewirken. Es ist so leicht, Ratschläge zu erteilen …

So beschränke ich mich darauf, Ihnen in meinen Worten zu berichten, was mir eines Tages ein betagter Missionar anvertraut hat, der vierzig Lebensjahre im Busch hinter sich hatte.

Er ruhte sich damals einige Monate bei seinem Bruder in einem Bauernhof im Hochjura aus. Während unserer Spaziergänge in dieser kargen und schönen, aus Viehweiden und Fichtenwäldern bestehenden

Gegend erzählte er mir mit erstaunlichem Elan seine Erinnerungen von seinem Leben im Busch; es war aufregender als ein Abenteuerroman. Eines Tages wurde er plötzlich ernst, um eine Episode seines Lebens anzusprechen, die er mir wahrscheinlich nicht anvertraut hätte, wenn ich ihn nicht nach dem Platz des Gebets im Leben eines Missionars gefragt hätte.

Er sagte: „Ich war seit sechs Jahren in der Missionsstation, als plötzlich eine steigende Flut der Versuchung sich meiner wie eines Boots bemächtigt, das am Ufer verlassen daliegt. Unwiderstehlich packt sie mich, hebt mich empor, wirft mich nieder, ergreift mich wieder … Ich versuche zu beten; es gelingt mir nicht: Das verzweifelte Kind will zu seinem Vater und kann es nicht.

Ich weiß nicht, wie und warum nach mehreren Tagen eines erschöpfenden Kampfs ein Gebet buchstäblich aus mir herausbrach, so wie der Fasan da gerade plötzlich aus dem Gebüsch aufgeflogen ist. Ich habe zu Christus geschrien: ‚Du siehst doch, dass ich nicht mehr beten kann! Jetzt musst du etwas tun! Bete für mich, so bete doch für mich!'

Fast sofort ist Ruhe eingekehrt. Ich konnte es nicht glauben. Ich habe es zunächst für die Ruhe vor einem noch schrecklicheren Sturm gehalten. Dann stellte sich ziemlich schnell die unabweisbare Sicherheit ein, dass ich erhört worden war, dass Christus zu mir wie zu Petrus das wunderbar beruhigende Wort sagte: ‚*Ich habe für dich gebetet, auf dass dein Glaube fest werde, dann stärke du deine Brüder.*' Natürlich habe ich in der Folge andere Stunden der Versuchung gekannt, aber niemals mehr das beängstigende Gefühl, der Spielball eines wütenden und allmächtigen Sturms zu sein.

Worte geben schlecht die Intensität dieser Erfahrung wieder. Ich kann nicht vermitteln, wie spontan, wie gewalttätig und, ich sollte sagen, befehlsartig ich zu Christus geschrien habe: ‚Jetzt bete doch für mich.'

Wenn Sie wüssten, was für ein Unterschied ist zwischen dem, was man in den Büchern gelernt hat, dass Christus für alle Menschen betet, und dem, was man dann plötzlich, mitten in vollster Verzweiflung entdeckt: dass er da ist, jemand Wirkliches an meiner Seite, der an dem Ort und der Stelle meines versagenden Gebets als Er, als der geliebte *Sohn*, für mich betet, persönlich für mich beim *Vater* eintritt!

‚*Ich habe für dich gebetet.*' In den schlimmsten Stunden genügte es, mir diese Worte in Erinnerung zu rufen, um den Frieden am Grund meiner Seele wiederzufinden."

42 Für uns betet er ohne Unterlass

Es besteht kein Anlass, sich zu beunruhigen, wenn Sie am Ende Ihres Gebetes merken, dass Sie weder für Ihren Gatten noch für Ihre Kinder ausdrücklich gebetet haben. Sich mit Gott beschäftigen heißt nie, die Seinen vernachlässigen; was man ihm gibt, wird den Anderen niemals entzogen. Damit will ich nicht sagen, dass es nutzlos wäre, für die zu beten, die wir liebhaben. Ich glaube sogar, dass es eine gebieterische Pflicht ist; das Beispiel Christi lässt uns keinen Zweifel darüber. Aber bitte haben Sie keine Skrupel, wenn Ihr Gebet so hinging, als gebe es nur Gott und Sie allein. Ist das übrigens nicht die beste Art, für die Ihren zu beten: alles, sie eingerechnet, zu vergessen, um weiter in die Erkenntnis Gottes vorzudringen, tiefer in die Vertrautheit mit ihm? Glauben Sie, dass Gott diejenigen, die Sie zu vergessen fürchten, nicht in Ihrem Frauen- und Mutterherzen als Anwesende zu finden weiß? Sie weilen näher bei Gott: Das heißt: Auch die Ihren sind näher bei ihm. Der kleine „mystische Leib", den Ihre Familie darstellt, er als ganzer sucht durch Ihr Gebet Gott und singt sein Lob; er schöpft durch Sie im Gebet aus der Quelle.

Wenn Sie recht verstehen, was ich Ihnen hier sage, sind Sie sehr nahe daran, zu einem höheren Geheimnis zu gelangen, zum Geheimnis des Gebetes Christi. Wie der Vater in Ihrer Seele all die zu finden weiß, die Sie lieben, ebenso sieht er in dem unergründlichen Herzen seines betenden Sohnes all die Menschen, für die dieser Sohn sein Leben hingegeben hat. Deshalb ist das Gebet Christi so wichtig für uns. In seinem Gebet sind wir es, die dem Vater nahen und ihn preisen. In ihm werden wir getränkt mit Heiligem Geist, von dem uns die Geheime Offenbarung lehrt, dass er wie ein Strom lebendigen Wassers aus der ewigen Liebe zwischen Vater und Sohn hervorquillt. Wenn das Gebet einer Mutter schon die große Hilfe ist, mit wie viel mehr Grund ist dann das Gebet Christi unser unvergleichlicher Reichtum. Welche Sicherheit müssten wir haben, wenn wir wirklich glaubten, dass der verherrlichte Christus so, wie uns im Hebräerbrief versichert wird, zur Rechten des Vaters ohne Unterlass für uns bittet (Hebr 7,25)!

Beten heißt, sich mit Christi Gebet vereinigen, und das heißt, erneut unsern Platz im Herzen Christi einnehmen, wenn er betend hintritt zum Vater.

43 „Wenn du die Gabe Gottes kennen würdest"

Vergessen Sie nie, dass man, um auf Gott zuzugehen, dies über Christus tun muss. „Über Christus auf Gott zugehen": Das Wort darf Sie nicht in die Irre führen: Es geht nicht darum, Christus zu überholen, um zu Gott zu kommen, wie wenn Gott uns jenseits von Christus erwartete. Wir können den *Vater* nur durch Christus, mit Christus und *in* Christus finden. Niemals auch kann man etwas Besseres tun als Christus zu lieben. Aus diesem Grund brauchen Sie auch keine Angst zu haben, dass Ihr Gebet, das nach Ihren Worten ein Dialog mit Christus ist, Sie weit weg vom *Vater* hält. – *„Weißt du nicht, Philippus, dass der, welcher mich sieht, auch meinen Vater sieht?"* – Lassen Sie sich also von dieser Freundschaft Christi umhüllen, ergreifen, durchdringen, die in Ihrem Leben so unerwartet aufgetaucht ist. Aber verstehen Sie sie richtig.

Sie werden dort all den Reichtum der Freundschaft zwischen Menschen finden, denn Christus ist wirklich Mensch; seine menschliche Natur ist nicht einfach eine für eine begrenzte Zeit angezogene und nach 33 Jahren irdischen Lebens wieder abgestreifte Verkleidung. Der Sohn Gottes ist *wirklich Fleisch geworden*, und er liebt uns mit einem Herzen aus Fleisch und Blut und nicht mit der Liebe einer anderen Welt, von der man sich fragen könnte, worin sie bestehe. Oder besser: Ja, er liebt uns mit einer ganz anderen Liebe als der menschlichen, mit einer göttlichen Liebe; aber diese Liebe hat, um sich verständlich zu machen, ein Menschenherz angenommen und sich in Menschensprache ausgedrückt – verstehen Sie das Wort Sprache im vollsten Sinn: Er hat uns nicht nur seine Liebe mit Worten versichert (*„Ich nenne euch nicht Diener, sondern Freunde"*, nach Joh 15,15), sondern er hat sie uns durch sein Verhalten und sein Handeln offenbart.

Erinnern Sie sich: Frauen kommen zu Jesus, drängen ihre Kinder zu ihm hin, damit er sie segne; die Apostel, die seriöse Leute sind, die keine Zeit zu verlieren haben, tadeln sie, als Jesus sich die verblüfften Gören schnappt, sie wie zum Zeichen des Protests in die Arme nimmt: Warum wollt ihr mir diese zarte Freude nehmen, durch Blick und Stimme mit diesen Kleinen zu sprechen (Mk 10,13–16)? Handelt es sich da nicht um eine authentische menschliche Zärtlichkeit, die sich in diese Reaktion Christi übersetzt. Und wenn Lukas uns die Mitleid erregende Menge zeigt, die den einzigen Sohn einer Witwe zum Friedhof brachte, und Lukas uns sagt, dass er *„von Mitleid ergriffen"* wurde, wie kann man bezweifeln, dass diese in Tränen aufgelöste

Mutter Christus tief bewegt hat (Lk 7,11–17)? Noch aufschlussreicher ist die vom heiligen Johannes berichtete Szene: Jesus ist im Angesicht Marias, die wegen des Kummers über den Tod ihres Bruders ganz fassungslos ist, *„im Innersten erschüttert"* … Er *„weint"*; und die Juden, die all das ganz richtig erfassen, sagen: *„Seht, wie lieb er ihn hatte."*

Wie menschlich erscheint uns auf so vielen Seiten des Evangeliums das Herz Christi! Soviel menschlicher als das unsere, das es ziemlich schwer hat, die stimmige Mitte zwischen dem Allzu-Menschlichen eines schnell aus den Fugen geratenden Gefühlslebens und dem Unmenschlichen einer Beherrschung seiner selbst zu finden, das sich hart macht, um nicht nachzugeben.

Ihr Glaube soll sich folglich, wenn Sie sich Christus im Gebet nähern, darin üben, seine Freundschaft anzuerkennen, soll mit Erstaunen die unergründbaren Quellen Seiner Zärtlichkeit vor sich sehen: Da er Sie liebt, wünscht er sich Ihre Gegenwart; er kann bei Ihrem Kommen unmöglich nicht vor Freude springen; da er Sie liebt, ist er voller Ungeduld, Sie mit Seinen Gütern zu erfüllen; er Selbst hat es auf Grund eigener Erfahrung gesagt: *„Größere Freude ist es zu geben als zu empfangen."* Und größere Freude macht es zu vergeben als zu geben. Da er Sie liebt, macht er sich Ihnen nahe, und das im Vollsinn des Worts: Er tritt in Kommunion mit all Ihren Empfindungen.

Trauen Sie sich zu glauben, dass sich in der Liebe, die Christus für uns hat, alle Register der menschlichen Liebe wiederfinden; dass sie vor lauter Leben vibriert, herzlich, warmherzig, drängend, verständnisvoll ist. So geben Sie der Wahrheit der Inkarnation die Ehre. Genau das hat Graham Greene nicht gesehen, als er in *Die Kraft und die Herrlichkeit* schrieb: „Gottes Liebe! Sie zündete einen Busch in der Wüste an, nicht? Und riss Gräber auf und ließ durch seine Macht die Toten im Dunkeln wandeln! Oh, ein Mensch wie ich würde eine Meile weit davonlaufen, wenn er diese Liebe um sich fühlte." Das ist bewundernswert gut formuliert und ist in gewisser Hinsicht wahr; aber dem Autor ist entgangen, dass diese Liebe, gerade um sich uns zu nähern, ohne uns zu verletzen, um uns mit sich vertraut zu machen – um uns, so will ich es gerne ausdrücken, zu füttern –, uns ihre Herrlichkeit offenbart hat, aber gefiltert durch das Gesicht eines Menschen; sie hat uns dessen Reichtum mitgeteilt, aber durch das Herz eines Menschen.

Halten Sie dem nicht entgegen, dass Christus auferstanden ist. Wenn die Auferstehung ihn von der Knechtschaft eines sterblichen Fleisches befreit hat: von Müdigkeit und Durst, von Traurigkeit und Angst, so hat sie ihn nicht seines zärtlichen und großzügigen Menschseins beraubt. Die Herrlichkeit zerstört die Natur nicht, sondern sie vervollkommnet sie.

Man muss zu Christus auch mit dem Vertrauen jener Kinder Palästinas hingehen, die sich durch die ablehnenden Gesten der Apostel nicht entmutigen ließen.

Hüten wir uns jedoch davor, bei ihm nur eine Freundschaft nach wunderbar menschlichem Muster zu suchen. Er bietet uns mehr; wir müssen folglich auch mehr erhoffen, wenn wir zu ihm kommen.

„Wenn Freundschaft nicht Gleichheit vorfindet, stellt sie diese her." Christus hat diesem alten Wort recht gegeben: Die Liebe des Sohnes Gottes ist ihm Auftrag, uns an der unvergleichlichen, ihm eigenen Würde Anteil haben zu lassen. Er will aus uns, diesen Erdenkindern, die wir sind, Kinder Gottes machen. Aber dazu müssen wir wiedergeboren werden; wiedergeboren durch das *Wasser* und den *Geist*; uns dem vergöttlichenden Handeln Christi durch den Empfang der Sakramente und durch das Gebet öffnen; wiedergeboren werden, aber nicht einmal, sondern jeden Tag und jeden Augenblick. Aus diesem Grund ist es tödlich, sich von Christus zu trennen, aus diesem Grund müssen wir den Kontakt zu ihm behalten, jenen Kontakt, den allein die Liebe herstellt, den nur sie erhält. Jenen Kontakt, dessen bevorzugtes Moment das Gebet ist.

Wieso müssen die Christen es derart schwer haben, die Verbindung zwischen jenen beiden grundlegenden Haltungen Christus gegenüber herzustellen: jener Haltung, die in ihm den Bruder sieht, den von Herzen verständnisvollen und großzügigen Freund, und jene andere, die den ewigen Sohn Gottes, die Quelle aller Heiligkeit ins Auge fasst? Christus ist völlig gleichzeitig Mensch und Gott. Da gibt es nichts zu trennen und zu wählen, wo man sich einmal auf die Freundschaft des Menschen bezieht, dann wieder auf sein vergöttlichendes Handeln, wo man von einem zum anderen wandert.

Da die Gnade Sie dazu bringt, die Freundschaft Christi zu suchen, zögern Sie nicht; nähern Sie sich ihm, bieten Sie sich der Liebe seines sanften und demütigen Herzens dar. Und gehen Sie nirgendwo anders hin, um die höchsten Gaben Gottes zu finden: die menschliche Zärtlichkeit Christi ist es, durch die sich der Sturzbach des Lebens Gottes in Sie ergießen wird. Denn das ist es, was die Liebe Gottes „erfunden" hat: Durch ein Herz aus Fleisch und Blut, durch das Herz Christi hat Gott entschieden, uns das Leben zu übermitteln, das ewig aus dem Herzen der seligen Dreifaltigkeit entspringt.

44 „Und Christus wird dich erleuchten"

Ihr Brief liegt auf meinem Schreibtisch. Ich zögerte mit der Antwort. Der Besuch eines Freundes hilft mir aus der Verlegenheit: Seine Erfahrung scheint mir tatsächlich geeignet, Ihnen Klarheit zu bringen.

Seit einem Jahr hatte ich ihn nicht mehr gesehen; denn er wohnt in Südfrankreich und kommt selten nach Paris. Bei seinem letzten Besuch hatte er mir anvertraut, dass er sich im Gebet übe, aber es gehe nicht mühelos. Er ist treu geblieben: Jeden Tag widmet er ihm eine halbe Stunde trotz seines überlasteten Lebens als praktischer Arzt und Familienvater. „Es ist meine Kraft und hält mich im Gleichgewicht", sagte er mir. – „Ich erinnere mich aber, dass es im letzten Jahr, nach Ihren Worten, eine harte und fruchtlose Anstrengung war. Woher kommt der Wandel?" – „Vom heiligen Paulus. Ich meine: vom Lesen der immer wieder vorgenommenen Gefangenschaftsbriefe an die Epheser und an die Kolosser." Ich war gespannt und ließ ihn lange sprechen. Ich möchte seinen Ton überzeugten und überzeugenden Eifers wiedergeben können, um Ihnen zu zeigen, wie das am Lebensabend in einem römischen Gefängnis zu wunderbarer Reife gelangte Denken des Apostels Ihr Gebet erleuchten und führen könnte.

Einmal mehr ist es der Widerstand, die drohende Häresie, was das Denken des heiligen Paulus in Erregung versetzt hat und es zu neuen Gipfeln aufsteigen lässt. In Kolossä sind einige Gläubige durch vermessene, von hellenistischen Philosophen angeregte Spekulationen versucht worden; sie schreiben himmlischen Mittelwesen zwischen Gott und Mensch große Macht über den Weltlauf zu. Diese Lehren sind dazu angetan, die Stellung Christi zu verdunkeln. Wer aber die absolute Herrschaft Christi in Zweifel zieht, trifft den heiligen Paulus an seiner empfindlichsten Stelle. Sofort vibriert sein Denken und beginnt zu arbeiten. Er dringt, als hätte er es noch nie getan, in das Geheimnis und die Sendung seines Herrn ein, er baut eine gewaltige Gesamtschau auf. Und da er zu einem bis dahin nie erreichten Gipfel gelangt ist, hält er inne in seiner staunenden Betrachtung der neuen, unermesslich erweiterten Horizonte.

Im Mittelpunkt seiner Schau steht die siegreiche, verherrlichte Menschheit Christi, *„in der die Fülle der Gottheit wohnt"*. Diese Menschheit strahlt über unser Universum hin, ist seine geistliche Sonne, kein Mensch kann sich ihrem Einstrahl entziehen.

Die ganze heiligende Kraft der Gottheit ist wie gesammelt in diesem auferstandenen Christus; gesammelt, aber nicht gefangen. Gesammelt, um sich unendlich auszubreiten, um alle Menschen zu ergreifen, die sich seinem Wirken anheimgeben, um aus ihnen neue, vergöttlichte Wesen zu schaffen und mit ihnen allen einen unermesslichen „Leib" zu bilden, durchbebt vom Geiste des „Sohnes" und von dem Gebet, das dieser „Geist" ihm einhaucht: *„Vater, Vater!"*

Ich sage: alle Menschen, aber es ist das Universum selbst, als ganzes, das der heilige Paulus dem Einfluss Christi unterworfen, unter seine Lebensherrschaft gestellt sieht. Diese göttliche Macht, die in der verherrlichten Menschheit Christi gesammelt ist, will sich bis zu den äußersten Grenzen des Kosmos ausdehnen, um sich alles zu eigen zu machen und alles mit sich hinzuführen zum Vater.

Das sind die Gesichtspunkte, die das Gebet meines Freundes verwandelt haben. Wenn wir diese große paulinische Schau vor Augen haben, genauer, wenn wir wissen, dass wir immer und überall in der Gegenwart des verherrlichten Christus sind, dann besteht Beten im Wesentlichen darin, sich seinem unaufhörlichen Wirken und seiner ergreifenden Macht mit wachem Verstand und offenem Herzen hinzugeben, sich restlos auszuliefern. Der Baum ernährt sich mithilfe seines Chlorophylls vom Licht; die Seele empfängt durch das Gebet von Christus ihre Nahrung, ihren Halt, ihre Einheit, „um ihr Wachstum in Gott" zu wirken. Und allmählich werden alle Bereiche unserer inneren Welt von der Lebensenergie dessen durchdrungen und erobert, der „alles in allem" sein will. Möchten doch diese Gesichtspunkte auch für Sie eine große Hilfe sein. Ich schließe mit diesem Vers aus dem Epheserbrief, den man für ein Fragment eines urkirchlichen Hymnus hält:

„Wach auf, du Schläfer,
steh auf von den Toten,
und Christus wird dich erleuchten."

45 Nicht mehr ich bete...

Sehr gut verstehe ich das Gefühl, das Sie hat schreiben lassen: „Mein tägliches Beten kommt mir vor wie ein Hohn. Ich kann mir nicht vorstellen, dass dieses stammelnde Gebet eines winzigen Geschöpfes den vollkommenen Gott interessiert." Sie haben ein ausgeprägtes Bewusstsein vom Elend des Geschöpfes und von der Majestät Gottes; dies ist eine wichtige und wesentliche Einsicht des Glaubens, bei der sicherlich Gnade mitgewirkt hat. Aber Sie sollten heute noch eine andere Glaubenswahrheit erkennen, damit Sie von Ihrem täglichen Gebet, so armselig es Ihnen erscheinen mag, eine hohe Auffassung bekommen.

Nehmen wir doch zuerst einmal ein wenig Abstand. Bevor wir von Ihrem Gebet handeln, wollen wir vom Gebet Christi reden. An einer Stelle, die mir teuer ist, rühmt Bérulle das einzigartige Gebet Jesu Christi: „Von Ewigkeit her gab es wohl einen unendlich anbetungswürdigen Gott, aber es gab noch keinen unendlichen Anbeter; es gab wohl einen Gott, der würdig war, dass man ihn unendlich liebte und ihm diente; aber es gab keinen unendlichen Menschen oder Diener, der geeignet gewesen wäre, auch unendlich zu dienen und zu lieben. Jetzt bist du, Jesus, dieser Anbeter, dieser Mensch, dieser Diener, unendlich an Macht, Wert, Würde, um dieser Pflicht völlig Genüge zu tun und diese göttliche Huldigung zu erweisen. Du bist dieser liebende, anbetende Mensch, der der höchsten Majestät so dient, wie sie würdig ist, geliebt, angebetet und verehrt zu werden."

Dieser Text lässt uns an Jesus denken, wie er sich in die Einsamkeit der Berge zurückzieht, um nächtens zu beten; und vor allem an Golgotha, wo der vollkommene Anbeter Gott einen vollkommenen Kult dargebracht hat.

Man wird sich fragen: Hat dieser vollkommene Gottesdienst des Sohnes, das Gebet Jesu, nicht das Gebet der Menschen überflüssig gemacht, es endgültig ersetzt?

Wir können vorerst antworten, dass dieses Gebet Christi keineswegs die menschlichen Gebete beseitigt, all die stammelnden Gebete seit dem Ursprung der Menschheit, all die Opfer aller Religionen und Zeiten – es zieht sie an sich, nimmt sie in sich auf, bietet sie Gott dar und lässt sie in sich, in Jesu Gebet, einen Sinn und eine wunderbare Auswirkung finden.

Doch es gibt eine Antwort, die noch herrlicher ist. Christus will, dass sein Gebet überall im Weltall von den Urwäldern am Äquator bis zum Polarkreis, vom äußersten Orient bis zum äußersten Okzident widerhallt. Er will, dass der bescheidenste Christ im Gebet weit Besseres zu bieten habe als zögernde Worte und unbeholfene Regungen, er soll über das Gebet des Gottessohnes verfügen. Er will, dass alle Menschen sich sein Gebet aneignen, es zu dem Ihren machen und Gott darbringen.

Damit nicht genug. Jesus Christus will nicht bloß, dass sein Gebet uns gehöre wie ein Vermögen in unseren Händen, über das wir verfügen können; er will, dass es eingepflanzt, einverleibt werde in die tiefste Tiefe unseres Selbst, in die Wurzel unseres Seins, als Seele unserer Seele, damit wir in aller Wahrheit mit dem heiligen Paulus sprechen können: *„Ich lebe, doch nicht mehr ich ...“*; ich bete, doch nicht ich bin es, der betet; es ist Christus, der in mir betet; es ist der Geist des Sohnes, der Heilige Geist, der in mir den Ruf der Kindesliebe widerklingen lässt: *Abba*, Vater! So verdrängt Christi Gebet das des Menschen keineswegs, sondern steigert es auf wunderbare Weise.

Wie sich in der Osternacht das Licht der Osterkerze in der dunklen Kirche nach und nach den vielen kleinen Kerzen in den Händen der Gläubigen mitteilt, so gewinnt Christus durch die Taufe allmählich Menschen in der ganzen Welt und lässt aus ihren Seelen sein Kindesgebet aufsteigen.

In allen Getauften erkennt der Vater seinen Sohn; in ihrem Gebet, dem scheinbar so lächerlichen, hört der Vater das Gebet seines Sohnes.

46 Ein Samenkorn unter den Dornen

Ich kann Ihre Absicht, beten zu lernen und sich Rat in den Werken großer geistlicher Menschen zu suchen, gar nicht genug gutheißen. Aber ich meine, in Ihrem Eifer auch ein gewisses Fieber zu erkennen, ein gewisses Übermaß. Sie handeln anscheinend so, als wäre das Gebet eine Errungenschaft des Menschen, während es doch in erster Linie eine Gnade Christi ist.

Er ist zu uns gekommen, um uns beten zu lehren; nicht allein, um uns eine Gebetsformel zu geben, und wäre es die beste Gebetsformel, das *Vaterunser*, sondern um uns sein eigenes Beten zu lehren, das, bevor es Wort auf den Lippen wurde, Ergriffenheit seiner Seele ist, Lobpreis, kindliche Liebe, Fürbitte. Was sage ich: uns zu lehren? Uns vielmehr teilnehmen zu lassen, uns sein Gebet einzuflößen. Er hört nicht auf, eine unsichtbare Sendung an uns zu erfüllen, die darin besteht, dieses Gebet in unsere Herzen einzupflanzen, das einzige, das beim Vater wahrhaft Gehör finden kann.

Jeder Mensch im Stand der Gnade verfügt über *die Möglichkeit* des Beten-Könnens. Es genügt, dass er sie in den *Akt* des Betens überführt, damit das Gebet Christi sich in ihm und durch ihn zum Vater aufschwinge.

Aber dieses Gebet Christi, zu dem die Taufe uns befähigt, ist in uns ein Same; wie das Samenkorn der Parabel, das als kleinstes von allen ein großer Baum werden kann. Halten Sie mir nicht entgegen, dass dieses Gleichnis sich nicht auf das Gebet Christi in der Seele, sondern auf das Reich Gottes in der Welt bezieht. Sie wissen doch, dass das Reich Gottes die Anwesenheit Christi ist, der Einfluss Christi auf den Teil der Menschheit, der sich ihm hingibt – also auch auf Ihre Seele. Wahrlich, wer Anwesenheit Christi sagt, Leben Christi, der sagt auch Gebet Christi, denn für ihn heißt leben: beten.

Wenn also Christi Gebet in uns ist, Samenkorn unter den Dornen, dann muss der Anfang unseres Betens wesentlich darin bestehen, uns dieses Gebet bewusst zu machen und sein Wachstum zu fördern.

Doch seien wir bescheiden: Nicht die Erde ist's, die das Samenkorn erzeugt; nicht der Tatendrang des Gärtners ist's, der die Blumen und Früchte hervorbringt. Erde und Gärtner schaffen höchstens die Bedingungen und die zum Sprießen und Wachsen der Pflanzen erforderlichen Grundstoffe. Nicht der Christ bewirkt das Gebet, dieses Gebet, das allein dem Vater gefällt, das Gebet des Sohnes; es ist Gabe Gottes.

Doch es verkümmert, wenn wir ihm nicht mit unserem ganzen Wesen anhangen und mitwirken, wenn wir nicht zu den Sakramenten, die es nähren, unsere Zuflucht nehmen.

Es erstickt in den Dornen, wenn wir beim Beten nicht diesen lästigen Wildwuchs von Gedanken, Empfindungen, Gefühlen und aufschießenden Wünschen beschneiden.

Wenn wir aber tun, was uns zukommt, brauchen wir uns nicht so sehr zu hetzen und zu beunruhigen. *„Mit dem Reich Gottes ist es wie mit einem Mann, der Samen aufs Land streute; mag er nun schlafen oder wachen, bei Nacht wie bei Tag sprosst der Same und wächst, ohne dass er es merkt“* (Mk 4,26–27). Haben wir Vertrauen! Glauben wir an das Gebet Christi in uns, mit diesem Glauben des Bauern, der an den Samen glaubt. Haben wir auch die Geduld eines Bauern, der, um zu ernten und in die Scheune zu bringen, auf den Sommer warten kann.

47 Christus betet in mir

Vollziehen Sie gleich zu Beginn Ihres Gebetes einen Akt des Glaubens an die geheimnisvolle Gegenwart Christi in Ihnen, die uns die Schrift verbürgt: *„Ihr werdet erkennen, dass ich in meinem Vater bin und dass ihr* *in mir seid und ich in euch bin"* (Joh 14,20). *„Christus wohnt in euren Herzen durch den Glauben"* (Eph 3,17).

Wenn Christus in Ihnen lebt, betet er auch in Ihnen. Denn für Christus heißt Leben Beten. Verbinden Sie sich mit ihm: Ergreifen Sie sein Gebet, eignen Sie sich's an. Oder besser – denn die Ausdrücke, die ich gebraucht habe, legen zu viel Nachdruck auf Ihre Aktivität –, lassen Sie sich von diesem Gebet ergreifen, es einsickern, Sie aufheben und hinziehen zum Vater. Ich verspreche Ihnen nicht, dass Sie es wahrnehmen werden. Ich bitte Sie nur, daran zu glauben und während des Betens ihm Ihr ganzes Ja zu geben und es zu erneuern. Überlassen Sie ihm den Raum, den ganzen Raum, damit er sich aller Fasern Ihres Wesens bemächtige, wie das Feuer in das Holz eindringt und es weißglühend macht.

Beten heißt, die Bitte, die Christus an uns richtet, erhören: „Gib mir deinen Verstand, dein Herz, dein ganzes Sein, alles, was im Menschen geeignet ist, Gebet zu werden, damit ich aus dir das große Lob Gottes gestalten kann. Bin ich denn nicht gekommen, um Feuer auf Erden zu entzünden, damit es sich immer mehr ausbreite und alle Bäume des Waldes in lebendige Fackeln verwandle? Dieses Feuer ist mein Gebet. Willige ein in das Feuer."

Christus ist in dem kleinen Getauften wie im großen Mystiker gegenwärtig. Aber das Leben Christi steht nicht in jedem auf der gleichen Entwicklungsstufe. Wenn sich in der Seele des Neugetauften schon Christi Gebet regt, so ist es hier doch nur ein Keim, ein Funke. Im Laufe unseres ganzen Lebens entfaltet es sich in dem Maße, als wir mitwirken, und ergreift von unserem ganzen Wesen Besitz.

Unser Mitwirken besteht zunächst darin, mit unserem tiefsten Wollen dem Gebet Christi in uns zuzustimmen. Aber achten Sie auf die Bedeutung, die ich dem Wort „zustimmen" gebe: Es bezeichnet kein schwaches Zugeben, keine leichthin gesprochene Einwilligung, sondern eine Ganzhingabe, so wie das Holzscheit, wenn es an der

Reihe ist, sich der Flamme hingibt, um Feuer zu werden. Es besteht auch darin, uns mit unserer ganzen Einsicht um den Inhalt des Gebetes Christi in uns zu bemühen, seine großen Elemente: Lob, Danksagung, Opfer, Fürbitte, um sie uns vollkommener anzueignen. – Sie fragten mich nach Gegenständen der Betrachtung, ich kenne nichts Besseres.

Dieses Gebet Christi in uns, das der Glaube uns verbürgt und die Betrachtung uns tiefer erfassen lässt, bleibt dem Betenden lange verborgen. Doch eines Tages – es braucht nicht notwendig während des Betens zu sein – entdecken wir es in unserer Seele. Dann schweigen wir, fürchten, es zu verscheuchen, wie man Angst hat, einen Vogel zu verscheuchen, der sich eben auf das Fensterbrett gesetzt hat … Dann plötzlich werden wir gewahr, dass es verschwunden ist, wir wissen nicht wie, vielleicht während einer Sekunde der Unaufmerksamkeit. Wir sind traurig. Es war wunderbar, dieses Gebet in der Tiefe unseres Wesens zu finden. Wir hatten gehofft, es dort wiederzufinden, schon gegenwärtig beim Erwachen am Morgen und während des Tages, wenn wir unsere Beschäftigung unterbrechen würden. Wir dürfen nicht traurig werden: Das Gebet Christi ist immer da, sogar wenn wir es nicht merken. Durch den Glauben müssen wir dahin zurückfinden, und vor allem dürfen wir nicht von dem Gedanken beherrscht sein, während des Gebetes es erneut erfahren zu wollen. Uns fehlt die Gott schuldige Verehrung, wenn wir um der Gaben Gottes und nicht um Gottes selbst willen beten. Der Herr würde sich uns, seiner Verheißung gemäß (Joh 14,21), viel häufiger offenbaren, wenn wir nicht so sehr nach seinen Gaben als vielmehr nach ihm selbst begehren würden. Ohne Zweifel wird die Gnade, Christi Gebet in uns wahrzunehmen, wiederkehren. Vielleicht wird dieses Gebet sogar, wenn es sich uns eingewöhnt hat, sich uns nicht mehr entziehen, dies aber nicht, bevor wir darauf verzichtet haben, das ängstliche Vöglein festhalten zu wollen.

Ist die Seele völlig entäußert, sich selbst gestorben, dann wird sie erfahren, was der heilige Ignatius von Antiochien am Abend seines langen apostolischen Lebens auf dem Schiff, das ihn zum Martyrium führte, in seinem Brief an die Römer in unvergesslichen Worten schrieb: „Meine Leidenschaften sind gekreuzigt worden, und in mir ist kein Verlangen mehr nach den Dingen der Welt. Aber ein lebendiges Wasser murmelt in meinem Innern, das mir sagt: *Komm zum Vater.*"

48 Sein Gebet ist mein Gebet

Mich erfasst eine tiefe Traurigkeit in der Gegenwart jener Menschen, die gern beten möchten, die eine heimliche Nostalgie nach dem Gebet in sich tragen und die sich ohne Hoffnung geschlagen geben. Und die diese Nostalgie ihr ganzes Leben mit sich herumschleppen. Sie lassen mich an arme, verirrte Kinder denken, die den Weg zum elterlichen Haus nicht mehr finden.

Ich erinnere mich an jenen alten Priester, der mir erklärte: „Ich habe es nie verstanden zu beten", an viele Männer und Frauen, die mir immer wieder sagen: „Ich kann nicht anbeten"; „Warum soll ich stur dabei bleiben, ich erreiche damit sowieso nichts …"; „Habe ich jemals wirklich gebetet?"

Werden Sie nun ihrerseits die Zahl derjenigen vergrößern, die vom Gebet entmutigt sind?

Sie müssen begreifen, dass es nicht so sehr darum geht, Gebete hervorzubringen, sondern sich mit einem Gebet zu vereinen, das sich in seiner Gänze in Ihrem Inneren bereits befindet. Das christliche Gebet ist in erster Linie nicht Werk des Menschen, sondern Werk Gottes im Menschen. Seit dem Tag Ihrer Taufe und ab dem Augenblick, in dem Sie sich im Stand der Gnade befinden, ist das Gebet in Ihnen. Gewiss nicht auf der Ebene des Fühlbaren, der Empfindungen oder der Ideen, sondern viel tiefer in jener innersten Zone Ihres Seins, in jener inneren Krypta, in welcher der Heilige Geist wohnt. Wissen Sie nicht, dass Sie ein Tempel des Heiligen Geistes sind (siehe 1 Kor 6,19), dass dieser, wie der heilige Paulus es uns versichert, Ihrer Schwäche zu Hilfe kommt, dass er, in Ihnen, mit *Seufzen, das wir nicht in Worte fassen können*, für Sie eintritt, dass sein Für-Sie-Eintreten der Sichtweise Gottes entspricht (Röm 8,26–27, EÜ)?

Dieser Heilige Geist ist der Geist Christi. Deshalb ist sein Gebet in Ihnen im Wesentlichen ein kindlicher Ruf, ein Ausbruch von Zärtlichkeit. Der heilige Paulus bestätigt es: Gott sandte *„den Geist seines Sohnes in unser Herz, den Geist, der ruft: Abba, Vater!"* (Gal 4,6). Und dieser „Abba" war im Volksmund der Schrei der Freude und Liebe der kleinen Kinder, die sich an den Hals ihres Vaters warfen: *Abba*, geliebter Vater!

Vielleicht sagen Sie mir nun: „Aber warum fordern Sie mich dann auf zu beten, wenn das Gebet schon als Ganzes und Beständiges in mir ist, wenn es nicht meine Angelegenheit, sondern die des Heiligen Geists ist?" Ja, es ist in Ihnen wie die Flamme der Öllampe. Erforderlich ist noch, dass das Öl diese Flamme nährt, sonst wird sie schwächer und erlischt. Und das Öl, welches in Ihnen das Gebet des Heiligen Geistes nährt, ist Ihre Liebe zu Gott.

Ich verstehe unter Liebe zu Gott nicht irgendeine religiöse Emotion, irgendein Gefühl, sondern jenes grundsätzliche Wollen, das sich am Willen und Handeln des Geists des *Herrn* in uns ausrichtet.

Es gibt beträchtliche Unterschiede bei den Christen, was diesen grundlegenden Willen angeht. Bei dem einen ist er implizit, schwach, zögerlich. Beim Heiligen ist er klar, fest, leidenschaftlich; intensiver Glaube und große Nächstenliebe treiben ihn an.

Die Qualität unseres Betens findet ihr Maß an der Qualität unserer Ausrichtung am Beten des Heiligen Geists in uns.

Und wenn es wesentlich ist, dem Gebet Zeit zu widmen, dann deshalb, weil unsere innere Ausrichtung an Gott im Lauf unserer

Aktivitäten inmitten der vielen Menschen und unter dem Einfluss der Sorgen, der Vergnügungen und der Mühen sehr schnell an Kraft verliert und abnimmt. Wenn wir zum Beten kommen, ist unser Inneres wie ein Schwarm Spatzen auf den umliegenden Bäumen und Büschen verstreut: Wir müssen uns wieder einfangen, uns einsammeln, uns sammeln. Das braucht Zeit. Aber dann, in dem Maß, in dem der Glaube an die Gegenwart Gottes sich in uns kräftigt, in dem unsere Liebe für ihn wirklicher wird, findet auch die grundlegende Ausrichtung auf Gott hin zu mehr Kraft.

Wahr ist, dass der Tag kommen muss, ich will nicht sagen: an dem man keine festgelegte Gebetszeit mehr braucht, aber an dem diese innerste Ausrichtung auf das Gebet des Geistes Christi in uns wirklich, lebendig, ununterbrochen da bleibt. Sie wird von keiner unserer Beschäftigungen gestört. Der Schwung des Heiligen Geists trägt uns dann, beflügelt uns, ob wir nun herumwandern, arbeiten oder reden – sogar, ob wir schlafen: *„Ich schlafe, aber mein Herz wacht"*, ruft die Braut im Hohelied (Hl 5,2).

Das ist das beständige Gebet, das Christus seinen Jüngern empfohlen hat: *„Betet ohne Unterlass"* (Lk 18,1), eine Empfehlung, die der heilige Paulus den Thessalonichern übermittelte: *„Freut euch zu jeder Zeit! Betet ohne Unterlass! Dankt für alles"* (1 Thess 5,16–18, EÜ).

Bei jenen, die zu diesem inneren und beständigen Gebet kommen, ist das Beten des Heiligen Geistes nicht mehr nur eine Glut unter der Asche, sondern eine Flamme, die das ganze Wesen erfasst. Ein Heiliger ist ein lebendes Gebet.

Begreifen Sie jetzt, was ich Ihnen zu Beginn meines Briefs sagte: Es geht nicht so sehr darum, Gebete hervorzubringen, als vielmehr darum, sich durch einen Akt des Glaubens mit dem Beten Christi, mit Seinem Geist „zusammenzutun" und daran festzuhalten. Wenn Sie das tun und mit Geduld, Mut, unerschütterlicher Hoffnung dabei bleiben, dann werden Sie mir, davon bin ich überzeugt, eines Tages aus Ihrer persönlichen Erfahrung heraus schreiben können: „Christus ist mein Leben; er betet nicht nur mit mir, sondern obendrein ‚in' mir und ‚durch' mich. Sein Gebet ist mein Gebet. Da sind nicht zwei einander gegenüberstehende Gebete, sondern da ist ein einziges Gebet, das vereint das Seine und das meine ist. Ein einziges Gebet zu zweit."

49 Geliebter Vater

„Gott hat den Geist seines Sohnes in unser Herz gesandt, den Geist, der ruft: Abba, *Vater!"* (Gal 4,6).

Wenn man über das christliche Gebet spricht, muss man immer auf diesen Vers des Briefs an die Galater zurückgreifen; er definiert seine geheime Natur. Aber man muss ihn sorgfältig lesen und nicht das wesentliche Wort übersehen. Wenn Paulus es für gut befunden hat, im griechischen Text das aramäische Wort *„abba"* zu bewahren, dann verdient das unsere Aufmerksamkeit. Er hätte dies nicht getan, wenn er den griechischen Begriff *patèr* für eine völlig exakte Übersetzung gehalten hätte.

Mehr oder weniger mit denselben Worten schreibt er auch an die Römer (8, 15, EÜ): *„Ihr habt den Geist empfangen, der euch zu Söhnen macht, den Geist, in dem wir rufen: Abba, Vater!"* Dasselbe Wort finden wir im Evangelium des heiligen Markus. Zur Stunde der unvorstellbaren Not Christi, im Garten Gethsemani, kommt es auf seine Lippen: *„Abba, Vater, alles ist dir möglich. Nimm diesen Kelch von mir"* (Mk 14,36, EÜ).

Auch manche der größten Exegeten ziehen aus der Verwendung dieses Begriffs durch Paulus und Markus den Schluss, dass die ersten christlichen Gemeinschaften dieses Wort mit großer Hingabe und unendlicher Verehrung bewahrten. Sie hatten keine Reliquien Christi. Sie hatten viel Besseres: eben jenes Wort, das, in seinem Dialog mit Gott, seinem Herz entsprang: Abba! Diesen ersten Christen war es, um zum *Vater* zu sprechen, eine Wohltat, eben jenes Wort der Muttersprache Jesu Christi zu verwenden. Aber nicht nur das Herz verlangte danach. In ihrem Wortbestand gab es keinen Begriff, der exakt die im Wort *abba* liegende Nuance ausdrücken konnte, diese Verkleinerungsform, derer sich die Kinder aramäischer Sprache bedienten, um sich an ihre Väter zu wenden. Es ist das Wort, das Jesus als Kind seinem von der Arbeit zurückkommenden Vater zurief: *abba, abba!* … Und dann hob der Schreiner mit seinen starken Armen den kleinen Jungen voll Freude hoch und umarmte ihn zärtlich. Wenn man die Nuance von Nähe und vertraulicher Zärtlichkeit dieses *abba* wiedergeben möchte, muss man es mit „mein geliebter Vater", „mein lieber Papa" übersetzen.

Verstehen Sie jetzt, warum dieses Wort der ursprünglichen Kirche teuer war? Die Apostel und die Jünger waren zutiefst beeindruckt, als sie Christus dieses Wort benutzen hörten, um zu dem „*Herrn des Himmels und der Erde*" zu beten (nach Gen 24,3). Welcher Jude hätte es gewagt, so den Gott anzurufen, dessen Heiligkeit die Seraphim und die Propheten erzittern ließ? Es kam wohl vor, dass man ihn „unseren Vater" nannte (in hebräisch *abinou, abunan* in aramäisch), seltener oder feierlicher „mein Vater" (*abi*), aber niemals, unter gar keinen Umständen hätte man einen Begriff solch schlichter Vertraulichkeit wie *abba* verwendet.

Das Wort *abba* zu verwenden, um sich an Gott zu wenden, war für Christus eine der Weisen, seine Gottessohnschaft vor den Seinen zum Ausdruck zu bringen und zu bekräftigen.

Aber Christus behielt diese kindlich-vertrauliche Nähe nicht wie ein Monopol für sich, er lehrte dasselbe auch seine Jünger. Der heilige Lukas und der heilige Matthäus liefern uns in ihren Evangelien jeder eine Version des Vaterunsers: Bei Lukas ist es kürzer, bei Matthäus ausgedehnter und feierlicher. Im Allgemeinen hält man die Version von

Lukas für die ursprünglichere, für jene, die Jesus selbst gelehrt hat. Sie beginnt so: „*Vater! Dein Name werde geheiligt. Dein Reich komme. Unser tägliches Brot …*" (11,2). Manche Exegeten denken, dass das erste Wort „*Abba!*, geliebter Vater" war. So können die Jünger sich wie ihr Meister mit kindlicher Zärtlichkeit an Gott wenden. Tatsächlich ist das ja die große Offenbarung, die Jesus Christus der Welt bringt: Jene, die an ihn glauben, sind Kinder Gottes – und dies nicht im metaphorischen Sinn, sondern wirklich. Denn sie sind „von Gott gezeugt", „aus Gott geboren", „seiner Natur teilhaftig".

Welch wunderbare Offenbarung! Die ersten Christen konnten zu Gott nicht „geliebter Vater" sagen, ohne dass ihr Herz vor Freude sprang. Und wir …?

Wer so betet, dem entgegnet Gott, wie er Jesus entgegnet hat: *„Du bist mein geliebter Sohn."*

Jesus hat mehr getan, als die Seinigen die Begriffe zu lehren, derer sie sich bedienen sollen, um zu beten. Seit dem Pfingsttag sendet er den Heiligen Geist, der am Herzensgrund jedes Christen *„abba!"* flüstert. Wenn wir im Inneren unserer selbst zu leben verstünden, könnten wir unmöglich seine Stimme nicht erkennen. Man muss davon ausgehen, dass die Briefempfänger des heiligen Paulus den Eingebungen des Heiligen Geists gegenüber sensibler geworden waren. Um sie daran zu erinnern, dass sie Söhne Gottes sind, zögert der Apostel nicht, ihnen in der Tat zu schreiben (ich paraphrasiere seinen Text kaum): Wenn ihr euch zum Gebet sammelt, entspringt dann nicht aus dem Grund eures Bewusstseins ein Wort, ein Ruf, nämlich: *„Abba!"*? Das darf euch nicht erstaunen; ihr habt den Heiligen Geist erhalten, und ihr wisst wohl, dass der Heilige Geist der Geist des *Sohnes* ist. Der Geist des Sohns bringt in euch die Empfindungen des Sohns hervor und bringt die Anrufung Jesu selbst auf eure Lippen: *Abba*, geliebter Vater! Könnt ihr euch einen besseren Beweis dafür wünschen, dass ihr Kinder Gottes seid?

Hat der heilige Matthäus in seiner Version des *Vaterunsers* deshalb einen Zusatz eingefügt, weil er befürchtete, dass die kindliche Vertraulichkeit des Christen zur ehrfurchtlosen Zudringlichkeit degenerieren könnte: *„Vater unser, der du bist im Himmel…"*? Auf diese Weise läuft man nicht mehr Gefahr, Gott als mit den Vätern dieser Erde Gleichgestellten zu behandeln und seine souveräne Größe zu vergessen. Aber diese Verdeutlichung soll unser kindliches Vertrauen nicht abschwächen, sondern soll uns eher diese bewundernswerte Wirklichkeit zu Bewusstsein bringen: dass wir dazu eingeladen sind, Ihn, den unzugänglichen, unbegreifbaren, heiligen, ewigen, allmächtigen Gott mit der Zärtlichkeit eines kleinen Kindes anzusprechen: *Abba*, geliebter Vater!

50 Veni

„Soll man zum Heiligen Geist beten", fragen Sie mich?

Blättern Sie in Ihrem Messbuch; es gibt Ihnen die Antwort, indem es Ihnen bewundernswerte, an die dritte Person der Trinität gerichtete Gebete anbietet. Unter anderem am Pfingsttag das *Veni Sancte Spiritus* – ein Abschnitt der Messfeier –, und das *Veni Creator*, ein Hymnus der Vesper – jenes *Veni Creator*, das die Kirche uns ebenfalls zu feierlichen Anlässen wie der Eröffnung von großen kirchlichen Zusammenkünften zu singen einlädt…

Und Sie kennen zweifelsohne jenes andere *Veni Sancte Spiritus*, bei dem ich es mir übelnehme, es vor den Englischstunden im Gymnasium, wo man herumtobte, vor den Mathematikstunden, in denen man sich zu Tode langweilte … Tausende von Malen habe rezitieren können, ohne den Reichtum der Worte, die ich aussprach, zu erahnen.

„Veni", komm. So beginnen diese Gebete. Mit dem Wort, mit dem man sich an den wendet, dessen Gegenwart man sich wünscht. Und

das ist ja auch der Wille Gottes, dass der Heilige Geist unser Gast sei, dass wir seine Wohnstatt, sein Tempel sind (siehe Röm 8,9; 1 Kor 3,16; 1 Kor 6,19).

Die an die Person des Heiligen Geistes direkt gerichteten Gebete kommen in der lateinischen Liturgie weniger häufig vor als in der des Ostens. Aber was erbitten unsere an Christus und den Vater gerichteten Gebete im Grund, wenn nicht die Gabe des Heiligen Geistes – über die ganze Geschichte des Gottesvolkes hindurch *der* Gegenstand der göttlichen Verheißungen? Ist nicht jedes Gebet auf die Heiligung hingeordnet? Nun ist es ja der Heilige Geist, der uns zu Kindern Gottes macht, der uns eine Kinderseele schafft, aus der jener zärtliche und vertrauensvolle Ruf hervorbricht: „Abba! Vater!" (siehe Röm 8,14).

Wenn wir zum Heiligen Geist beten, sagen wir zu ihm: *Veni*; wenn wir uns an Christus oder an den Vater wenden, dann bitten wir sie: *Emitte*, sende den Heiligen Geist; sende uns, sende in uns den Geist, der allein uns von Grund auf erneuern, uns, nach der bewundernswerten Prophezeiung Ezechiels, neu formen kann: „*Ich schenke euch ein neues Herz und lege einen neuen Geist in euch. Ich nehme das Herz aus Stein aus eurer Brust und gebe euch ein Herz von Fleisch. Ich lege meinen Geist in euch und bewirke, dass ihr meinen Gesetzen folgt und meine Gebote achtet und sie erfüllt*" (Ez 36,26–27, EÜ).

Und nicht nur jeder einzelne Mensch, sondern das ganze Universum muss durch sein Kommen erneuert werden. Ein kurzer Vers der Liturgie bringt es hervorragend zum Ausdruck: „*Sende aus deinen Heiligen Geist, und alles wird neu geschaffen werden. Und du wirst das Angesicht der Erde erneuern.*"

Muss ich noch mehr anführen, um Sie davon zu überzeugen, zum Heiligen Geist zu beten?

Was die Schwierigkeit, sich an ihn zu wenden, angeht, die Sie dabei empfinden, so frage ich mich, ob sie nicht damit zu tun hat, dass Sie nach ihm als einem außerhalb von Ihnen befindlichen Gegenüber suchen, denn eigentlich ist er in Ihrem Inneren: kein Gesprächspartner, der von außen zu Ihnen sprechen würde, sondern ein Elan, der in Ihrem Inneren Ihr Gebet, Ihren lebendigen Glauben, Ihre Liebe zu Gott und Ihren Brüdern hervorruft, unterstützt, zu sich zieht.

Jenes kleine Mädchen hatte das gut verstanden, das, vor der Firmung, während ihm seine Mutter seinen weißen Schleier festmachte, sagte: „Mama, ich glaube, ich habe ihn schon empfangen." – „Was denn, Liebling?" – „Den Heiligen Geist." – „Warum denkst du das?" – „Ich habe die ganze Zeit Lust, alles gut zu machen."

Der Heilige Geist ist ein Lehrmeister, der uns, in jener in uns befindlichen geheimen Wohnstatt, im tiefen Grund unserer Seele, wo er wohnt, nicht durch Worte, sondern durch Einflößen seiner Wissenschaft unterweist. Das Versprechen Christi: *„Er wird euch alles lehren, er wird euch an alles erinnern"* (Joh 14,26), ist so zu verstehen.

Er ist unser Lehrmeister des Betens, nicht indem er uns Gebetsformeln vorschlägt, sondern indem er in uns bewirkt, dass das Gebet als Ruf zu Gott in uns auftaucht.

Als ein Freund tröstet er uns, aber nicht wie irdische Freunde: Seine Hilfe kommt von innen; er ist Energie, die uns kräftigt und unseren Willen fest macht, ein Feuer, das unser Herz zum Brennen bringt. „Entzünde in uns die Flamme deiner Liebe."

Wir können von ihm nichts Geringeres als eine vollständige Erneuerung erwarten. Die Bittlitanei der Pfingstsequenz bringt das besonders gut zum Ausdruck: Wasche … korrigiere … heile … mache weich … entflamme … richte auf … Er ist, im Zentrum unseres Seins, der Schöpfergeist, der Neu-Schöpfer.

Warum sind wir dann so wenig durch ihn verwandelt? Weil er es sich in unendlicher Achtung unserer Freiheit versagt, gewaltsam in uns einzudringen, ohne unsere Einwilligung uns zu Hilfe zu kommen. Allmächtig ist er nur in jenem Menschen, der arm, aufmerksam, untergeben, fügsam, anpassungswillig, flexibel, handhabbar sein will … Mit so einem tut er große Dinge. Aber man muss diese Qualitäten selbst von ihm erwarten: „Mach mich fügsam und lehre mich, mach mich gefügig und leite mich …"

Die Apostel haben in Erwartung der Wiederkunft Jesu den Heiligen Geist nur empfangen, um *„einmütig im Gebet zu verharren, zusammen mit einigen Frauen und mit Maria, der Mutter Jesu"* (Apg 1,14). Von Ihnen hängt es ab, ob jedes Ihrer Gebete ein neues Pfingsten ist.

„Dein Name werde geheiligt“

Im Gebet des Christen finden sich die verschiedenen Elemente wieder, aus denen das Gebet des menschgewordenen Gottes besteht.

Die erste Reaktion jedes Menschen, der sich in die Gegenwart Gottes, seiner alles übersteigenden Natur, seiner Herrlichkeit, seiner Heiligkeit begibt, ist die Ehrfurcht. Eine Empfindung, die nicht der Angst, sondern der Liebe verwandt ist: eine Liebe, die anbetet. (1. Erinnern Sie sich an Bichr) – Anbeten heißt einzugestehen: „Du, du allein bist Gott“, und geistig wie körperlich in einer Haltung niederzuknien, die in einer Verbindung von Furcht und Liebe, Erstaunen und Freude besteht. (2. „Du sollst den Herrn, deinen Gott, ehren“) – Aus der Anbetung erwächst das Lob. Der kniende Mensch richtet sich wieder auf, um seinen Gott, dessen Vollkommenheiten und großen Werke zu feiern. (3. „Um des Lobes Seiner Herrlichkeit willen“) – Um ihm Dank zu sagen für all seine Hilfe, seine großzügigen Gaben und vor allem für das, was *er ist.* (4. Für dich) – Diese unterschiedlichen Haltungen gipfeln in einer höchst reichhaltigen Einstellung, die diese umfasst und übertrifft: die Hingabe seiner selbst, das Opfer seiner selbst im „Opfer des Lobes“. (5. In Ronchamp) – Bei diesem Opfer gibt sich der Christ ganz hin: seine Vergangenheit, Gegenwart und Zukunft,

Leib und Seele, Leben und Tod. (6. Brief an Hans-Peter) – Aber im Unterschied zu unbelebten Objekten opfert sich der Mensch nicht nur ein für allemal. Nur derjenige ist Gott hingegeben, der nicht aufhört, sich ihm darzubieten. (7. Zweiter Brief an Hans-Peter) – In unserem Liebesopfer kehrt dieses überfließende Leben, das wir aus seiner Liebe haben, zum *Herrn* zurück. (8. Dritter Brief an Hans-Peter) – In tieferer Hinsicht ist es Teilnahme an der Dankesfreude, die den Sohn von Ewigkeit zu Ewigkeit in die Arme des *Vaters* wirft. (9. Vierter Brief an Hans-Peter) – Bei den Heiligen wird dieses Bedürfnis, sich Gott hinzugeben, zu einem Wunsch, sich auszulöschen, ein Bedürfnis, das man aber gut verstehen muss: Es handelt sich um den vehementen Willen, von der göttlichen Liebe verzehrt zu werden, wie einst die Opfer durch das Feuer, das vom Himmel herabfiel. (10. Atheismus der Christen?)

51 Erinnern Sie sich an Bichr

Es freut mich sehr zu erfahren, dass Sie nur den Namen Gottes zu hören oder geschrieben zu sehen brauchen, damit sich im Innersten Ihrer Seele eine geheimnisvolle Bewegung hin zur Anbetung abzeichnet. Das beweist, dass in Ihnen die Tugend der *„religio"* lebendig ist, jener geistigen Neigung, die uns dazu bringt, Gott zu ehren, ihn zu verehren, und für seine Herrlichkeit zu wirken. Aber sie ist auch – Sie müssen das berücksichtigen – eine Einladung, diese Tugend aufmerksam zu kultivieren; sie ist die Grundlage aller Religionen, und zwar so sehr, dass es eben dieses Wort ist, durch das man sie alle bezeichnet.

„Religio" und Liebe hängen eng zusammen. Wer war es, der gesagt hat: „Lieben heißt verehren"? Das gilt bereits in den menschlichen Beziehungen. Mit wie viel mehr Grund gilt es in unseren Beziehungen zu Gott. Die wahre Liebe zu Gott will ungeduldig sein alles

übersteigendes Wesen erkennen und es verkünden, damit alle Kreatur ihn ehre und preise.

Was die Christen angeht, die unter dem Vorwand kindlicher Liebe in der Gegenwart Gottes nichts von der Ehrfurcht empfinden, welche die Tugend der *„religio"* hervorbringt, die also Gott mit einer Vertraulichkeit behandeln, die an Respektlosigkeit grenzt, so seien Sie versichert, dass diese Christen weit davon entfernt sind, das „Gesetz der Furcht", wie sie es sich vorstellen, hinter sich gelassen zu haben; sie haben vielmehr noch nicht einmal angefangen, religiös zu sein.

Schlagen Sie beharrlich das Alte Testament auf – besonders die Propheten, diese meisterlichen Kenner der transzendenten Heiligkeit Gottes. Ihren Worten wohnt eine außerordentliche Kraft inne, um die Tugend der *„religio"* zum Sprießen, zum Wachsen und Reifen zu bringen, jene Tugend also, die das Alte Testament mit dem Begriff der „Gottesfurcht" bezeichnet. Und Sie werden gleichzeitig feststellen, dass sich in Ihnen ein kühneres kindliches Vertrauen ausbreiten wird. Je mehr ein Christ Gott „fürchtet", desto mehr liebt er ihn tatsächlich. Und je mehr er ihn liebt, desto mehr „fürchtet" er ihn. Das ist nur scheinbar ein Paradox.

Zum Schluss möchte ich Ihnen eine Anekdote berichten, die seit Jahrhunderten junge Muslime die Achtung vor dem *Namen* lehrt. Ich bin mir sicher, dass Sie empfänglich sind für ihre tief religiöse Note: „Eines Abends, als der barfüßige Bichr völlig betrunken umherstrolchte, fand er auf dem Boden ein bereits von vielen Füßen vorbeikommender Passanten zerknülltes Stück Papier, auf dem stand: ‚Im Namen Gottes, des gütigen, des allbarmherzigen …' Er klaubte es auf und wickelte es in ein Stück Stoff, gab noch etwas Moschus dazu und legte das Ganze achtungsvoll in den Spalt einer alten Mauer. In derselben Nacht hatte eine fromme Person der Stadt einen Traum, in dem ihr aufgetragen wurde, zu Bichr zu gehen und ihm zu sagen: Da du Unseren Namen, der am Boden vor sich hinsiechte, aufgesammelt hast, da du ihn gereinigt und ihm wohlriechenden Duft beigefügt hast, werden auch Wir deinen Namen in dieser und der anderen Welt ehren."

52 „Du sollst den Herrn, deinen Gott, ehren"

Hier zunächst ein Auszug aus dem Brief, auf den der meine antwortet:

„Ich liebe die Anbetung; es zieht mich hin anzubeten; ich bin glücklich, wenn ich anbete; ich sollte sogar sagen, dass ich niemals sonst derart glücklich bin. Ich muss jedoch hinzufügen, dass ich nicht weiß, was Anbetung ist. Ist das nicht paradox? Ich habe oft in Büchern herumgesucht in der Hoffnung, endlich die Definition für diese Anbetung zu finden, die den ersten Platz in meinem Leben einnimmt; jedes Mal wurde ich enttäuscht, so unterschiedlich waren die Definitionen und Beschreibungen. Die Anbetung wird dort als die Reaktion des Menschen beschrieben, der entweder in die Gegenwart der absoluten Mächtigkeit Gottes oder seiner Majestät oder auch seiner Herrlichkeit versetzt wird; manchmal als die Ahnung seiner furchterregenden Nähe. Für andere wiederum besteht sie in der spirituellen Haltung des Menschen, der mit jenem Wesen konfrontiert ist, das sein Ursprung und sein Ende ist. Daraus folgt, dass die Anbetung Gottes je nach Fall mit der Ehrfurcht oder dem Lob, mit der Unterwerfung oder der Verehrung in eins gesetzt wird. Wird da die Anbetung nicht vernebelt? Wenn man sie nicht streng definiert, löst sie sich in unterschiedliche religiöse Haltungen auf und verliert ihren spezifischen Charakter. Ich finde das schlimm."

Lieber Freund,

es freut mich, von Ihnen zu hören, dass Ihnen die Anbetung sehr am Herzen liegt. Das ist ein unbezweifelbares Anzeichen, dass der Geist Gottes in Ihnen gegenwärtig ist, und dass Ihre *„religio"* nicht jene simple Moral oder jene vage Religiosität ist, die so viele Christen für die wirkliche *„religio"* halten – Christen, bei denen man sich fragen kann, ob sie nicht eigentlich, ohne es zu wissen, Atheisten sind.

Um zu erfassen, was die wirkliche Anbetung ist, gehen Sie von dem aus, was die Heilige Schrift aussagt: *„Du sollst den Herrn, deinen Gott, ehren und ihm allein sollst du dienen."* Diese Anweisung, die Jahrhunderte lang die grundlegende Regel für das private und für das öffentliche Leben des jüdischen Volks war, diese Anweisung verkündet Christus an der Schwelle zur messianischen Zeit feierlich erneut (siehe Lk 4,8). Und er fügt hinzu: Und die Stunde *„ist schon da, zu der die wahren Beter den* Vater *anbeten werden im Geist und in der Wahrheit; denn so will der* Vater *angebetet werden. Gott ist Geist und alle, die ihn anbeten, müssen im Geist und in der Wahrheit anbeten"* (Joh 4,23–24, EÜ).

Geht aus diesen Texten nicht klar hervor, dass die Anbetung ein Akt des Menschen ist, der sich an Gott richtet und sich nur an Gott richten kann? Die ersten Christen haben dies so verstanden; Tausende von ihnen sind gestorben, weil sie sich weigerten, Kaiser oder Idole anzubeten.

Im Unterschied zur Anbetung finden sich die anderen religiösen Haltungen: Verehrung, Lobpreis, Liebe … in den menschlichen Beziehungen wieder. Gott gibt auch nicht vor, der einzige Verehrte, Gelobte, Geliebte zu sein. Aber er duldet es nicht, dass die Menschen jemand anderen als ihn anbeten: *„Jahwe trägt den Namen ‚der Eifersüchtige'; ein eifersüchtiger Gott ist er"* (Ex 34,14, EÜ).

In der Anbetung geht es also direkt um Gott, insofern als er Gott ist. Die Anbetung ist diese grundlegende Haltung der Seele – ob sie sich nun nach außen hin durch Gesten oder anderes Tun äußert oder nicht –, die verkündet: „Gott gibt es. Du bist Gott. Du allein bist Gott." Der Gegenstand der Anbetung ist also nicht diese oder jene Vollkommenheit Gottes, sondern tatsächlich die Gottheit als solche, unabhängig von ihren Attributen.

Durch die Anbetung auszusagen, dass dieses mir gegenüberstehende Wesen Gott ist, bedeutet – das ist wahr –, eben dadurch die Anerkennung seiner bewunderungswürdigen Vollkommenheiten. Und sie – die Einheit, Einfachheit, Wahrheit, Gutheit, Unendlichkeit, Ewigkeit, Unergründbarkeit, Weisheit, die Vorsehung, Gerechtigkeit, Barmherzigkeit, Allmächtigkeit – rufen in der Seele die vielfältigen religiösen Empfindungen hervor: Furcht, Bewunderung, Ehrfurcht, Gehorsam, Lob, Reue, Dank, Vertrauen, kindliche Liebe … Aber diese Empfindungen – der Begleittrupp der Anbetung – sind nicht die Anbetung. Man muss sogar hinzufügen, dass sie ohne diese ein Nichts wären. Denn ihr religiöser Wert kommt von ihr her.

Nichtsdestoweniger kommt die Anbetung jedoch erst zu ihrer ganzen Fülle, wenn sie diese unterschiedlichen Empfindungen integriert und sich von ihrer Substanz nährt. Erst dann tritt all der Glanz der kindlichen, bebenden und singenden, vertrauensvollen und jubilierenden Anbetung hervor.

Der Mensch ist nicht reiner Geist, und so neigt die im Inneren des Menschen erfolgende Anbetung dazu, sich in körperlichen Haltungen auszudrücken; auf die Knie zu fallen ist ohne Zweifel die charakteristischste: „Er fiel zu Boden und betete ihn an", liest man überall in der Bibel. Aber der im Geist und in der Wahrheit Anbetende ist sich immer bewusst, dass der äußere Kult bedeutungslos ist, wenn er nicht auf dem inneren Kult beruht. Christus macht den Pharisäern dieselbe Vorhaltung, mit der sich der Prophet Jesaja im Namen Gottes an seine Zeitgenossen wandte: *„Dieses Volk ehrt mich mit den Lippen, sein Herz aber ist weit weg von mir. Es ist sinnlos, wie sie mich verehren."* (Mt 15,8–9, EÜ; vgl. auch Jes 29,13).

Und weil der Mensch ein soziales Wesen ist, neigt er dazu, seine Anbetung und seinen Kult ins Gemeinschaftliche zu übertragen, das heißt, seine Anerkennung Gottes öffentlich zu bekennen und sich mit anderen Menschen zusammen zu tun: „Kommt, lasst uns ihn anbeten …"

Schließlich werden Sie erst dann zu einer vollen Erkenntnis der Anbetung kommen, wenn Sie diese im Leben Jesu Christi, dieses großen Anbeters, betrachten. Tatsächlich war für ihn, insofern er Mensch, er Geschöpf ist, seine erste religiöse Pflicht die Anbetung des *Vaters*. Sie war der rote Faden seines ganzen irdischen Lebens, in der Werkstatt von Nazareth genauso wie auf den Straßen Palästinas. Bei dem Opfer auf Golgotha fand sie ihren höchsten Ausdruck: Dort, am Kreuz, bestätigt Jesus und verkündet er der ganzen Welt, dass es einen Gott gibt, dass es nur einen einzigen Gott gibt, und dass dieser Gott, dessen Liebe so weit reicht, seinen Sohn hinzugeben, anerkannt und von allen Geschöpfen angebetet werden will.

Und die große ununterbrochene Anbetung, die „vom Osten bis zum Westen" von allen Gotteskindern zu ihrem Vater aufsteigt, ist keine andere als jene des eingeborenen Sohnes, die er selbst jedem seiner Brüder eingibt.

53 „Um des Lobes Seiner Herrlichkeit willen"

Lieber Freund,

ich frage mich, ob Sie in Ihrem Gebet dem Lob einen ausreichenden Platz einräumen?

Zweifeln Sie vielleicht an dem Wert, den Gott ihm zuweist? In diesem Fall blättern Sie in den Psalmen, Sie werden das Lob fast auf allen Seiten finden. Nun ist der Psalter ja das Buch, das uns der *Herr* selbst gegeben hat, um Beten zu lernen.

Aber zur gleichen Zeit werden Sie verstehen, dass die Quelle des Lobs die Erkenntnis Gottes ist: Die wirklich frommen Juden waren Gott preisende Menschen, weil sie zuallererst „Sucher Gottes" waren. Man bewundert und man besingt nicht, was man nicht kennt!

Sie liebten es, die Werke des *Herrn* zu kontemplieren. Hören Sie, wie es aus ihnen herausbricht:

„Herr, unser Herrscher, wie gewaltig ist dein Name auf der ganzen Erde!" (Ps 8,2, EÜ)

„Du hast mich durch deine Taten froh gemacht; Herr, ich will jubeln über die Werke deiner Hände." (Ps 92,5, EÜ)

Sie meditierten lange über das, was sie die „Machttaten" dessen nannten, der sie „mit starker Hand und ausgebreitetem Arm" befreit hatte:

„Dankt dem Herrn! Ruft seinen Namen an! Macht unter den Völkern seine Taten bekannt! […] Alle, die den Herrn suchen, sollen sich von Herzen freuen" (Ps 105,1.3, EÜ).

Noch mehr als seine Werke bewunderten sie die Vollkommenheiten ihres Gottes: seine Heiligkeit, seine Herrlichkeit, seine Macht und das, was darüber hinausgeht, was am Ursprung all seiner Werke und seiner göttlichen Eingriffe liegt, seine unendlich große Zärtlichkeit:

„Dankt dem Herrn, denn er ist gütig, denn seine Huld währt ewig! […] Der allein große Wunder tut, denn seine Huld währt ewig" (Ps 136,1.4, EÜ)

Bevor das Lob in Worten besteht, die über die Lippen kommen, ist es innerlicher und stiller Lobpreis des Herzens, Gott gezollter Beifall. Wie ein sich ausbreitendes Feuer nimmt es nach und nach vom ganzen eigenen Sein Besitz. Und da bricht es in jubelnden Hymnen hervor. Eben da beginnt ein König David unter Missachtung des Protokolls vor der Arche zu tanzen. Der Glaubende wird zu „lebendigem Lobpreis".

Und dieses Lob ist nicht mehr ein ausnahmsweise erfolgendes Gebet, das Festtagen vorbehalten bleibt, sondern das grundlegende, ohne Unterlass erfolgende:

„Ich will den Herrn allezeit preisen; immer sei sein Lob in meinem Mund" (Ps 34,2, EÜ).

„Mein Herz singt dir und will nicht verstummen. Herr, mein Gott, ich will dir danken in Ewigkeit" (nach Ps 30,13, EÜ).

Und wenn das Lob nachzulassen droht, fordert sich der Gläubige selbst dazu auf:

„Lobe den Herrn, meine Seele! Ich will den Herrn loben, solange ich lebe, meinem Gott singen und spielen, solange ich da bin" (Ps 146,1–2, EÜ).

Aber man darf sich hier nicht täuschen: Der Mensch des Lobes ist nicht eine Art mehr oder weniger dilettantischer Individualist. Er könnte nicht bewundern, ohne das unabweisbare Bedürfnis zu haben, sich mit Brüdern zusammenzutun, um den Gegenstand seiner Verehrung würdig zu feiern. Er kann auch nicht anders, als all die Mitglieder des Volkes Gottes zum Lob zusammenzurufen:

„Die ihr den Herrn fürchtet, preist ihn, ihr alle vom Stamm Jakobs, rühmt ihn!" (Ps 22,24, EÜ).

Er geht noch weiter, vergisst allen nationalen Partikularismus und richtet seine Einladung an alle Völker:

„Lobet den Herrn, alle Völker, preist ihn, alle Nationen!" (Ps 117,1, EÜ).

Sogar die unbelebten Geschöpfe werden für den Lobeskult herbeigerufen:

„Es brause das Meer! […] Es jauchze die Flur!! […] In die Hände klatschen sollen die Ströme!! […] Jubeln sollen alle Bäume des Waldes!! […]" (Ps 96,12; passim).

Wie sollten die Christen, für die Gott so viel mehr getan hat, denen Gott die wunderbarsten Geheimnisse der Liebe offenbart hat, nicht ihrerseits ebenfalls vor allem anderen Menschen des Lobes sein?

Die Beweggründe zum Lobpreis, welche die Gesänge der Psalmisten inspirierten, sind den Christen nicht fremd; der beträchtliche Raum, den die alten Psalmen Israels in der Liturgie einnehmen, beweist es zur Genüge. Aber ein höherstehendes Motiv ruft in ihnen ein noch höherstehendes Lob hervor. Es besteht in der Feier der sie betreffenden Vaterschaft Gottes, überströmender Lobpreis seiner väterlichen Zärtlichkeit. Denn sie wissen, was den Juden unbekannt war:

„Denn Gott hat die Welt so sehr geliebt, dass er seinen einzigen Sohn hingab, damit jeder, der an ihn glaubt, das ewige Leben hat" (Joh 3,16, EÜ).

Und dieses ewige Leben ist nicht irgendeine Gnade, sondern eine unvorstellbare Wirklichkeit:

„Seht, wie groß die Liebe ist, die der Vater uns geschenkt hat: Wir heißen Kinder Gottes und wir sind es" (1 Joh 3,1, EÜ).

So viele Christen, anstatt wirklich zu glauben, dass sie Söhne und Erben Gottes sind (siehe Gal 4,7), siechen tatsächlich in der Mittelmäßigkeit und der Angst dahin, und wenn sie sich im Gebet an ihren Gott wenden, dann viel öfter, um zu klagen, als um zu danken. Wenn man sie besucht, hat man kaum je den Eindruck, in der Gegenwart des Volkes zu sein, das Gott sich erwählt hat *„zum Lob seiner Herrlichkeit"* (Eph 1,14, EÜ).

Glücklicherweise gibt es auch jene, die ihre Berufung zum Lobpreis begreifen. Und dieses Lob ist in den Augen Gottes von großem Wert, denn es findet dort die Akzente, die das Gebet des *Sohnes* enthält. Um diese Wahrheit verständlich zu machen, haben manche Kirchenväter Christus gern mit dem König David verglichen, der sich, um den *Herrn* zu feiern, mit Musikinstrumenten begleitete. Aber sie fügten hinzu, dass der neue David Lyra und Zither, die seelenlose Instrumente sind, wegließ. Um seinen Vater würdig zu preisen, begleitet er sich mit jenem einsichtsvollen und freien Instrument, das ein Mensch aus Seele und Leib ist. So ist es Christus selbst, der durch und im seinen Gott lobenden Christen seinem geliebten Vater seinen ewigen und freudigen Dank zum Ausdruck bringt.

Lobpreis des Christen, Lobpreis Christi, Lobpreis der Kirche, Lob des totalen, im ganzen Universum gegenwärtigen Christus.

54 Für dich

Ich weiß nicht mehr, wo ich gelesen habe, dass Pater Charles de Foucauld große Freude dabei empfand, Gott diesen Vers des Gloria zu singen: „Wir danken dir für deine große Herrlichkeit!"

Christen kleiner Statur, wie wir es sind, danken Gott für seine Gaben, seine Hilfe, seine großzügigen Taten. Allzu oft vergessen wir sogar schlicht und einfach, wie die neun Leprakranken des Evangeliums, ihm überhaupt zu danken.

Bei den Heiligen sind es der Glanz Gottes, seine unendliche Majestät, seine unermessliche Gutheit, die in ihrem Herzen die Quellen der Danksagung freisetzen. Was sie erstaunt und erfüllt, ist nicht zunächst, was er ihnen gibt, sondern wer er ist. Würden sie nichts von ihm erhalten, ihr Lob wäre nicht weniger inbrünstig, ihr Glück nicht weniger extrem, dass Gott eben Gott ist.

Hier haben wir es mit Sicherheit mit einer der feinsten, der reinsten, der seltensten (im doppelten Sinn: wenig häufigen und äußerst wertvollen) Empfindungen zu tun. Es gibt Menschen, die ganz selbstvergessen sind, die von jedem Besitztrieb frei geworden sind; in ihnen entspringt die Dankbarkeit, ohne dass sie es brauchen, etwas zu bekommen: Es genügt ihnen, dass etwas Schönes *ist*.

Eine solche Empfindung setzt voraus, lange eine reine Liebe und Entsagung zu lernen. Man sieht sie jedoch manchmal im Herzen eines Kindes wie eine frühzeitig noch vor dem Frühling sprießende Schlüsselblume hervorlugen.

Jenes kleine Mädchen war ohne Zweifel ebenfalls nicht weit weg davon, auch den Vers des Gloria zu schätzen und für sich zu übernehmen, dessen Mutter mir von folgendem Wortwechsel erzählte: „Danke, Mama; danke, meine liebe Mama." – „Wofür denn, mein Liebling?" – „Für *dich*."

55 In Ronchamp

Vor Kurzem hat mir ein Student anvertraut, wie er das Gebet entdeckt hat. Ich berichte Ihnen, was er erzählte; es wird Ihnen vielleicht helfen, besser zu beten.

Es war in Ronchamp, in der von Le Corbusier gebauten Kirche, ein einzigartiges Bauwerk, kein anderes ist ihm ähnlich, ein wirklich kreatives Gebilde – selten genug kommt einem solch ein Gedanke vor einem Kunstwerk. Im Inneren, ganz vorn auf der Seite des Lesepults eine Kapelle. Stellen Sie sich einen runden Turm mit vier Meter Durchmesser und 15 Meter Höhe vor (ungefähre Zahlenangaben). Hier herrscht völlige Kargheit; die Wände sind mit stark rauem, grauweißem Putz bedeckt; sie tragen keinerlei Dekoration. Das Licht fällt von oben herab, aber die Öffnungen, durch die es eindringt, sind unsichtbar. Unten ist es beinahe dämmeriges Dunkel; wenn der Blick sich jedoch langsam nach oben richtet, stößt er auf die intensive Helle oben im Turm. Man stellt sich vor, dass ein Taucher in mehreren Metern Tiefe sich ähnlich fühlen muss.

In der Kapelle – sie ist nackter als eine Mönchszelle – ein einziger Gegenstand: in der Mitte, vor Ihnen, ein Altar, ein großer Steinblock ohne jedes Ornament; nichts steht darauf [1]; die obere Fläche ist etwas größer als die untere, was dem Altar so etwas wie eine Bewegung, wie die Absicht zu schweben verleiht.

Mein junger Freund war also da und wurde vom Eindruck einer großen inneren Sammlung ergriffen. In dieser gleichsam durchsichtigen Atmosphäre, an diesem schmucklos-kargen Ort, wo nichts die Vorstellungskraft, die Gefühle noch die Intelligenz umwirbt, nimmt er eine unwiderstehliche Einladung wahr, die von jenem nackten Altar ausgeht: Ein Altar ist nicht dazu da, nichts zu tragen; das ist der Tisch Gottes; der ist da, damit der Mensch seine Opfergaben darbringe; hier nimmt Gott sie an und weiht sie. Nun, in dieser armseligen Zelle sieht mein Freund nichts anderes, das er darbringen könnte, als sich selbst. Ja, er versteht plötzlich, dass Gott ihn dazu auffordert, sich in Verehrung anbetend selbst darzubringen – seine Intelligenz, sein Herz, seinen Leib, seine Freiheit.

Seit jenem Tag kommt mein Freund oft am Anfang seines Gebets in Gedanken zu diesem steinernen Tisch zurück, zu diesem Altar, der etwas, der ihn, ihn selbst erwartet. Und er bringt sich dar. Und er träumt, dass die Hostie auf dem Altar nichts Besseres zu tun hat, als da zu bleiben, Gott zur Verfügung zu stehen, wie wenn sie von dem von oben kommenden Licht angesaugt würde. Und während des ganzen Gebets besteht seine Aktivität – denn es handelt sich um eine intensive Aktivität – darin, seine Opferhaltung aufrechtzuerhalten, mit Gott beschäftigt zu sein, ihn zu bitten, doch sein „Lobesopfer“ anzunehmen.

1 Seitdem hat man ein Kreuz und Kerzenständer auf dem Altar aufgestellt. Man darf das bedauern: Der Eindruck ist ein ganz anderer.

56 Brief an Hans-Peter

Dass es eine dauernde Gefahr für das Gebet ist, zu einem oberflächlichen Tun abzusinken, das unser tiefes Ich nicht in Anspruch nimmt, sei zugegeben. Du hast durchaus recht, diese Gefahr zu fürchten.

Ich kann mir gut vorstellen, dass für viele das Beten nur das sanfte Schnurren einer Katze in der Herdecke ist; für andere ein Strom von leeren Worten. Für sie gilt das Wort Christi: *„Nicht, wer ‚Herr, Herr' sagt, wird ins Himmelreich eingehen."*

Tatsächlich kann man mit Gott reden: *„sich opfern"*. Ja, beten heißt vor allem, sich Gott zu opfern.

Du wirst vielleicht fragen, warum man nicht besser „lieben" sagte. In Wahrheit sind Lieben und Sich-Opfern unzertrennbar. Die Opfergabe ist für die Liebe, was die Frucht für den Baum ist. Die lange, geduldige, verborgene Arbeit des Baumes während des endlosen Winters bereitet die saftige Frucht vor, welche die Junisonne am Zweig reifen lässt. So ist es mit dem Opfer seiner selbst, dieser Frucht der Liebe, an der im Lauf vieler Gebete geduldig gearbeitet worden ist und die sich eines Tages im Gebet von sich selbst löst, um in die zum Pflücken ausgestreckte Hand Gottes zu fallen.

Der heilige Paulus hat einen wunderbar treffenden Satz gefunden, um uns zu dieser Opfergabe einzuladen. Ich möchte, dass du ihn auswendig wüsstest, ihn langsam und mit großer Aufmerksamkeit am Anfang des Gebetes wiederholtest: *„Ich ermahne euch, Brüder, bei dem Erbarmen Gottes, bringt euch selber als lebendige, heilige, Gott wohlgefällige Opfergabe dar. Das sei euer geistiger Gottesdienst"* (Röm 12,1). Gibt es eine bessere Sinndeutung des Gebetes?

57 Zweiter Brief an Hans-Peter

Den seltsamen Schluss, den du aus meinem letzten Brief gezogen hast, hatte ich nicht erwartet. „Wenn das Gebet wesentlich im Sich-Opfern besteht", schreibst du mir, „sehe ich nicht ein, warum Sie mich bitten, jeden Tag zu beten. Ist dieses Opfer einmal gebracht, in Wahrheit und Gänze, voll bewusst, wozu soll es dann täglich erneuert werden? Was getan ist, ist getan." Beim Lesen denke ich an die Antwort, die ein Mann seiner jungen Frau gab, die ihm vorwarf, dass er nie mehr von seiner Liebe spreche: „Du wirst von mir doch nicht das Lächerliche verlangen, dass ich dir jeden Tag wiederhole, was ich dir ein für allemal gesagt habe?" Oh, diese Logiker!

„Was getan ist, ist getan!" Deine Behauptung ist weniger logisch, als sie aussieht. Eine Person gibt sich nicht, wie man einen Gegenstand gibt. Wenn du deine Uhr oder deinen Füllfederhalter weggegeben hast, ist die Angelegenheit tatsächlich erledigt; man braucht nicht darauf zurückzukommen. Ein lebendiges Wesen aber ist nur so lange gegeben, als es nicht aufhört, sich zu geben, als es in der Bereitschaft, in der dauernden Hingabe seiner selbst bleibt. Sobald es sich aus dieser Grundhaltung löst, ist es nicht mehr gegeben. So ist es in der menschlichen Liebe, und so ist es bei Gott.

Es ist also äußerst wichtig, diese einmal errungene *habituelle* Bereitschaft zur Hingabe an Gott nun auch zu verteidigen, zu erhalten, sonst wird sie bald an Kraft und Wahrheit verlieren. Und das besondere Mittel, diese Haltung zu gewinnen, zu verteidigen, zu bewahren, ist das Gebet. Einzig das Gebet führt uns auf den Weg zur dauernden Hingabe unserer selbst an Gott, einzig das Gebet erneuert und verlebendigt ihre Kraft. Das Gebet ist die hohe Zeit unseres Gott geopferten Lebens.

58 Dritter Brief an Hans-Peter

Beten heißt, sich dem Herrn zu opfern, so sagte ich dir in meinen beiden letzten Briefen. Doch was bedeutet dieser Aufschwung, der den Christen dazu bringt, sich seinem Gott zu opfern? Es liegen mehrere Elemente darin; dennoch überwiegt eines, das der Opfergabe sein Zeichen aufprägt: die Dankbarkeit.

Wenn du dich in die Gegenwart Gottes versetzt, wenn du an ihn denkst, wirst du sehr bald von seiner Freigebigkeit, seinen Wohltaten tief ergriffen sein. Er hat dich überhäuft, er hört nicht auf, dich zu beschenken. Wenn du ein rechtes Herz hast, steigt deine Dankbarkeit von selbst zu ihm auf. Auf seine schenkende Liebe antwortet deine anerkennende, dankbare Liebe.

Und wenn deine Betrachtung tiefer eindringt, wirst du sehr bald verstehen, was Gott von anderen Wohltätern unterscheidet: Jene geben dir Geschenke, die dein *Haben* vermehren, Gott aber gibt dir eine radikal größere Gabe: Er gibt dir das *Sein*, er hört nicht auf, es dir zu geben. Du wirst dir bewusst, dass du, sobald er sein Tun unterbräche, ins Nichts zurückfallen würdest. Und sieh, von Neuem regt sich die Dankbarkeit in dir. Doch diesmal ist sie viel mehr als ein Gefühl, und wäre es noch so stark und innig. Es ist wie eine Umkehr deines ganzen Wesens zu Gott. Es ist geradezu der Strom, der zu seiner Quelle zurückfließt.

Doch deine Betrachtung hat noch mehr zu entdecken. Es ist nicht allein das Sein, das natürliche Leben, das Gott dir jeden Augenblick gibt, es ist auch das übernatürliche Leben, zu dem er in der Taufe den Keim in dich gelegt hat und das er durch seine Sakramente zu nähren nicht aufhört. Wenn du dir diese wunderbare Gabe wirklich bewusst machst – Gott teilt dir sein eigenes Leben mit! –, schwingt sich deine Seele, hingerissen von der in ihr wohnenden Gnade Gottes, in überströmender Dankbarkeit zu ihm auf und gibt sich freudig der Umarmung seiner väterlichen Liebe hin.

Auf allen Stufen der Betrachtung also wirst du Dankbarkeit empfinden. Sie ist die tiefe Lebenskraft, die den betenden Menschen bewegt, sich Gott zu opfern.

Doch geben wir ihr nun ihren christlichen Namen: *Danksagung*. Der Liebe Gottes, die Gnade ist, antwortet die Liebe des Menschen, die Danksagung ist. Gnade und Danksagung (im Französischen: *grâce*, Gnade, und *action de grâce*, Danksagung) sind die zwei Pole im Zwiegespräch der Liebe zwischen Gott und dem Menschen.

Danksagung ist wahrlich mehr als nur Worte und Gefühle. Sie ist frohe, liebende Hingabe seiner selbst, ohne Vorbehalt und Zurücknahme.

59 Vierter Brief an Hans-Peter

Ist es mir gelungen, dir klarzumachen, dass Danksagung, die Seele des Gebetes, etwas ganz anderes ist als ein mehr oder weniger oberflächliches Gefühl? Sie ist der Aufschwung unseres tiefen Seins, das, von Gott ausgegangen, zu ihm zurückkehrt. Flut und Ebbe der Liebe: Liebe Gottes, die sich in sein Kind ergießt, Kindesliebe, die sich zu Gott aufschwingt. Ein und dieselbe Liebe, die von Gott ausgeht und zu ihm zurückkehrt, väterlich beim Ausgang, kindlich bei der Rückkehr.

Dieser Austausch der Liebe zwischen Gott und Mensch spiegelt – sofern der Mensch daran beteiligt ist – eine viel höhere Wirklichkeit wider: die innige Beziehung des Vaters zum Sohn im Schoß der Dreifaltigkeit. Von Ewigkeit her teilt der Vater die Fülle seines Seins in einem Überschwang seliger Freigebigkeit ohne Vorbehalt und Unterlass seinem vielgeliebten Sohn mit. Von Ewigkeit her empfängt der

Sohn die Gabe des Vaters und bringt sich ihm dar in freudig jubelnder Danksagung. Die schenkende und die danksagende Liebe sind „wie zwei mächtige Wogen, die ungestüm aufeinander zueilen, sich begegnen, sich vereinigen und sich auf einmal aus der Tiefe zu einer gewaltigen Garbe erheben" (Richard von St. Victor).

Der Sohn Gottes ist zu uns gekommen, um in seiner menschlichen Natur seine ewige Danksagung zu feiern. Im Herzen des Menschen Jesus lebt tatsächlich das unvorstellbare Geheimnis der Dreifaltigkeit: Dem Vater, der sich gibt, liefert sich der Sohn restlos aus. *„Vater, ich danke dir"*; dieser kleine Satz, der immer wieder über seine Lippen kommt, ist sehr aufschlussreich für sein innerstes Leben, seine ewige Bindung, die in seine Menschheit eingegangen ist.

In ihrer ganzen Fülle und Macht hat er seine Danksagung in der Stunde des Leidens und der Auferstehung geoffenbart, über Schmerz und Tod triumphierend, trug sie ihn in sieghaftem Aufschwung hinauf zur Rechten des Vaters.

Gleichwohl hört Christus nicht auf, die große Liturgie seiner Danksagung auf Erden zu feiern. Von Tag zu Tag, von Stunde zu Stunde, vom Aufgang bis zum Niedergang verewigt das Messopfer durch all die Jahrhunderte die Tat, durch die er sich in seinem Namen und im Namen der gewaltigen Scharen der Menschen danksagend dem Vater darbringt.

Aber seine Liebe geht noch weiter. Unter den Menschen und für alle Menschen Dank zu sagen, genügt ihm nicht. Er braucht Millionen Herzen und Millionen Stimmen. Diese Herzen will er sich durch die eucharistische Vereinigung zu eigen machen; in sie wird er seine ewige Danksagung einpflanzen, damit sie keime und sich entfalte, damit sie nicht nur in der liturgischen Versammlung gefeiert, sondern auch zu allen Zeiten und an allen Orten von jenen Männern und Frauen, Kindern und Greisen gelebt werde, die sich ihr öffnen.

Das Gebet aber ist diese bevorzugte Stunde, in der alle Beschäftigung aufhört und der Christ sich ohne Vorbehalt der Danksagung Christi anheimgibt.

60 Atheismus der Christen?

Einige „gut katholische" belgische und französische Familien, ein ungläubiges Ehepaar, drei Studenten und ein Priester langweilen sich im Aufenthaltsraum eines kleinen Berghotels. Was tun, wenn strömender Regen jeden Ausflug verunmöglicht? Wenn man ein oder zwei Stunden damit verbracht hat, alle fünf Minuten die Tür zu öffnen, um nach dem Himmel zu gucken, muss man sich schließlich mit dem Eingeschlossensein abfinden. Und wie sollte man dann nicht miteinander Bekanntschaft machen?

Unsere Studenten, obwohl von Hause aus katholisch, sind vom Hinduismus bezaubert, dessen Literatur sie mit Begeisterung lesen. Und sie gehen dann sofort mit Feuereifer zum Angriff gegen die guten Familien über: „Weil Gott uns mehr interessiert als eure Moral, sind wir zum Hinduismus übergegangen … Man findet in euren christlichen Familien nicht Gott, sondern ein trügerisches Gesetzbuch des guten Benehmens und der vollkommenen Erziehung. Gegenstand der Predigten eurer Priester ist nicht mehr Gott, sondern die Geburtenkontrolle, der Algerienkrieg, die sozialen Aufgaben, die Geldnöte der Privatschulen …"

Ich bin mit einem der drei Studenten in Briefwechsel geblieben. Er ist ein echter „Gottsucher". Deshalb riet ich ihm, die Kirchenväter und die Meister des geistlichen Lebens zu lesen. Hier mein letzter Brief an ihn.

Mein lieber Freund,

ich gebe Ihnen zu, dass wir eine blassgesichtige Generation von Katholiken, für gewöhnlich für die Transzendenz Gottes kaum noch empfängliche Rationalisten, Moralisten, Philanthropen sind. Aber lesen Sie doch die Verfasser geistlicher Schriften aus den Zeiten des kraftvollen Glaubens; da werden Sie die mächtigen Anbeter finden, die Sie sich wünschen. Dieser Tage las ich wieder einmal eine der schönsten Episoden unserer religiösen Literatur, die Geschichte der Entdeckung Gottes durch den jungen Condren (Bremond erzählt sie in seiner *Histoire littéraire du sentiment religieux en France*, Band III). Ich schreibe Ihnen ein paar Zeilen ab, damit Sie Geschmack daran finden und sie ganz lesen: „Die göttliche Majestät erschien ihm so unermesslich und so unendlich, dass ihm vorkam, als gäbe es hier nichts als das reine Sein, das bestehen bleiben müsste, und als hätte zu seiner Verherrlichung das ganze Universum zu verschwinden. Er gab sich Gott von ganzem Herzen hin, um zu seiner Ehre zunichte zu werden und nur noch in dieser Haltung zu leben."

Kürzlich las ich das Echo einer ähnlichen religiösen Haltung aus der Feder einer Schülerin – es gibt trotz allem auch heute Christen, die im Geiste und in der Wahrheit anbeten! „Sie werden vielleicht erstaunt sein", schrieb sie mir, „von einer sechzehnjährigen Schülerin einen Brief zu erhalten. Und doch, warum nicht? Warum sollte die Reife der Erwachsenen, die erst mit dem respektablen Alter erreicht wird, notwendig sein, um mit seinem ganzen Wesen danach zu streben, in der göttlichen Berührung, die das Gebet ist, zunichte zu werden?"

Zugegeben, dass es sich hier um große Seelen handelt, die eine gewaltige Vorstellung von Gott haben. So rein ist ihre Vorstellung vom Allerhöchsten, Allheiligsten, dass sie aufgrund einer spontanen Reaktion in ihm zu nichts werden möchten. Diese Erfahrung erlangt man, falls keine außergewöhnliche Gnade geschenkt wird, nur am Ende einer harten und beharrlichen Suche nach Gott. Wir begegnen ihr häufig bei den großen Meistern des geistlichen Lebens. Es ist nun wichtig, dieses Verlangen nach Selbstvernichtung in Gott nicht mit einem verschwommenen Streben nach dem Nirwana zu verwechseln. Denn es ist kein krankhafter Zug zum Nichts, es entspringt keinem Überdruss an sich selbst und am Leben, sondern der gebieterischen inneren Forderung, dass Gott, dessen ungeheure Majestät man ahnt, vollkommen verherrlicht werde.

Freilich bergen die Begriffe gewisse Gefahren des Irrtums in sich. Dennoch erkennt man bei genauem Zusehen wohl, dass dieser Wunsch, sich zunichte zu machen, nicht darin besteht, ins Nichts zurückzukehren, sich zu zerstören, sondern sich selbst in Gott zu verlieren, endgültig. Der zitternde Tautropfen sehnt sich danach, von der Sonne aufgesogen zu werden.

Liebe ist es, die ein solches Verlangen bei dem entstehen lässt, der die Größe Gottes betrachtet; den Wunsch, sich in das angebetete Sein zu verströmen, ihm alles zu überlassen, was wir an Sein haben, damit sein eigenes Sein ihm in uns aufleuchte.

Die Opfer des Alten Bundes, zu denen eine Schlachtung, eine Zerstörung und vor allem das Brandopfer gehörten, dessen Feuer das Opfertier bis auf seine letzten Fasern verzehrte, wecken die Bewunderung dieser „wahren Anbeter“: Hier finden sie das Symbol jenes Vergehens, das sie herbeisehnen. Es ist nicht die Vernichtung der kalten Asche nach dem Brandopfer, sondern die des brennenden Opfers selbst: einer in Flammen aufgehenden Jeanne d’Arc, einer von Gott verzehrten Seele.

Solchen kommt vor, als ob alles, was nicht dem lebendigen „Feuer“ überantwortet wird, die unendliche Majestät Gottes beleidige, weil es sich erlaubt, außer Gott zu existieren – obwohl, wie sie wissen, nichts ohne ihn existiert. Sie sehen deutlich: Selbst wenn sich alle Wesen des Universums in einem großen Überschwang der Anbetung ins Feuer stürzten, könnte nicht einmal dies ein Gottesdienst sein, der der

Heiligkeit Gottes, seiner Herrlichkeit, seiner ewigen Liebe würdig wäre – und diese Einsicht würde sie sehr traurig machen, wenn sie nicht sogleich an Jesus Christus dächten, an ihn, der *„obgleich er Gott war, nicht meinte, sein Gottgleichsein festhalten zu sollen, vielmehr sich selbst entäußert hat, indem er Knechtsgestalt annahm und den Menschen gleich wurde … Er hat sich selbst erniedrigt und wurde gehorsam bis zum Tod, ja bis zum Tod am Kreuz"* (Phil 2,5–8).

Von Staunen überwältigt über diese grenzenlose Huldigung zur Ehre des unendlichen Gottes im Opfer Jesu Christi sehnen sie sich nunmehr danach, sich in diesem Opfer zu verlieren, Reisig zu sein in dem ungeheuren Brandopfer, in diesem Feuer, das Gott selbst ist. Denn *„unser Gott ist ein verzehrendes Feuer"* (Hebr 12,29).

„In Eintracht versammelt“

Der Christ ist in Christus, welcher ihn ergriffen hat, all seinen Brüdern geeint – denen auf der Erde und jenen im Himmel. Ihre spirituellen Reichtümer gehören ihm, und die Seinen gehören ihnen. Er will mit ihnen die Verantwortung für alle Menschen auf sich nehmen, die noch nicht den himmlischen Vater kennen. Nur in der Kirche, der betenden Versammlung aller Kinder des *Herrn*, können wir Gott begegnen und zu ihm beten. Hier betet jeder im Namen aller, und alle beten im Namen eines jeden. (1. Schulter an Schulter) – So haben wir beim Gebet sehr viel mehr zur Verfügung als nur unsere persönlichen Ressourcen: jene unerschöpflichen Energiequellen, welche die Liebe und die Gebete aller Glieder der Familie Gottes sind. (2. Die kleine Tochter des Organisten) – Zur Stunde des Gebets muss man sich also nicht allein mit der irdischen Kirche zusammentun, sondern auch mit der himmlischen, mit der großen Liturgie des Himmels – jener der Engel und der Heiligen. (3. Die Jakobsleiter) – Und im Zentrum der großen Versammlung aller Kinder Gottes, da ist Maria, die Mutter: Und unser Gebet verwebt sich mit ihrem Gebet! (4. und 5. Gegenwart Marias) – Sich in der Kirche für das Gebet zu versammeln, bedeutet nicht, dass man sich von den vielen Menschen abtrennt, die den *Herrn* nicht kennen oder die seine Existenz verneinen. Wie könnte man in die Herrlichkeit, die Allmacht, die Väterlichkeit Gottes Einblick haben, ohne von dem unwiderstehlichen Bedürfnis ergriffen zu werden, ihn den anderen zur Kenntnis zu bringen? (6. Atheismus und Gebet) – Allein durch seine schweigende Gegenwart arbeitet der Mensch des Gebets am Werk des *Herrn* mit, das darin besteht, „die verstreuten Kinder Gottes zur Einheit zu versammeln“. (7. Mimoûna, die Schwarze) – Aber darüber hinaus tritt er für die Welt ein, damit ihr die Strafen erspart bleiben, nach denen die unzählbaren Sünden der Menschen schreien. (8. „In der Bresche aushalten“) – Für uns einzutreten, das ist viel mehr als ein Plädoyer für die Sache Seiner Brüder: Er bietet den Weg durch sich selbst hindurch an hin zur allmächtigen Liebe Gottes, welcher dazu drängt, sein Reich aufzurichten. (9. Die ausgebreiteten Arme) – So kooperiert der Mensch durch das Gebet bei der Verwirklichung des Werks Gottes, und das nicht nur in sich selbst, sondern auch in der ganzen Welt. (10. Beten heißt kooperieren)

61 Schulter an Schulter

Um Gott zu finden, müssen wir dorthin gehen, wo Gott uns erwartet. Denn er hat selbst die Orte der Begegnung bestimmt. Für die Israeliten war es während des Wüstenzuges „das Zelt der Begegnung“. Nach dem Sesshaftwerden in Kanaan war es Jerusalem, und innerhalb von Jerusalem der Tempel. Nirgendwo sonst kann man Opfer darbringen. Der Tempel ist „das Haus Gottes“, das die Propheten auch das „Haus des Gebetes“ nennen. Und sogar die Gebete, die jeder zu Hause oder in der Synagoge verrichtet, werden zum Tempel hin verrichtet. So hielt zum Beispiel der Prophet Daniel das Fenster seiner Kammer, das in die Richtung der Heiligen Stadt schaute, immer geöffnet.

Aber der Tempel war nur ein Bild, eine prophetische Vorwegnahme des endgültigen Hauses Gottes, der Kirche, dieser großen

Versammlung aller Gläubigen der Erde und des Himmels. Die Kirche ist der „heilige Tempel", wie Paulus sagt, die „geistliche Wohnung", das neue Haus des Gebetes.

Wollen wir beten, so müssen wir zum Hause Gottes, *in die Kirche* gehen, uns unserer Zugehörigkeit zur Kirche wieder bewusst werden. Wer sich vereinzelt, wird Gott nie begegnen; denn in der Kirche, dem mystischen Leib seines Sohnes, erwartet er uns. „Außerhalb der Kirche ist kein Heil", weil wir außerhalb Christi, außerhalb der Familie Gottes, außerhalb des Hauses Gottes Gott nicht finden können.

Ich fürchte, dass Sie von einem gewissen spirituellen Individualismus versucht werden und dies der Grund Ihrer Entmutigung ist. Beten Sie doch innerhalb der Kirche, geistig mit all Ihren Brüdern vereint.

Beten Sie *mitten unter ihnen*, vereinigen Sie Ihre Stimme mit den Ihren, mit dem Gebet der Priester und der Gläubigen, der Menschen von gestern, von heute und von morgen.

Beten Sie auch *in ihrem Namen*, betrachten Sie sich als einen zum Dienst Bestellten, leihen Sie Ihre Stimme und Ihre Seele der ganzen Gemeinschaft, die sich durch Sie an den Vater wenden will. Hat Christus uns nicht aufgefordert zu sagen: „Vater *unser* … gib *uns*?" Der Christ darf nicht bloß in seinem eigenen Namen beten, nicht für sich allein bitten.

Das ist noch nicht alles. Sie müssen auch *durch* all Ihre Brüder beten. Bedenken Sie, dass Sie in der großen brüderlichen Gemeinschaft über sie verfügen dürfen. Claudel hat das in *Un poète regarde la croix* (Ein Dichter betrachtet das Kreuz) unnachahmlich ausgesprochen. Hören Sie zu: „Wir verfügen nicht allein über unsere eigenen Kräfte, um Gott zu lieben, zu verstehen und ihm zu dienen, sondern über alles zusammen angefangen von der seligsten Jungfrau im höchsten Himmel bis zu dem armen afrikanischen Aussätzigen, der, sein Glöcklein in der Hand, mit halbzerfressenem Mund die Antworten der Heiligen Messe stammelt; die ganze sichtbare und unsichtbare Schöpfung, die ganze Weltgeschichte, die ganze Vergangenheit, die ganze Gegenwart und die ganze Zukunft, die ganze Natur, der ganze Schatz der Heiligen, vervielfacht durch die Gnade: Alles das steht zu unserer Verfügung, alles das ist unsere ‚verlängerte' Hilfe, unsere wunderbare Ausrüstung. Alle Heiligen, alle Engel gehören uns. Wir können uns der Einsicht des heiligen Thomas, des Armes des Erzengels Michael, des Herzens der heiligen Jeanne d'Arc und der heiligen Katharina von Siena und all der verborgenen Quellen bedienen, die wir nur zu berühren brauchen, damit ihre Wasser aufbrausen. Alles, was es an Gutem gibt, an Großem und Schönem von einem Ende der Erde zum anderen, alles, was es an Heiligkeit gibt, ist so, als wäre es unser Werk. Das Heldentum der Missionare, die Inspiration der Kirchenlehrer, der Opfermut der Märtyrer, das Genie der Künstler, das glühende Gebet der Klarissen und Karmeliten ist so, als wären wir es; wir sind es! Vom Norden zum Süden, vom Alpha bis zum Omega, vom Morgen- bis zum Abendland: Alles ist eins mit uns, wir bekleiden uns damit, wir setzen es in Bewegung."

Lassen Sie sich somit schlicht und hochherzig auf das Spiel ein. Beginnen Sie Ihr Gebet nie, ohne sich mit dem „ganzen Christus" zu vereinen, mit der großen Schar der den Vater anbetenden Gläubigen, nie, ohne sich Schulter an Schulter zu fühlen mit den Brüdern von überallher.

Und dann beten Sie mit ihnen zusammen, durch sie, für sie. Wie oft werden Sie überrascht entdecken, dass Sie, der Sie niedergedrückt von Ihrer Schwachheit, Ihrer Armut und Ihrer Einsamkeit zum Gebet gekommen waren, reich und stark sind.

62 Die kleine Tochter des Organisten

Eines Abends, als ich bei der Familie von Maurice aß, war er ungehalten, als er mich eine Bemerkung über die Verehrung der Heiligen machen hörte. Ich fragte nach. Er erläuterte: Während einer Andacht mit mehreren Freunden habe der Prediger sie aufgefordert, die Verehrung der Heiligen den alten Frauen zu überlassen …

Maurice war ein prima junger Mann von sechzehn Jahren, ungestüm wie eine Flamme, gerade wie ein Schilfrohr, intelligent und offensiv. Als ich mich von meinen Freunden verabschiedete, bat er mich, ihm meine Antwort niederzuschreiben; und er fügte hinzu: „Ich werde Ihren Brief meinen Freunden vorlesen." Einige Tage danach schickte ich ihm den hier abgedruckten Brief. Das war der Auftakt zu einem Briefwechsel, durch den seine für mich unerwartete spirituelle Reife offenbar wurde – ein Briefwechsel, der sechs Monate später durch den Unfalltod von Maurice grausam unterbrochen wurde.

Mein lieber Maurice,

du warst an dem Abend neulich sehr erstaunt, als ich dir gestanden habe, gerne Gebete an die Heiligen zu richten. Du hast dich gefragt, ob du nicht einen Überlebenden aus „den Jahrhunderten des Obskurantismus" vor dir hast. Ich gebe mich nicht damit zufrieden, deine Wertschätzung zu verlieren. So verteidige ich mich.

Zunächst erlaube mir, dir einen Rat zu geben: Ich hätte gerne, dass du ihn dein ganzes Leben hindurch niemals außer Acht lässt so wie einer, der im Busch reist und nie den Kompass aus dem Auge verliert. Wenn du eine Idee hörst oder dir eine in den Sinn kommt, die allem Anschein nach einer verehrungswürdigen, unbestreitbaren, wesentlichen Tradition der Kirche widerspricht, gehe immer von einem Vorurteil aus, das der Tradition günstig gesonnen ist. Im vorliegenden Fall liegen die Dinge mit Sicherheit folgendermaßen: Seit zwanzig

Jahrhunderten genießt die Verehrung der Heiligen höchste Anerkennung in der Kirche; fast jeden Tag feiert die Liturgie den einen oder anderen von ihnen; einmal im Jahr werden alle zusammen gefeiert; und in den feierlichsten Zeremonien – zum Beispiel der Priesterweihe – singt man die Allerheiligenlitanei und bittet die Heiligen, für uns zu beten …

Wie konnte man dir bloß erzählen, dass der Glaube an die Fürsprache der Heiligen keine biblische Grundlage hatte! Schlag das Evangelium auf und du wirst sehen, dass die Wunder sehr oft einer Fürsprache zugeschrieben werden: Der Hauptmann wendet sich für seinen kranken Diener an Christus, die Mutter einer Familie drängt sich dem *Herrn* auf, um die Heilung ihrer kleinen Tochter zu erreichen … Warum sollten jene, die der *Herr* zu sich ruft, ihre Macht der Fürsprache einbüßen? Warum sollte jene, die von ihrem *Sohn* das erste Wunder erwirkte, heute kein Gehör mehr finden?

Als einer meiner Freunde aus dem Algerienkrieg zurückkam, wo er schreckliche Wochen durchlebt hatte, fragte ich ihn: „Haben Sie im Gebet Hilfe gefunden?" Er antwortete: „Ja, aber nicht in meinem, sondern in dem meiner Familie. An manchen Tagen, als ich physisch und nervlich erschöpft und bis in die Wurzeln meines Seins durcheinander war, ist mir keinerlei Gebet möglich gewesen; ich dachte dann an die letzten Worte meines Vaters am Bahnsteig, als ich von Lille wegfuhr: ‚Wenn du es zu manchen Stunden nicht mehr schaffst zu beten, denk dran, dass unser aller Gebet das deine ist und sag einfach zu Gott: *Herr*, ich kann nicht mehr beten, aber höre bitte auf das Beten der Familie, die diesen Abend zum gemeinsamen Gebet versammelt ist.' Fällt es dir wirklich schwer, Maurice, einzugestehen, dass dieses Gebet für den Sohn, den so sehr geliebten Bruder, der dort die Hölle erlebte, bei Gott seine Wirkung tat?

Wie ist doch derjenige zu beklagen, der keine Familie hat, bei der er denken kann: „Wenigstens beten sie alle für mich“! Das ist die verzweiflungsvollste Einsamkeit. Aber eigentlich gibt es keinen einzigen Christen, der ein derartiges Fehlen jeder Gnade kennt. Die Kirche ist die Familie, die für alle Kinder Gottes betet. Sie denkt an alle, und kein Einziger ist von ihrer liebevollen Fürsorge ausgeschlossen. Und wenn ich von der Kirche spreche, berufe ich mich gleichzeitig auf die im Himmel und die auf der Erde. Was für ein Irrtum, sich nur auf unser persönliches Gebet zu verlassen und das der Familie zu vernachlässigen!

Vielleicht sagst du mir nun: Sie lassen die Kirche die Rolle spielen, die Christus zukommt. Warum sollte ich ein anderes Gebet brauchen als das Seine? – Du hast recht; Christus ist der große Fürsprecher. Der Brief an die Hebräer zeigt ihn uns als *„Den, der allezeit lebt, um für uns einzutreten“*. Und seine Fürsprache genügt. Und der *Vater* hört einzig sein Gebet. Aber was genau ist denn das Gebet der Kirche, wenn nicht das Gebet Jesu Christi? Glaubst du dem heiligen Paulus, wenn er erklärt: „Nicht mehr ich lebe, sondern Jesus Christus lebt in mir“; warum sollte es dir schwerfallen zu denken: Jesus Christus betet in Paulus, in Petrus, in all meinen Brüdern, wenn sie zu meinen Gunsten für mich eintreten?

Vergleiche haben nicht in jeder Hinsicht recht, aber ich möchte dir trotzdem abschließend ein Bild geben. Es handelt sich um eine lang zurückliegende Erinnerung. Ich besuchte eine unserer berühmten französischen Kathedralen; der dortige Organist führte mich; seine (ungefähr sechs Jahre alte) kleine Tochter begleitete ihn. Nachdem er mich die Portale, Kapitelle, Kirchenfenster … hatte bewundern lassen, führte er mich zu der großen Orgel. Mireille (seine Tochter) bat ihn um etwas; er tat zunächst so, wie wenn er es nicht gehört hätte. Schließlich willigte er ein und setzte den Motor in Bewegung. Das Kind sitzt ernst auf dem Sitz des Organisten; bewegt und gleichzeitig beherzt schlägt es einen Akkord an. Und so kommt es, dass all die steinernen Heiligen,

Patriarchen, Propheten, Märtyrer, Jungfrauen erwachen; die Kathedrale beginnt vom Grund bis zur feinen Spitze ihres Turms hinauf zu vibrieren. Und so kommt es, dass das staunende kleine Mädchen, um zu seinem Gott zu beten, über sehr viel mehr verfügt als seine zarte Stimme: über den riesigen Chor aller Heiligen, die sie zum Erwachen gebracht hat, über die mächtige Stimme der uralten Kathedrale, die auf einmal nicht mehr stumm ist. Von dir, Maurice, von deinem Glauben hängt es ab, dass alle Kinder Gottes, alle Heiligen des Himmels – ob berühmt oder verborgen –, all deine Brüder der Kirche – ob tugendhaft oder sündig – anfangen, für dich einzutreten.

So ist das Gesetz der Gemeinschaft der Heiligen: Jeder will für alle zur Verfügung stehen, jeder verfügt über alle. Johannes vom Kreuz hat es gut zum Ausdruck gebracht: „Mein sind die Himmel, mein ist die Erde, mir gehören die Völker; die Gerechten sind mein, mein sind die Sünder; die Engel sind mein, die Mutter Gottes ist mein und alle Dinge, und sogar Gott ist mein und für mich, denn Christus ist mein und ganz und gar für mich."

63 Die Jakobsleiter

Mein lieber Freund, ich habe mich sehr gefreut zu hören, dass du nie für dich allein betest, sondern gleich von Anfang an bemüht bist, deine Brüder aus der weiten Welt mit hineinzunehmen und alle Geschöpfe zusammenzurufen. Ein Christ ist tatsächlich nie mehr einsam. Durch seine Taufe hat sich die große katholische Gemeinschaft für ihn aufgetan: Wenn er betet, kann es fortan nur *in* der Kirche, *mit* der Kirche, *im Namen* des Weltalls sein. Doch nicht allein mit der Kirche auf Erden sollst du dich im Gebet verbinden, sondern auch mit dem himmlischen Jerusalem. Überschreite doch die Pforte der Gottesstadt, tritt ein; eine festliche Schar wird dich empfangen, die versammelten Engel, die den Dienst des lebendigen Gottes feiern. Der heilige Johannes beschreibt uns in der Geheimen Offenbarung wunderbar diese Liturgie vor dem lebendigen Gott:

„Und siehe, ein Thron stand im Himmel, und auf dem Throne saß Einer … Und rings um den Thron vierundzwanzig Throne, und auf diesen Thronen saßen vierundzwanzig Älteste, angetan mit weißen Gewändern und goldenen Kränzen auf ihren Häuptern … Vor dem Throne etwas wie ein Meer, durchsichtig wie Kristall. Und in der Mitte vor dem Thron und um den Thron vier Wesen, vorn und hinten mit Augen übersät … Und sie hören nicht auf, Tag und Nacht zu wiederholen: ‚Heilig, heilig, heilig ist der Herr, Gott, der Allherrscher, der war, der ist und der kommt.' Und jedesmal, wenn die Wesen Ehre, Ruhm und Dank dem spenden, der auf dem Throne sitzt und lebt von Ewigkeit zu Ewigkeit, dann fallen die vierundzwanzig Ältesten vor dem, der auf dem Thron sitzt, nieder und beten den an, der lebt von Ewigkeit zu Ewigkeit. Sie legen ihre Kränze vor den Thron und sagen: ‚Würdig bist du, unser Herr und Gott, Ruhm, Ehre und Macht zu empfangen, denn du hast das All gegründet, und durch deinen Willen war es und wurde es geschaffen'" (Offb 4,2–11).

Doch schau, aus diesem ewigen Lobgesang erhebt sich ein „neues Lied". Es feiert die Menschwerdung, den Tod und den Sieg des Sohnes Gottes, der gekommen ist, um den Menschen die grenzenlose Liebe seines Vaters zu offenbaren:

„Und ich sah und ich hörte eine Stimme vieler Engel rings um den Thron und um die Wesen und um die Ältesten, und ihre Zahl war zehntausend mal Zehntausende und tausend mal Tausende, die mit lauter Stimme riefen: ‚Würdig ist das Lamm, das geschlachtet wurde, zu empfangen Macht und Reichtum und Weisheit und Stärke und Ehre und Herrlichkeit und Lobpreis.' Und jedes Geschöpf, das im Himmel und auf der Erde und unter der Erde und auf dem Meere ist, und alles, was drinnen ist, hörte ich rufen: ‚Dem, der auf dem Throne sitzt, und dem Lamme der

Lobpreis und die Ehre und die Herrlichkeit und die Macht von Ewigkeit zu Ewigkeit.' Und die vier Wesen sprachen: ‚Amen.' Und die Ältesten fielen anbetend nieder" (Offb 5,11–14).

Christus steht also im Mittelpunkt dieser Liturgie. Wie sollte die Kirche da nicht auch gegenwärtig sein, wo doch die treue Braut an der Seite des Bräutigams bleibt? Und nicht allein die Kirche, die man die triumphierende nennt, sondern auch die pilgernde, mühselige, streitende Kirche, die Kirche auf Erden. Übrigens erinnert uns jede Präfation in der Messe daran: „… durch Christus unsern Herrn. Durch ihn loben die Engel deine Majestät, die Herrschaften beten sie an, die Mächte verehren sie erschaudernd, alle himmlischen Kräfte jubeln ihr zu. Mit ihnen lass, so flehen wir, auch uns einstimmen und voll Ehrfurcht bekennen: Heilig, heilig, heilig ist der Herr des Alls!"

Verstehe wohl: Das Sanktus der Heiligen Messe ist unendlich mehr als ein entferntes Echo des himmlischen Festes; es bedeutet, dass das christliche Volk mit der jubelnden Schar verbunden ist und die irdische Liturgie sich in die Liturgie der Engel einfügt, dass wir Sünder das Recht haben, uns mit der himmlischen Liturgie zu vereinigen, zur Ehre der Heiligkeit Gottes und zur Herrlichkeit des siegreichen Christus.

Denke nicht, wir hätten uns vom Gegenstand entfernt. Ich vergesse nicht, dass ich mit dir von deinem Gebet spreche und nicht vom liturgischen Gebet. Aber gerade das persönliche Beten steht in enger Beziehung zur Welt der Engel. Dafür finde ich eine anschauliche Illustration in der Heiligen Schrift. Als die Nacht gekommen war, legte Jakob einen Stein unter seinen Kopf und schlief ein. Freilich handelt es sich um einen geheimnisvollen Schlaf, ähnlich dem Adams während der Erschaffung der Frau, ähnlich dem Abrahams zur Zeit des Bundesschlusses mit Gott, um einen betenden Schlaf. *„Ich schlafe, aber mein Herz wacht."* Da erblickt Jakob eine Leiter, die auf der Erde steht, deren Ende aber den Himmel erreicht; auf dieser Leiter gehen und kommen Engel, steigen auf und steigen nieder. In der gleichen Weise werden auch die Engel, wenn der Christ betet, aufmerksam, unwiderstehlich zu ihm hingezogen; sie kommen, um ihn zu ihrer großen Liturgie einzuladen und ihn brüderlich hineinzuziehen. Das ist nicht verwunderlich: Ist nicht in dem, der betet, Christus selbst der Beter? Jesus hat gesagt: „*Wahrlich, wahrlich, ich sage euch, ihr werdet den Himmel offen und die Engel Gottes über dem Menschensohn auf- und niedersteigen sehen*" (Joh 1,51).

64 Gegenwart Marias

Um Marias Platz in unserem Gebetsleben zu verstehen, müssen wir zuerst ihr Beten betrachten. Dieses Vorhaben wäre anmaßend, wenn wir uns dadurch in die Innigkeit der Liebe zwischen dem unendlich vollkommenen Gott und der reinsten Jungfrau einzudrängen versuchten: Das ist ein unantastbares Allerheiligstes. Wir können nur auf der Schwelle stehen, anbeten, schweigen. Aber ohne das Geheimnis zu verletzen, darf man wohl versuchen, etwas vom Gebet des Heiligsten aller Geschöpfe zu ergründen.

Und denken Sie vor allem nicht an Marias Gebet wie an eine räumlich und zeitlich sehr ferne Tatsache. Nichts ist aktueller und uns zugänglicher. Wagen wir es, uns zu nähern, leise in ihr Gebet zu gleiten, wie man sich in das Dunkel einer Kapelle vorwagt.

Angesichts der erhabenen Majestät ist sie, das junge Menschenkind, in Anbetung. Sammeln wir uns, hier streifen wir das Mysterium … Sie singt auch, singt einen sehr reinen Lobgesang. Dem, der geruht hat, sich über ihre Kleinheit zu neigen und in ihr und durch sie große Dinge zu tun.

Sie betet für ihre unzählbaren Kinder, oder vielmehr sie betet in ihrem Namen. Das ist eine ausgezeichnete Art, für die zu beten, die man liebhat. Wie viele dieser Kinder vergessen ihren Gott, unterlassen es, für seine Gaben zu danken, seine Vergebung zu erbitten, seine Allgewalt anzuerkennen. Aber glücklicherweise ist die Mutter da, und sie erfüllt an ihrer Stelle, was sie vernachlässigen.

Sie achtet auf jeden, vermittelt für jeden bei ihrem Sohne, bietet das stammelnde Gebet des einen, den zögernden guten Willen des anderen an. Sie verwendet sich für alle: für den, der leidet, oder für den, der, wenn die Versuchung droht, sich Gott verschließt, für den, der dem Tode nahe ist …

Sie betet in der Art der Mütter. Ich möchte sagen, dass sie ihre Kinder zu Gott bringt, sie ihm darbringt, wie sie einst auf ihren Armen den ganz Kleinen darbrachte, der der Sohn des Allmächtigen war.

Auf Ihre Frage: „Welchen Platz nimmt Maria im Gebet der Katholiken ein?", antworte ich zuerst, wie Sie sehen, indem ich von dem Platz spreche, den wir in ihrem Gebet einnehmen. Unser bestes Gebet ist jenes, das die allerseligste Jungfrau in unserem Namen und für uns verrichtet. Der Christ, der beten will, fängt also damit an, neben seiner betenden Mutter niederzuknien. Wenn er, von ihrer Andacht ergriffen, durch das Gebet in die Gemeinschaft mit Gott gelangt, ist nun die Reihe an Maria, bei seinem Gebet anwesend zu sein. Denn wenn es einen Anblick auf Erden gibt, der ihr mütterliches Herz bewegt und erfreut, so sicher der, zu sehen, wie einer der Ihren versucht, mit dem Herrn zu sprechen und auf ihn zu horchen. Und wie man mit beiden Händen eine zarte Flamme im Wind beschützt, so behütet Maria mit ihrem ganz mächtigen Gebet das Beten ihres Kindes.

65 Noch einmal: Gegenwart Marias

Nicht ich selbst, sondern ein kleiner Bruno wird Ihnen heute etwas über das Beten sagen. Es ist mir eine Freude, den Brief abzuschreiben, den seine Mutter mir geschickt hat:

„Herr Pfarrer! ‚Der Christ, der beten will, fängt damit an, neben der betenden Mutter Maria niederzuknien', schrieben Sie im Augustheft. Dieser Brief würde in mir ohne Zweifel nicht den Widerhall gefunden haben, wenn sein Inhalt nicht merkwürdigerweise mit einer Familienszene übereingestimmt hätte, die ich Ihnen erzählen will.

Unsere vier Kinder (8, 7, 5 Jahre und 22 Monate) hatten mit ihren Cousinen in dem alten Ferienhaus länger aufbleiben dürfen, es war sehr spät: halb elf. Die Augen fielen ihnen zu. Als ich sie zu Bett brachte, sagte ich zu ihnen: ‚Setzt euch heute Abend ausnahmsweise auf eure Betten zum Beten.' Ich selbst setze mich auf das Fußende eines der Betten. Ich fange an zu beten, und beim langsamen Vorbeten des Vaterunsers bin ich wohl in Andacht versunken. So sehr, dass ich nicht gleich merke, dass der kleinste, Bruno, ergriffen wieder aufsteht, sich auf das Bett kniet, dicht bei mir, meine Hände löst, die seinigen zwischen die meinen schiebt und ‚Jesus' sagt. Ich habe weiter gebetet, sehr bewegt, ihn mit keinem Finger angerührt. Nachher haben die Großen mir erklärt: ‚Er schaute dich an, er schaute dich an, und mit einem Mal ist er aufgestanden.'

Ohne Ihren Aufsatz, den ich ‚zufällig' zehn Minuten später las, hätte ich nur eine rührende Erinnerung an diese köstliche Entdeckung eines Kindes behalten. Aber von nun an wird mir mein Beten mit Maria um vieles leichter werden."

66 Atheismus und Gebet

Sehr geehrter Herr Pfarrer,

in der katholischen Umwelt, in der ich mich bewege, spricht man viel vom Atheismus, seitdem die Väter des Konzils dieses Thema angepackt haben. Wie wenn man sich plötzlich dieses neuen und erschreckenden Phänomens bewusst würde. Ein kurzer Satz des tschechischen Bischofs Hnilica, der aus dem Konzentrationslager herauskam, hat einen Schock ausgelöst: „Ein Drittel der Welt steht unter dem Einfluss des Atheismus, der kein Hehl daraus macht, die ganze Welt erobern zu wollen."

Und die Reaktionen, auf die ich um mich herum stoße, sind nicht weniger vielfältig als jene der Väter während der 136. Generalkongregation des 2. Vatikanischen Konzils. Vielfältig sind auch die Ursachen, denen man dieses beängstigende Phänomen zuschreibt.

Aber mich erstaunt, dass fast nie das erwähnt wird, was in meinen Augen, zumindest in unseren Ländern des Westens, eine der hauptsächlichen Ursachen für das Anwachsen des Atheismus ist: das Schweigen über Gott. Die Christen, Priester und Laien, sprechen selten von Gott. Ich stehe nicht allein mit dieser Feststellung. Dieser kurze grausame Satz ist mehr als zwanzig Jahre alt: „Seit Langem schon hat die Religion nichts mehr mit Gott zu tun." Im Verlauf der letzten Jahre hatte ich die Gelegenheit, bei Gläubigen durchgeführte Umfragen über die sonntägliche Predigt auszuwerten: dieselbe Feststellung. Ein Romanautor, von dem ich im Übrigen nicht weiß, ob er praktizierender Katholik ist, hat denselben Mangel beobachtet. In einem seiner letzten Romane liest man die folgende Passage, die – wie könnte es anders sein! – die Empörung der dem Zeitgeist verhafteten Presse erregt hat: „Die Wahrheit ist, dass man nicht mehr von Gott spricht. Niemand spricht mehr von Gott, am wenigsten die Leute der Kirche wie auch ihre Zeitschriften… Zu einer Zeit, in der die Materie mehr Gewicht hat als jemals zuvor, bräuchte es da nicht Propheten? Menschen, die bei jeder passenden oder unpassenden Gelegenheit von Gott als dem Schöpfer und dem Herrn über Welt und Leben sprechen? … Ach! Wir würden es den Priestern gerne nachsehen, ihre Soutane auszuziehen, ja, sich sogar als Tänzerin zu kleiden, wenn nur sichergestellt wäre, dass sie nur Gott im Munde führten" (R. Bésus).

Wie können die Christen darauf hoffen, dass die Ausbreitung des Atheismus gestoppt wird, dass das Reich Gottes auf der Erde zustande kommt, wenn sie der Welt nicht zuallererst Gott zur Kenntnis bringen, wenn in ihrem Reden Gott immer der ewig stillschweigend Vorausgesetzte bleibt?

Lieber Pater,

seien Sie ohne Sorge; Ihr Brief hat in mir kein Ärgernis erregt. Ich habe oft ähnliche Feststellungen getroffen. Ich füge hinzu, dass ich in den Exerzitien für Priester – obwohl ich einer beträchtlichen Anzahl davon gefolgt bin – selten ein wenig ausführlich und tiefgründig von Gott, seinem innersten Leben, seinen Vollkommenheiten habe sprechen hören.

Aber warum spricht man so selten von ihm? Das ist die eigentlich wichtige Frage. Die Antwort unterliegt meiner Meinung nach keinem Zweifel: Man kennt Gott nicht. Man kennt ihn nicht in dem Sinn, den die Heilige Schrift diesem Wort gibt: Kennen heißt für den Menschen der Bibel eigentlich die konkrete Erfahrung eines Wesens haben; jemanden kennen bedeutet, persönliche Beziehung mit ihm zu pflegen. *„Erfahrt und seht, wie herrlich unser Gott ist"*, sang der Psalmist – er kannte Gott. *„Das ist das (auf dieser Erde eingeführte) ewige Leben: dich, den einzigen wahren Gott, zu erkennen"* (Joh 17, 3, EÜ). Und wir wissen, dass für ihn eine solche Kenntnis „Kommunion" ist.

Nur der spricht gut von Gott, der ihn kennt, der ihn mit dieser aus der Erfahrung kommenden Kenntnis kennt (ob der Pfarrer gegenüber seiner Gemeinde, der Vater – oder die Mutter – mit ihren Kindern, der Theologieprofessor …). Sein Wort erreicht das intime Ich seines Gesprächspartners, das Herz im biblischen Sinn des Wortes, das „Zentrum der Seele", wie die Mystiker sagen. Es ist fähig, im Adressaten den Sinn für Gott wachzurufen, anzuregen, zu entwickeln.

Aber nun stellt sich eine zweite Frage: Warum gibt es so wenige „Gotteskenner", die von ihm zu sprechen wissen, die ihn mit Ungeduld zur Kenntnis bringen wollen? Ich antworte ohne Zögern: weil man das Gebet vernachlässigt, vor allem jene Gebetsform, welche die großen geistigen Lehrer und Autoren seit Jahrhunderten Kontemplation nennen.

Man kritisiert dieses Wort. Ich gebe zu, dass es missverstanden werden kann. In der Tat kontempliert man Gott nicht wie ein Gemälde. Zwischen dem Kontemplativen und dem Gott, den er kontempliert, gibt es keine Entfernung: Diesen Gott findet er in sich selbst, im Innersten seiner Seele erfährt er seine Gegenwart, seine Liebe, sein Licht. Aber gleichgültig, welches Wort man benutzt, die grausame Tatsache ist: Man vernachlässigt das Gebet, man verunglimpft die Kontemplation. Demjenigen, der ein Leben des Gebets wählt, bereits jenem, der dem Gebet Zeit schenkt, wird vorgeworfen, vor der eigentlichen Sache der Menschen davonzulaufen, die großen und drängenden apostolischen Aufgaben falsch einzuschätzen. Angesichts solcher Lehren hat man in diesen letzten Jahren Trappisten gesehen, die ein schlechtes Gewissen hatten und sich fragten, ob sie nicht in der Fabrik arbeiten sollten.

Wie sind wir da weit weg von der Überzeugung der großen christlichen Lehrer, einem Augustinus, einem Gregor, einem Thomas von Aquin …, die unerschrocken das Primat der Kontemplation bekräftigten: der Kontemplation als einem Zustand des Lebens, aber auch und zunächst der individuellen Kontemplation, die eindringliche und saftvolle Kenntnis Gottes ist. Wie oft haben sie doch den an Maria gerichteten Satz Christi kommentiert: *„Maria hat das Bessere gewählt, das soll ihr nicht genommen werden"* (Lk 10,42, EÜ)! Der heilige Augustinus hat es mit einer kurzen, berühmten Formulierung getan: *„Martha turbabatur, Maria epulabatur"*, ein Satz, der deutsch schwer wiederzugeben ist: „Martha war geschäftig, Maria kostete aus."

Die Behauptung aufrechtzuerhalten, dass die Kontemplativen uneffektive Wesen seien, heißt, nichts von der Geschichte der Kirche zu wissen. Die Verleumder des kontemplativen Lebens würden schnell ihre Meinung ändern, wenn sie wohlwollend die Lebensbeschreibungen des heiligen Bernhard, der Katharina von Siena, der Maria von der Inkarnation und soundso vielen anderen läsen. Immer haben die kraftvollsten und kühnsten Apostel der Kirche ihre missionarischen Energien in der Kontemplation aufgefrischt.

Und Gott allein weiß, was sein Reich all den unscheinbaren und unbekannten Kontemplativen verdankt, die im Übrigen nicht alle in Klöstern leben: Ich kenne Männer und Frauen, die mitten in der Welt leben und wahrhaftigere kontemplative Menschen sind als manche Mönche.

Völlig sicher bin ich mir auch darüber: Wenn das kontemplative Leben in der Kirche abnimmt, nimmt der Irrtum in vielfältigen Formen zu – so wie heute der militante Atheismus, von dem einer der Väter des Konzils gesagt hat, dass er der „schlimmste Irrtum, die tödliche Krankheit unserer Zeit" ist.

Diese Flutwelle, welche die Erde zu überschwemmen droht, wird nur zurückgedrängt werden, wenn die Kirche zunächst die größte Anstrengung unternimmt, damit in ihrem Inneren das kontemplative Leben wieder aufblüht, damit in allen sozialen Schichten und Kreisen wieder wirkliche Kontemplative aufleben. Dann wird man nicht mehr über den Mangel an Aposteln klagen, dann werden die Propheten des lebendigen Gottes zunehmen.

67 Mimoûna, die Schwarze

So bringen also Ihre „jungen Wildlinge" ihre Zeit mit Streiten zu. Und Sie, ihre Mutter, bekümmert das. Und es wird nur immer schlimmer, sagen Sie mir. (Ich habe diese Ihre vier Jungs eigentlich sehr sympathisch gefunden!)

Handelt es sich um eine Frage der Erziehungsmethode? Ich bin mir da nicht so sicher wie Sie, obwohl ich weit entfernt bin von dem Gedanken, Ihnen von der Lektüre von Büchern über die Erziehung abzuraten. Aber ich fürchte, dass Sie viel Zeit damit verlieren werden, die Pädagogik zu suchen, die Wunder ermöglicht.

Sie lassen mich an den Arzt denken, der – immer erfolglos – eine Methode nach der anderen ausprobiert, weil er den Zustand seines Kranken einer falschen Ursache zuschreibt. Bevor Sie nach Mitteln suchen, um die Situation zu verbessern, sollten Sie sich die Frage nach den wirklichen Ursachen stellen.

Werden Sie mir gestatten, die Hypothese vorzubringen, dass diese Ursachen oder wenigstens eine von ihnen in Ihnen selbst wohnen? Eine aus der Heiligenlegende des Islam stammende Erzählung wird Ihnen meinen Gedanken besser verständlich machen als lange Ausführungen:

„Abdalwâhid Ibn Zeid wollte wissen, wer sein Nachbar im Paradies sein würde, und ihm wurde gesagt: ‚Oh Abdalwâhid, du wirst Mimoûna, die Schwarze, zur Nachbarin haben.' – ‚Und wo ist sie, diese Mimoûna, die Schwarze', fragte er mit mehr Wagemut als Zurückhaltung weiter. – ‚Bei den Banou Un-Tel, in Koufa.' So ging er nach Koufa und holte Erkundigungen über Mimoûna ein. Sie war, so sagte man ihm, eine Verrückte, die beim Friedhof Schafe weidete. Er fand sie betend. Die Herde weidete ganz allein, und das war umso wunderbarer, als unter den Schafen Wölfe waren und die Wölfe die Schafe nicht fraßen und die Schafe keine Angst vor den Wölfen hatten … ‚Wie kommt es', fragt Ibn Zeid also, ‚dass diese Wölfe sich so gut mit den Schafen vertragen?' – ,Ich habe die Beziehung zu meinem *Herrn* verbessert', antwortete Mimoûna, ,und mein *Herr* hat die Beziehung zwischen den Schafen und den Wölfen verbessert.'"

Jede Mutter einer Familie sollte sich angesichts des Ungehorsams oder der Uneinigkeit ihrer Kinder unablässig fragen, ob die wirkliche Begründung dafür nicht darin zu finden ist, dass sie selbst ihre Beziehung zu Gott vernachlässigt.

Was auf der Ebene der Familie gilt, stimmt auch im Sozialen. Die rein menschlichen Mittel, die psychologischen Kenntnisse, erzieherischen Begabungen, Autorität und Prestige sind machtlos, um zwischen den Menschen, denen seit der Ursünde ein Virus der Zwietracht innewohnt, die Eintracht herzustellen, vor allem jene Eintracht in der Nächstenliebe, die Christus mit solcher Nachhaltigkeit fordert.

Die Einheit der Kinder Gottes ist ein Werk, das allein Christus verwirklichen kann und das er durch die Sendung des Heiligen Geists verwirklicht. Erst nach Pfingsten wurde den Jüngern gesagt, dass sie ein einziges Herz und eine einzige Seele haben.

Niemand kann Einheit gut herstellen, der sich nicht weit dem Geist Gottes öffnet. Wie? Zunächst durch den Empfang der Sakramente, aber auch durch das Gebet. Ohne dieses rennt der Heilige Geist, der durch die Sakramente zu uns kommt, gegen verschlossene Türen an. Dank des Gebets durchdringt uns der Heilige Geist jeden Tag mehr, wodurch nach und nach die Einheit zustande kommt – in uns (denn zuallererst herrschen Streit und Spaltung in uns); aber dann auch um uns herum.

Ab da erweist sich apostolisches Tun als wirksam, ein Tun, das nicht nur darin besteht, unsere Brüder einzeln dazu zu bringen, dem *Herrn* besser zu dienen, sondern auch darin, die Einheit der Kinder Gottes zu realisieren, von der uns Christus, bevor er die Seinen verließ, in seinem großen Gebet hat wissen lassen, dass sie sein tiefstes Verlangen ist.

Räumen Sie also dem Gebet einen größeren Platz in Ihrem Leben ein; dann werden Sie mir, dessen bin ich mir sicher, bald schreiben können: „Ich habe meine Beziehung zu meinem *Herrn* verbessert, und mein *Herr* hat die Beziehung zwischen meinen ‚jungen Wildlingen' verbessert, bei denen ich die Hoffnung nicht verliere, sie bald meine ‚jungen Lämmer' nennen zu können!"

68 „In der Bresche aushalten"

Um die Mittagsstunde, da der Patriarch vor dem Eingang seines Zeltes sitzt, erhebt er seine Augen und gewahrt Jahwe, der, von zwei Engeln begleitet, vorübergeht. Er steht auf, wirft sich zu Boden und bietet dem geheimnisvollen Wanderer seine Gastfreundschaft an. Dieser erneuert das Versprechen der Nachkommenschaft und vertraut ihm an, dass er sich in die Städte Sodom und Gomorrha begibt, um sie zu richten. Nun macht sich Abraham vor Gott zum Anwalt der sündigen Städte, und sein Gebet, das erste, das wir in der Heiligen Schrift lesen (Gen 18), ist eine Fürsprache für die Schuldigen, eine vertrauende Fürsprache, klug, kühn, eindringlich. Abraham eröffnet die lange Reihe der Fürsprecher, die sich von Geschlecht zu Geschlecht in Israel ablösen werden.

Etwa sechs Jahrhunderte später wird Mose gleichsam zum Archetyp eines Fürsprechers. Als Jahwe, des Unglaubens seines Volkes müde, ihm erklärt: *„Jetzt lass mich, mein Zorn entbrennt gegen sie, und ich will sie ausrotten! Aber aus dir will ich ein großes Volk machen"* (Ex 32,9), verstehen wir schon bei den ersten Worten, dass Mose einer ist, der Gott nicht nach seinem Willen tun *lässt*. Er geht nicht darauf ein, die Mitverantwortung für sein Volk aufzugeben, selbst wenn er dafür eine ehrenvollere Stellung empfinge. Ist er doch in Gottes Auftrag der

Führer dieses Volkes, also muss er sein Verteidiger, sein Fürsprecher beim Herrn selbst sein.

Richter, Könige, Propheten werden nach Abraham und Mose, wenn die Reihe an ihnen ist, dieses „Volk mit dem steifen Nacken" verteidigen und oft Barmherzigkeit erlangen. Doch wehe den Jahrhunderten, in denen Gott keine Fürsprecher mehr findet! *„Ich habe unter ihnen einen gesucht, der eine Mauer erbaue und in der Bresche vor mir aushalte, um das Land zu verteidigen und mich zu hindern, es zu vernichten; und ich habe niemanden gefunden"* (Ez 22,30).

Sehen Sie, wie wunderbar diese Definition, besser noch: diese Schilderung des Fürsprechers ist: Es ist der Mensch, der einen Wall baut, um seine Brüder zu beschützen, und der in der Bresche, wo die Züchtigung eindringen könnte, Wache steht.

Aber all diese Fürsprecher der Heiligen Schrift sind in Wirklichkeit nur Vor-Bilder, schwache Entwürfe des großen, einzigen Fürsprechers Jesus Christus. Hier ist der Mensch, den Gott suchte: aufrecht, mit ausgebreiteten Armen verwehrt er in der Bresche den Durchgang. Wirksamer als Abraham fleht er für die sündige Welt, und weil er sich kraft der Menschwerdung mit der menschlichen Natur bis zum unzertrennlichen Einswerden mit ihr verbunden hat – *et Verbum caro factum est* –, ist seitdem die menschliche Natur mit dem Vater versöhnt. Ein für allemal hat Jesus Christus sich dargebracht, ein für allemal hat er die Brücke zwischen Menschheit und Gottheit wiederhergestellt. In einer Hinsicht ist seine Aufgabe als Fürsprecher vollendet. Doch ebenso wahr ist, dass er in jedem Bruchteil von Zeit und Raum gegenwärtig sein will, um bis zum Ende der Zeiten sein Amt als Fürsprecher auf Erden fortzuführen. Und um das zu tun, zählt er auf uns, seine Jünger. Wir sind an der Reihe, an uns ist es jetzt, in der Bresche zu stehen, zu wachen. An uns ist es, einzustehen für die ungeheure Zahl der Menschen insgesamt, zuerst aber und ganz besonders für den Bereich der Welt, der Zeit und der Menschheit, in den wir gesendet sind, um Christus zu inkarnieren und seine Fürsprache fortzusetzen.

Mehrmals in meinem Priesterleben ist es mir vorgekommen, als durchschaute ich die Strategie des Herrn: Um sich nicht von jener sündigen Familie, jenem kleinen entchristlichten Dorf abwenden zu müssen, erweckt er in ihrer Mitte einen Beter. Und er segnet diesen Ort, diesen Kreis von Menschen, in dem er ein geliebtes Kind hat: einen jungen Kranken, eine bescheidene Bäuerin, einen armen Landpfarrer, die inständig beten …

Das Gebet dieser Fürsprecher ist nichts anderes als das Gebet Christi selbst, ohne das jenes nichts wäre, überhaupt nicht bestünde. Es ist Christi Gebet, in ihnen erweckt durch den Geist Christi. Einer der Eigennamen dieses Geistes ist: „Paraklet"; das bedeutet Anwalt, Verteidiger, Fürsprecher. Zweifellos verteidigt der Heilige Geist jene, in denen er wohnt, aber zugleich bittet er in ihnen und durch sie für die Menschheit.

Was auch immer alle diese Fürsprecher auf Antrieb des Heiligen Geistes in ihrer armen menschlichen Sprache auf Erden erbitten, der verherrlichte Christus sitzt zur Rechten des Vaters, um es in den Himmel zu übertragen: Denn der auferstandene Herr lebt, und der heilige Johannes und der heilige Paulus sagen uns: „Er hört nicht auf, Fürsprache für uns einzulegen" (Joh 2,1; Hebr 7,25).

Fürsprache, das ist wirklich eines der großen Worte aus dem Wortschatz des Gebetes; es ist tatsächlich eine sehr hohe Aufgabe und bezeugt zugleich große Liebe zu Gott und große Liebe zu den Menschen.

69 Die ausgebreiteten Arme

Ich habe gerade eine Seite in dem *Gesicht eines Bruders* von D. G. Mukerji, einem Hindu, gelesen, die sehr anschaulich die Macht des Gebetes zeigt. Hier das Wesentliche:

Gegen Ende seines Lebens zog sich ein heiliger Mann in eine Gebirgshöhle zurück, um Gott besser zu finden. Die Bauern in der Gegend unterließen es nicht, ihm Früchte und Brot zukommen zu lassen, und manchmal stiegen sie bis zu ihm hinauf. Die jungen Leute protestierten gegen diese Verschwendung für einen unnützen Menschen. Doch die Greise brachten die jungen Rationalisten zum Schweigen: „Einem heiligen Mann muss man Opfergaben schicken, ob er nun für das Wohl irgendeines Menschen lebt oder nicht. Ist Heiligkeit nicht das Kleinod des Daseins?"

Nach zwanzig Jahren fand man ihn eines Tages tot am Eingang der Grotte.

Sechs Wochen später wurde im Dorf ein entsetzliches Verbrechen begangen. Die Bevölkerung war außer Fassung vor Abscheu und Furcht. Die Alten fingen an zu fasten und zu beten. Plötzlich rief einer von ihnen: „Ich habe das Geheimnis entdeckt." Und vor versammeltem Volke erklärte er: „Es ist wahr, dass der heilige Mann, als er in seiner Grotte lebte, nie einen Finger gerührt hat, um uns zu helfen, noch einem Elenden Hilfe gebracht oder einen Kranken gepflegt hat. Doch die Tugend zeugte Tugend, das Leben brachte besseres Leben hervor. Alles ging gut bei uns. Kein Mensch hat seinem Bruder das Leben genommen, solange der Heilige lebte. Ist die Spur nicht klar? Er hat zwar niemals für uns gearbeitet, aber die Tatsache, dass der Löwe da war, hielt den Wolf des Unglücks von unseren Türen fern."

Diese Erzählung erinnert uns unwillkürlich an eine großartige Stelle in der Heiligen Schrift, wo wir im siebzehnten Kapitel des Buches Exodus lesen: *„Die Amalekiter überfielen die Israeliten und griffen* *sie bei Raphidim. Josua, der sich nach den Anweisungen des Mose richtete, zog zum Kampf gegen Amalek aus. Mose, Aaron und Hur waren auf den Gipfel des Hügels gestiegen. Und siehe, solange Mose die Arme (zum Gebet) erhoben hatte, war Israel stärker. Wenn er sie sinken ließ, siegte Amalek. Als Moses Arme erschlafften, nahmen Aaron und Hur einen Stein und legten ihn diesem unter. Er setzte sich darauf, während Aaron und Hur seine Arme stützten, der eine auf der linken, der andere auf der rechten Seite. So sanken die Arme des Mose nicht mehr herab bis zum Untergang der Sonne. So überwand Josua den Amalek und seine Leute mit der Schneide des Schwertes."*

Die Söldner Amaleks verstehen nicht, welche Kraft ihren stürmischen Angriffen widersteht. Das schlecht ausgebildete und kleine Heer der Hebräer genügt nicht, um diesen Widerstand zu erklären. Sie zweifeln nicht, dass dieser Mann, der dort oben kaum sichtbar auf dem Gipfel des Hügels steht und noch viel weniger bewaffnet ist als seine Truppen, die Ursache ihrer Niederlage ist. In ihm ist, weil er betet, Gott anwesend. Und die göttliche Allmacht, die von ihm ausgeht, stärkt seine Männer im Kampf, beschützt sie wie ein unsichtbarer, unverletzlicher Wall.

Die beiden Erzählungen, die wir eben vernahmen, erhalten ihren vollen Sinn nur im Licht einer Stelle des Evangeliums. Auf einem anderen Hügel breitet abermals ein Mensch seine Arme aus. Zwei Nägel halten sie fest. Von ihm strahlt die göttliche Kraft über die Welt aus. Es gibt nichts in Raum und Zeit, was sich dieser Kraft entzieht. Sie stärkt alle jene, die sich ihr öffnen und sich ihr überlassen; sie stützt sie in ihren Kämpfen, handelt machtvoll in ihnen und durch sie und hält die Dämonen und ihre Rotte in Schach.

Wenn das Gebet des Mose und sogar das des heiligen Mannes aus Indien wirksam war, dann deshalb, weil ihnen von Golgotha her die Kraft zuströmte, die sie anriefen, ohne sie zu kennen. Wenn das Gebet der Christen mächtig ist, dann deshalb, weil es ausgeht von der unerschöpflichen Quelle göttlicher Kraft, das heißt vom Herzen des Gekreuzigten, der sein machtvolles Sohnesgebet verrichtet.

70 Beten heißt kooperieren

Als ich Ihren Brief las, habe ich mir gesagt: Warum sollte ich die Fragen eines Protestanten nicht … durch einen Protestanten beantworten? Und so habe ich in meiner Bibliothek wieder zu einem bereits oft gelesenen Buch gegriffen, und dies nie, ohne daraus neuen Schwung für das Gebet zu schöpfen: *Le problème de la prière* (etwa: „Das Problem des Gebets") von Fernand Ménégoz. Ich bin sicherlich weit davon entfernt, mich allen Thesen des Autors anzuschließen. Aber welch glühende Überzeugung, welch ein Glaube an die grundlegende Bedeutung des Gebets! Diese Bedeutung, von der Sie mir schreiben, dass sie Ihnen nicht begreiflich ist.

Das Wesentliche seiner Botschaft fußt auf der denkbar reinsten biblischen Überlieferung. Eine der zahlreichen Definitionen des Gebets, die man in seinem Buch zusammentragen kann, bietet eine Zusammenfassung seiner Botschaft: „Das christliche Gebet ist der Schrei eines Herzens, das, durch die Gnade des souveränen Gottes gewonnen, als höchste Freude nur jene kennt, mit Gott zu ‚kooperieren' und das göttliche Heilswerk in der menschlichen Gesellschaft triumphieren zu sehen."

Man läuft Gefahr, diese Definition zu akzeptieren, ohne ihre ganze Tragweite zu ermessen. Der Autor selbst hat ohne Zögern eine beträchtliche Gelehrsamkeit entfaltet, um sie auf den 500 Seiten seines Buches zu rechtfertigen. Er attackiert zunächst einen Irrtum, den er für besonders gefährlich hält und der darin besteht, vom christlichen Gebet zu sprechen und dabei ausschließlich vom Standpunkt des Menschen auszugehen. Wie wenn es eine einfache menschliche Aktivität unter vielen anderen wäre, wie wenn der sich selbst überlassene Mensch fähig wäre, es hervorzubringen, und Gott ein Gegenüber wäre, ein Gesprächspartner, an den man Bitten richtet, der außerhalb von uns bleibt, so wie wir für ihn außerhalb seiner selbst sind, jeder auf seiner Seite, ohne dabei im Übrigen die besten Beziehungen zu unterhalten.

Fernand Ménégoz zwingt uns, die Betrachtungsweise umzukehren. Um das Gebet zu verstehen, so wiederholt er in allen möglichen Formen, darf man nicht vom Menschen ausgehen, sondern von Gott. Von Gott, der in der Welt und in jedem von uns am Werk ist, von Gott, der sein Werk verwirklicht, sein Heilswerk, das Werk, das uns der Apostel Paulus im ersten Kapitel seines Briefes an die Epheser in einer kraftvollen Synthese bietet: die Vereinigung aller Menschen in seinem auferstandenen Sohn, die durch den Glauben offen für seine Gnade sind.

Dieser Gott, der ohne Unterlass am Werk ist, um zu vergeben, wiederzubeleben und zu retten, lädt den Gläubigen dazu ein, mit ihm zu arbeiten. Beten heißt eben dies: mit Gott zu kooperieren. Zunächst, damit in jedem von uns das Werk Gottes sich verwirkliche, dass sein Name gepriesen werde, dass sein Reich komme, dass sein Wille geschehe. Ein solches Gebet ist von Grund auf uneigennützig, „es ersetzt das Prinzip, das dazu neigt, aus der Gottheit die Dienerin des Menschen zu machen, durch das gegenteilige Prinzip, das aus dem Menschen den von Gott völlig abhängigen Diener macht; dieses Gebet ist Sehnsucht, die Herrlichkeit des ‚*Herrn* über Himmel und Erde' offenbar zu machen und zugunsten des Menschen nur verlangt, was diese Herrlichkeit zum Strahlen bringt.

Aber der Christ kooperiert mit seinem Gebet nicht nur beim Werk Gottes in ihm, er wirkt auch mit am Werk des souveränen und heiligen Gottes in der ganzen Welt. Dieses Gebet ist mehr als Arbeit: Es ist Kampf. Der Christ ist jedoch nicht allein, um bei dieser Arbeit und diesem Kampf durchzuhalten: Der Geist Christi drängt ihn, leitet ihn, stützt ihn, reißt ihn mit.

Und wenn Fernand Ménégoz die Zukunft des Christentums und der Welt ins Auge fasst, findet dieser Gelehrte die Vehemenz der Propheten, um uns vorauszusagen, dass, falls die Theologie weiter daran festhält, die Wichtigkeit des Gebets zu unterschätzen, falls die Christen sich bei einem egozentrischen, allein von ihren – materiellen oder spirituellen – Interessen bestimmten Gebet aufhalten, noch viel mehr falls sie, unter dem Einfluss von Philosophien, die dem Gebet feindlich gesonnen sind, zu beten aufhören, unser Jahrhundert in geistiger Dunkelheit und wissenschaftlicher Barbarei enden wird. „Entweder das Christentum erobert die Welt durch das Gebet, oder es wird zugrunde gehen." „Hier geht es für das Christentum um die Frage: Leben oder Tod."

Falls hingegen das wirkliche christliche Gebet, jenes, das nur die Interessen und die Herrlichkeit Gottes antreibt, von den Christen wieder gefunden wird, dann wird das Christentum eine neue Reinheit und Ausbreitung kennen. Dank seiner wird die Menschheit zu einer höher stehenden Zivilisation Zugang finden. „Das Christentum ist nur in Gemeinschaften eroberungsfähig …, in denen der ganz eruptive und ‚primitive' Geist des Gebets der Evangelien weiter wirkt." „Das Gebet ist das missionarische Ereignis schlechthin." „Die einzige wirklich zivilisatorische Macht ist die Kirche, die betet." „Die *Ecclesia orans* bildet die einzige Quelle eines wirklichen, tiefen und dauerhaften Fortschritts, eines Fortschritts, der mit dem Individuum die Gesellschaft erneuert."

Und warum besitzt das Gebet eine solch große Macht? Weil, um es noch einmal zu sagen, es keine Aktivität des Menschen, sondern das Tun Gottes im Menschen ist, mit dem der Mensch verbunden ist. Christus sagte: *„Mein Vater und ich handeln ohne Unterlass"*; der Mensch, der betet, vereint sich in sich selbst mit dem allmächtigen göttlichen Tun, liefert sich ihm aus, kooperiert mit ihm, bietet ihm das Mittel, um in eine Welt einzudringen, die sich gegenüber dem Tun Gottes sonst verschließen würde.

„Selig, die hungern und dürsten“

Lang ist der Weg, der zur vollkommenen Vereinigung mit Gott führt. Das Gebet wird abwechselnd zu Sehnsucht und demütiger Bitte, Kampf und Treue. Nach und nach wird es reiner in der Geduld und der Uneigennützigkeit, bis es nur noch das Verlangen nach der Herrlichkeit Gottes ist.

Der Hunger nach Glück, der im Herz des Menschen so tief verwurzelt ist, bildet eine der mächtigsten Triebfedern für unseren spirituellen Fortschritt. Weit entfernt davon, diesen Hunger zu fürchten, müssen wir ihm erlauben, im Gebet kräftiger zu werden. (1. Glück) – Der Hunger nach dem Absoluten, der dem Hunger nach Glück verwandt ist, verbindet sich mit ihm, um uns zu Gott hinzuziehen, was bereits das Wirken des Heiligen Geistes in uns bezeugt. (2. Der Hunger nach dem Absoluten) – Aber auf der Erde kann unser Bedürfnis nach Glück und nach Absolutem nicht völlig befriedigt werden. Daher ist unser Gebet im Tiefsten das Flehen eines Menschen im Exil. (3. Das Seufzen des Heiligen Geistes) – Durch Hoffnung aufgerütteltes Flehen: Zweifelsohne ist die Anschauung Gottes nicht für jetzt, was nicht verhindert, dass Gott uns unverzüglich zu einer ständig wachsenden Nähe zu sich einlädt. (4. „Die Hoffnung lässt nicht zugrunde gehen“)

– Trotzdem muss sich unsere Sehnsucht nach Gott in der Geduld reinigen. Zu sehr noch mischt sich „Gier“ hinein. (5. Das Beten muss Fasten sein, bevor es Festmahl wird) – Hüten wir uns davor, uns eher an die Gaben des *Herrn* als an den *Herrn* selbst zu binden. (6. Der Geber oder die Gaben?) – Gott lässt die geistige Dürre und die Erfahrungen der Nacht zu, weil er will, dass sich unsere Hoffnung von allen unguten Beimischungen frei macht. (7. Uneigennützig?) – Diese Reinigung des Verlangens nach Gott bedeutet in keiner Weise seine Minderung. Je reiner dieses Verlangen ist, desto mehr wird es zum unersättlichen Durst nach dem lebendigen Gott; den vehementen Ausdruck dafür finden wir in den Psalmen und in den Schriften der großen Mystiker. (8. „Wie lechzendes Land …“) – Eines Tages wird unserem Verlangen die Vereinigung mit Gott gewährt. Sie ist das Werk der Caritas. Aber wir müssen demütig um die Gabe der Gottes- und der Nächstenliebe bitten, denn sie hat ihre Quelle nicht im Herz des Menschen, sondern im Herz Gottes. (9. Bettler vor Gott) – Wir können die Gegenwart und den Fortschritt der Caritas in uns an dem Zeichen erkennen, dass das Verlangen nach der Herrlichkeit des *Herrn* zum einzigen Antrieb unseres spirituellen Lebens wird. (10. Zuerst die Verherrlichung Gottes)

71 Glück

Ihre das Glück betreffende Einstellung erinnert mich an das Verhalten einer Zuhörerschaft von Studenten, vor denen ich eines Tages das folgende Thema erläuterte: Das Gebet bringt uns ein großes Gut: Es weckt unseren Hunger nach Glück, wenn dieser eingeschlafen ist; es intensiviert diesen Hunger, wenn er bereits lebendig ist. Bei dem darauf folgenden Austausch war ich erstaunt über ihre Reaktionen. Einer von ihnen fragte, ob man vom Gebet nicht vielmehr erwarten müsse, dass es dieses Bedürfnis in uns zum Schweigen bringt. Ein anderer machte die Bemerkung: Besteht das Streben aller spirituellen Menschen nicht darin, den heiligen Gleichmut zu erlangen: Streben Buddhisten und Christen nicht eben nach diesem Gleichmut als der höchsten Weisheit? Erlangt man nicht schließlich die für den spirituellen Fortschritt erforderliche innere Ruhe, wenn der Hunger nach Glück bezwungen ist?

Die Debatte war sehr angeregt und dauerte lang. Die einen wie die anderen verteidigten sich, wie wenn ich eine Ruhe bedrohte, die sie nicht ohne Mühe erobert hatten, und zwar genau durch die Verdrängung ihres Strebens nach Glück. Ich glaube jedoch, dass es mir gelungen ist, sie davon zu überzeugen, dass gerade dieses Streben der beste Anreiz für ihren spirituellen Fortschritt sein könnte. Wird mir das auch mit Ihnen so gut gelingen?

Die Menschen, in denen das Verlangen nach Glück erlischt, sterben bald an Entkräftung. Jene hingegen, die an ihm nicht zweifeln, die es nähren, verdanken ihm ihre größten Freuden und – das ist wahr – ihre bittersten Enttäuschungen. Wenigstens leben sie, und das intensiv. Das Risiko besteht darin, eines Tages an den Punkt zu kommen, wo sie an den Geschöpfen verzweifeln. Aber ist dieses Risiko nicht die größte Chance, genauer gesagt die größte Gnade, unter der Bedingung, dass sie eben dadurch verstehen, dass ihr Verlangen nach Glück durch nichts gestillt werden kann, das weniger ist als Gott?

So bleibt, dass allein das Gebet, indem es diesen Hunger sozusagen filtert, es dem Menschen ersparen kann, sich zu verirren und zu verderben. Die großen Beter werden schnell zu großen Glückshungrigen, und was sie brauchen, ist absolutes Glück. Und so lockert Gott die Bande zu allem. Diese Ablösung ist jedoch keine Gleichgültigkeit; sie ist vielmehr heimliches Einvernehmen: Durch diese Ablösung verbinden sie sich mit allen Geschöpfen in ihrem geheimen Streben nach Glück und reißen diese mit hin zu jenem Gott, nach dem ihr ganzes Wesen voller Sehnsucht und Hoffnung verlangt.

Gott erscheint ihnen nicht nur wie jemand, der ihre ganze menschliche Glücksfähigkeit erfüllen kann, sondern er schafft in ihnen Platz für ganz neue Fähigkeiten. Diese Arbeit der Ausweitung bewirkt in ihnen gleichzeitig Schmerz und größer werdende Hoffnung, denn sie wissen sehr wohl, dass Gott nur Platz schafft, um mehr zu geben.

Ich kann Ihnen deshalb gar nicht genug raten, zu Beginn des Gebets, in größerer Tiefe als die vielfältigen Verlangen an der Peripherie Ihres Seins nach Ihrem tiefsten Verlangen zu suchen, der Wurzel aller anderen Verlangen: dem nach Glück. Befreien Sie es von allem, was es überdeckt und behindert, richten Sie es auf den aus, nach dem es, vielleicht ohne es zu wissen, verlangt; es wird bald erwachen, leben, in Ihnen ein zweifelsohne höchst störender Gast sein, dem Sie es aber ab da zu verdanken haben, sich nicht mehr mit einfachen Spiegelungen des Glücks zufriedengeben zu können; und es wird Sie ohne Unterlass bedrängen, den seligmachenden Gott zu erkennen und zu besitzen.

72 Der Hunger nach dem Absoluten

Gestern, als ich Ihnen zuhörte, schien es mir, bereits einmal gehört zu haben, was Sie mir sagten. Aber so sehr ich auch in den Archiven meiner Erinnerung wühlte, habe ich nichts gefunden. Heute taucht die Erinnerung, die Sie in mir wachgerufen haben, mit einer mich erstaunenden Genauigkeit aus dem Dunkel auf. Vielleicht finden Sie darin das eine oder andere Erhellende.

Ein junger, mit mir befreundeter Priester litt unter der wachsenden Schwierigkeit, sich zu konzentrieren, was ihm die Studien, die er verfolgte, sehr schwierig, wenn nicht unmöglich machte. Er suchte einen Psychiater auf, und danach teilte er mir die Ratschläge mit, die er erhalten hatte. Streng genommen liefen sie auf einen einzigen Rat hinaus:

Age quod agis, hatte ihm der Fachmann gesagt; „Seien Sie bei dem, was Sie tun, handeln Sie bewusst; fangen Sie also damit an, die Empfindungen, die Ihnen widerfahren, einfach wahrzunehmen. Sie waschen sich die Hände: Achten Sie auf die Frische des Wassers; Sie essen einen Pfirsich: Achten Sie auf seinen Geschmack … Ihr Leid heißt, dass Sie zweigeteilt sind: Ihr Bewusstsein ist von etwas anderem in Beschlag genommen und ist nur halb bei dem, was Sie tun."

Ich erinnere mich an meine recht heftige Reaktion, denn ich hatte das Gefühl, dass diese Ratschläge meinen Freund in die Gefahr brachten, in die Irre zu gehen. „Ich wette mit dir", sagte ich zu ihm, „dass du es nicht schaffen wirst, ganz bei dem zu sein, was du fühlst!" So habe ich ihm meinerseits einige Fragen gestellt, um zu überprüfen, ob meine Reaktion berechtigt war: „Du sprichst von deiner Unfähigkeit, dich zu konzentrieren, aber das ist mit Sicherheit nicht das einzige Symptom für das, was sich in dir zuträgt. Wenn du mit dem Auto unterwegs bist, fährst du nicht immer ein bisschen schneller, es als angemessen wäre? Wie wenn du es eilig hast anzukommen, wie wenn du endlich am Ende der Fahrt etwas Gutes finden müsstest, hinter dem du schon lange her bist? Stimmt es nicht, dass du nicht herumschlendern kannst, dass du immer von den Dingen und den Menschen, und zuallererst von dir selbst enttäuscht bist?" Er stimmte dem zu. „Gut", fügte ich hinzu, „hier meine Diagnose: In dir ist ein Bedürfnis nach dem Absoluten, das niemals befriedigt wird und das deshalb dafür sorgt, dass du nie anhalten kannst. Das ist nichts anderes als das Bedürfnis nach Gott, das während deiner langwierigen und mit Leidenschaft gelebten Jahre des Seminars größer geworden ist. Und heute bist du, nach dem Wort des Psalmisten, ‚wie der Hirsch, der nach lebendigem Wasser lechzt', wie ‚dürstende Erde'. Die Schwierigkeit, dich zu konzentrieren, die Symptome, auf die ich dich gerade aufmerksam gemacht habe und die du bestätigst, sind nur die Erscheinungsweisen eines tiefen Bedürfnisses, das du bis jetzt nicht zur Kenntnis genommen hast. Du wirst nicht dadurch geheilt werden, dass du bei den Geschöpfen nach armseligen Befriedigungen suchst, sondern indem du begreifst, dass dein Hunger nur von Gott gestillt werden kann."

Am nächsten Morgen erwartete ich meinen Freund wie gewohnt zum Frühstück. Da er nicht kam, beschloss ich, allein zu frühstücken. Nach eineinhalb Stunden tritt er in mein Büro und erklärt mir seine Verspätung: „Als die Messe zu Ende war und zu Beginn meiner Danksagung wurde mir die innere Gegenwart eines absoluten Hungers bewusst, den ich noch nie festgestellt hatte. Ich habe ihn auf Gott ausgerichtet. Es war, wie wenn ein lange gefangen gehaltenes Gebet in die Freiheit entlassen würde. Die Zeit ist vergangen, ohne dass ich es bemerkt hätte: Während mich normalerweise meine Zerstreutheit quält und ich es – das sage ich nicht gerade stolz – eilig habe, wegzukommen, bin ich zwei Stunden dageblieben und habe gebetet." Um mir verständlich zu machen, was sich zugetragen hatte, griff mein Freund zu einem amüsanten Bild: „Während dieser zwei Stunden, in denen meine Seele von einem großen Frieden ergriffen worden ist, brauchte ich nur meine Anbetung, meine Bitten, mein Loben, meine Anliegen auf eine Rolltreppe zu legen, die sie bis zu Gott brachte."

Irre ich mich, wenn ich denke, dass auch in Ihnen ein nicht identifiziertes Bedürfnis nach dem Absoluten vorhanden ist, das Ihrem ganzen Leben Ungeduld und Unruhe verleiht. Lernen Sie also, es zu erkennen; lassen Sie nicht mehr zu, dass es zu den geschaffenen Dingen hin irrt, die es nur enttäuschen und zur Verzweiflung treiben können, und wenden Sie es entschlossen Gott zu, seinem einzigen wirklichen Gegenstand. Ich weiß nicht, ob Sie die Erfahrung meines Freundes machen werden, der durch ein sehr großmütiges Leben vorbereitet war, aber ich bin zumindest überzeugt, dass Sie dieser vagen Angst, die Sie plagt, und dieser immer wiederkehrenden Enttäuschung entkommen werden.

Dieser Hunger nach dem Absoluten ist nicht eine Sehnsucht unter vielen anderen, sondern die grundlegende Sehnsucht des Menschen. Sie kann geleugnet werden, auf die schiefe Bahn geraten, verdrängt werden, aber man kann sie nicht beseitigen; sie ist eins mit unserem spirituellen Wesen, sie ist die Substanz unseres geistigen Seins. Auf der Erde, im Himmel, in der Hölle: Niemand kann sich so, wie man einen Mantel ausziehen kann, von ihr freimachen. In der Hölle ist sie wie in Reinform da, der Verdammte ist zu seinem Bedürfnis nach dem Absoluten verdammt, dem aber endgültig sein eigentliches Objekt versagt ist – ein verzehrender Hunger, der nichts zu verzehren hat, ein unauslöschliches Feuer, das nichts zu verbrennen hat außer demjenigen selbst, der die Wohnstatt dieses Hungers ist. Im Himmel erreicht dieses Verlangen genau in dem Augenblick seinen Höhepunkt, in dem es durch die Schau und den sättigenden und beseligenden Besitz des lebendigen Gottes gestillt wird. *„Ich werde mich satt sehen im Angesicht deiner Herrlichkeit“* (Ps 17,15).

Während unseres Aufenthalts auf der Erde ist das Gebet die bevorzugte Stunde, um diesen Hunger von allen Wünschen, die wie Parasiten an ihm hängen, von allen Zerstreuungen, die uns von ihm ablenken, zu befreien, indem wir ihm erlauben, sein eigentliches Gegenüber – Gott – wiederzufinden. Es stimmt, dass er auf dieser Erde nicht voll befriedigt werden kann; in einem gewissen Sinn intensiviert, verstärkt ihn das Gebet sogar; aber wenn er erkannt wird, ist er keine Ursache von Angst mehr. In wem er wohnt und sich entwickelt, der erinnert sich voll Freude an das Wort, das Pascal Christus in den Mund gelegt hat: „Sei getröstet. Du würdest mich nicht suchen, wenn du mich nicht gefunden hättest.“

73 Das Seufzen des Heiligen Geistes

Mein lieber Etienne,

ich will unbedingt den Satz deines Briefs aufgreifen: „Es stört mich jedes Mal, wenn ich höre, dass der Heilige Geist in uns ‚mit unaussprechlichem Seufzen' betet. Dieser Ausdruck macht auf mich einen ungemein doloristischen Eindruck!" Habe ich recht, wenn ich annehme, dass du dich zurückgehalten hast hinzuzufügen: „Mir graut vor Leuten, die stöhnen." Ist es nicht so, dass deiner Meinung nach der Heilige Geist uns viel eher zu triumphierenden Hosanna-Rufen anregen sollte?

Weißt Du, von wem der von dir beanstandete Ausdruck stammt? Vom heiligen Paulus! Du wirst mir zustimmen, dass er keine lahme Ente, sondern eine mannhafte Seele war, kämpferisch, ganz auf den Sieg ausgerichtet. Wenn er dieses Wort, das dir so missfällt, verwendet hat, dann sicherlich, weil er kein passenderes gefunden hat, um das Gebet des Heiligen Geistes zu bezeichnen, das er, sobald er sich sammelte, am Grund seiner selbst vorfand. Ja, aus seiner feurigen und starken Seele stieg ein beständiges Seufzen auf; das war einer der beherrschenden Züge.

Nimm den Zusammenhang in Betracht, also das Kapitel 8 des Römerbriefs: Du wirst bald bemerken, dass das Wort Seufzen sicher nicht aufs Geratewohl gewählt wurde. Es kommt drei Mal in drei aufeinanderfolgenden Abschnitten wieder, es steht in enger Beziehung zu dem Begriff „warten", den man ebenfalls drei Mal findet, und mit dem der Hoffnung (fünf Mal).

Was wird hier also mit Seufzen erwartet, erhofft? Unsere Freisetzung, unsere Befreiung. Während wir tatsächlich mit all unserer Kraft danach streben, uns mit dem *Vater* zu vereinen, der uns ruft und uns anbietet, ewig in seiner Liebe und seinem Glück zu leben, halten uns hier die Erde, die Zeit, der Körper gefangen. Während unsere Liebe für den *Vater* auflebt, wird in uns die Hoffnung umso vehementer, unser Seufzen umso drängender.

Du wirst sehen, dass nach dem heiligen Paulus nicht nur die christliche Seele, sondern die Natur, das ganze Universum von diesem Seufzen umgetrieben werden: die Sterne und die Erde, die Wüste und der Wald, das Getreide und die Tiere. Ein verstecktes, nicht zu unterdrückendes, beständiges Seufzen, wie eine riesige Woge ohne Ende, steigt aus dieser Welt zu Gott auf, die sich, ohne es zu wissen, danach sehnt, „an der glorreichen Freiheit der Kinder Gottes teilzuhaben".

Der Christ weiß, was die Schöpfung nicht weiß. Und das Seufzen der Dinge und das der Menschen – die oft nicht besser als die Dinge wissen, wonach sie sich sehnen – vereint sich im *Herrn* mit dem Seufzen seines eigenen Herzens des Kindes, das ungeduldig die so sehr ersehnte Begegnung mit seinem *Vater* erwartet.

Wir sind, wie du siehst, weit entfernt von dem Seufzen der sentimentalen Klage einer kraftlosen Seele. In Wirklichkeit handelt es sich um eine kosmische, aus den Tiefen des Seins entspringende Sehnsucht, um einen metaphysischen Drang. Dieser Drang jedoch bliebe vergeblich, wenn der Heilige Geist nicht sein „unaussprechliches Seufzen" (unaussprechlich will sagen: in Menschensprache nicht übertragbar) mit dem der Geschöpfe vereinen würde, um es in ein unwiderstehliches Gebet umzuwandeln, dem gegenüber Gott nicht taub bleiben kann.

Kurz, dieses universelle Seufzen ist, einem kraftvollen Bild des Heiligen Paulus nach, das einer Schöpfung, die von den Schmerzen einer geheimnisvollen und gewaltigen Geburt geplagt ist, der Geburt des Reiches Gottes.

74 „Die Hoffnung lässt nicht zugrunde gehen"

Aber die Stunde der Verzweiflung ist die Stunde der Hoffnung!

Sie machen die harte Erfahrung Ihrer spirituellen Schwäche, Ihrer Ohnmacht darin, Gott zu dienen; Ihre mangelnde Zuverlässigkeit bedrückt Sie; Sie kommen nicht voran, und das entmutigt Sie: Ich bin weit davon entfernt, mich dadurch beunruhigen zu lassen, denn all dies zeigt mir, dass Gott in Ihrem Leben am Werk ist. Christus hat Sie zunächst verführt, erobert, und Sie haben enthusiastisch darauf geantwortet. Jetzt ist er dabei, Sie zu formen. Er fängt damit an, Sie Ihre radikale Armut entdecken zu lassen. Sie werden ohne Zweifel bei dieser Entdeckungsreise noch weiter gehen müssen, sodass Sie sich ganz mit Ihrer Armseligkeit einverstanden erklären, dass Sie sie wahrhaftig akzeptieren.

Sobald Sie nicht mehr gegen diese Armseligkeit revoltieren, sondern wie der Heilige Paulus sich ihrer „rühmen" (2 Kor 12,5), kann das Werk der Gnade in Ihnen schnell voranschreiten. Wozu sich um die Schwachheit des Menschen kümmern, wenn die Gnade Gottes genügt (siehe 2 Kor 12,9)!

Wie Sie sehen, setzt dies eine Umkehrung der Blickrichtung voraus, eine Konversion Ihrer tiefliegenden Haltung. Sie sind ausgezogen, um Ihr Heil zu erobern, doch eigentlich müssen Sie es *erhoffen*. Erinnern Sie sich an eine andere, bereits weit zurückliegende Erfahrung. Sie waren gerade Nadine begegnet, und Sie hatten keinerlei Zweifel daran, dass sie Ihre Frau werden soll; aber sie teilte Ihre Überzeugung nicht. Ich erinnere mich an Ihre Ungeduld, an Ihre Anspannung. Der an den Erfolg gewöhnte junge Mann, der Sie waren, trat unruhig auf der Stelle. Es gibt Siege, die man nicht durch hohe Kampfkunst gewinnt: Damals wussten Sie das nicht. So viele Jugendliche haben die

Vorstellung, dass man alles mit Kraft, Intelligenz und Geld erreichen kann! Sie mussten die Welt der Unentgeltlichkeit entdecken, die auch die Welt der Liebe ist. Sie durften sich dieser jungen Frau nicht nähern, indem Sie sie erobern, sondern indem Sie „seufzen" – das Wort wirkt lächerlich, was nichts daran ändert, dass es das, worum es geht, sehr gut zum Ausdruck bringt. Das Gleiche gilt für die Gaben Gottes: Wer vorgibt, sie zu gewinnen, dem verweigert er sie; er gewährt sie hingegen dem, der seufzt, ich will damit sagen, dem „Hoffenden", demjenigen, der sie allein von der Großzügigkeit Gottes erhofft.

Im Gegensatz zu dem, was Sie denken, begründet so Ihre Armseligkeit Ihr großes Anrecht auf die Wohltaten des *Herrn*: Die Armut bringt die Hoffnung hervor und die Hoffnung kann nicht enttäuscht werden. Der Reiche wird mit leeren Händen weggeschickt, genau weil er bereits erfüllt ist und deshalb nichts hat, worauf er hoffen kann. Der Hungernde dagegen wird gesättigt werden. Lesen Sie die Seligpreisungen wieder. Wer wird selig erklärt? Der Arme. Und warum? Weil er, der irdischen Güter bar, bereit ist für die Güter Gottes.

Es stimmt, dass die Armut allein nicht die Hoffnung hervorbringen könnte, wenn sie sich nicht auf die Versprechen des *Herrn* stützte; aber an diesen Versprechen gegenüber der Menschheit hat es seit dem Tag der ersten Sünde nicht gemangelt (siehe Gen 3,15). Auch ist die Menschheit niemals ganz in der Verzweiflung versunken. Schlagen Sie Ihre Bibel auf und folgen Sie den Spuren des Themas der Hoffnung. Nehmen Sie Abraham, der mit jener grausamsten Armut geschlagen war, die darin besteht, keine Kinder zu haben: Gott verspricht ihm eine unzählbare Nachkommenschaft, unzählbar wie die Sterne, die im Orient die Sommernächte bevölkern. Aber er muss mit einer reinen Hoffnung hoffen, die allein in der Macht Gottes gründet. Daher die endlosen Aufschübe. Man nennt ihn den Vater der Glaubenden; er verdiente genauso den Titel Vater der Hoffenden. Ob es um die Hebräer in Ägypten geht oder um die nach Babylon verschleppten Juden, Gott schreitet dann ein, wenn alle menschlichen Gründe zu hoffen versagen und die Menschen sich endlich an ihn wenden. Immer dieselbe Pädagogik: Gott kann seine Gaben nur der Hoffnung gewähren, und damit es in einem Menschen zu dieser Hoffnung kommt, hat Gott oft kein besseres Mittel, als ihn arm zu machen; zwischen Verzweiflung und der Hoffnung auf Gott wählt der Mensch dann vielleicht doch die letztere.

Etwas anderes lohnt eine Bemerkung. Abraham hofft schlicht und einfach auf eine menschliche Nachkommenschaft; die Juden erhoffen einen nationalen Befreier. Aber Gott will ihnen viel mehr geben: Abraham eine spirituelle Nachkommenschaft; den Juden die Befreiung aus einer viel schlimmeren Knechtschaft als die der Römer, nämlich die aus der Knechtschaft der Sünde. Mit Ihnen wird er genauso handeln. Er führt Sie dahin, wo Sie Ihre Kraft von ihm erhoffen, die es Ihnen erlauben würde, tugendhaft zu leben; er wird Ihnen noch etwas viel Wunderbareres geben: seine Liebe, seine Nähe. Er wird sich Ihnen schenken. Gott ist es wichtig, dass der Mensch, der seine Armseligkeit entdeckt, sich der Hoffnung öffnet. Er erhört diese Hoffnung, und zwar weit über das hinaus, was man erhofft.

Lassen Sie also die Hoffnung bei sich einkehren!

Aber beachten Sie dabei, dass Hoffnung nicht dasselbe ist wie Passivität. Sie zeigt sich in der Bemühung. Diese Hoffnung ist es, die Abraham dazu gebracht hat, sein Land, seinen Wohnsitz, seinen Komfort zu verlassen und sich auf den Weg zu machen; sie ist es, die die Hebräer während ihrer langen vierzigjährigen Odyssee in der Wüste gestützt hat; sie ist es auch, welche die Kolonnen von armen Juden beflügelt hat, die singend und fröhlich auf den Wüstenpisten in das zerstörte Jerusalem zurückkehrten. Wer hofft, macht sich unabhängig, macht sich frei, und solange er hofft, weigert er sich, sich festzusetzen. Wer hofft, schreitet voran; er schreitet voran, solange er hofft, denn das Wohl, das er erhofft, liegt vor ihm. Lassen Sie sich also mutig und ohne zurückzuschauen auf den Weg der Hoffnung ein.

Im Lauf der Jahre wird Ihre Hoffnung ihr Aussehen ändern. Am Anfang wird sie ohne Zweifel eine Angelegenheit Ihres Willens sein – eines Willens, der sich auf den Glauben an die göttlichen Versprechen stützt. Aber indem Sie sie leben, wird sie sich entwickeln, wird sie im Bewusstsein Ihrer Armut und vor allem mit Ihrer Liebe zu Gott größer werden. Liebe und Hoffnung sind in der Tat eng miteinander verbunden. Die Liebe, die etwas Gutes entdeckt hat, wie sollte sie nicht den vollen Besitz dieses Guten anstreben? So steht es um den, der den *Herrn* entdeckt hat. Nach und nach nimmt die Hoffnung sein ganzes Sein ein: Der Geist strebt nach einer immer vollkommeneren Erkenntnis Gottes; das Herz will ungeduldig eine vollkommene Nähe zu ihm; das Tiefste im Menschen schreit in dem Bedürfnis danach, ihn zu besitzen und von ihm besessen zu werden. Ich erfinde hier nichts: Sie brauchen nur die Schriften der großen spirituellen Lehrer zu lesen. An einem Punkt ihrer Entwicklung wird die Hoffnung immer zu unlöschbarem Durst, Durst nach dem lebendigen Gott. Und ihre Hoffnung wird nicht enttäuscht. Jesus Christus bietet ihnen dieses lebendige Wasser, von dem er gesagt hat: „Wer von dem Wasser trinkt, das ich ihm geben werde, wird niemals mehr Durst haben" (Joh 4,14, EÜ).

Ihre Hoffnung wächst und wird dadurch reiner; das gilt auch für die Liebe, aus der sie entspringt. Die auf sich selbst bezogene Hoffnung des Anfangs (man braucht Hilfe oder man sucht nach der fühlbaren Gegenwart Gottes) wird nach und nach zu einer Hoffnung für Gott: Man hofft nicht mehr für sich selbst, sondern für Gott. Für ihn wollen wir nun mit ihm vereint sein, um seiner Herrlichkeit und nicht um unserer Freude willen.

Auf der Linie dieser Reinigung siedelt sich die Erfahrung gewisser Mystiker an, bei denen die Hoffnung den Charakter brennenden, atemlosen, ungeduldigen Hungers verliert, sodass sie sich friedvoll den Händen Gottes überlassen können. Sie haben entdeckt, dass er sie noch viel mehr sucht als sie ihn. So zum Beispiel jener Moslem: „Eine

Stimme hat mir zugerufen: ‚O Aboû Yazîd, wonach hast du Sehnsucht?' Ich antwortete: ‚Ich sehne mich danach, nichts zu ersehnen, denn ich bin der Ersehnte und du bist derjenige, der Sehnsucht hat!'"

Ich habe Ihnen von dem Christen gesprochen, der aus der Hoffnung heraus lebt, wie wenn er isoliert wäre, aber er ist eingebunden in die unermessliche Schöpfung; er weiß das und wünscht, mit allen Wesen innerlich verbunden zu sein. Er nimmt die stumme Klage der Geschöpfe wahr, von der der heilige Paulus uns sagt, dass sie sich danach sehnen, an der herrlichen Freiheit der Kinder Gottes teilzuhaben; er leiht ihnen auch sein Herz und seine Stimme, damit ihre Klage in ihm zur Hoffnung wird.

Vor allem fühlt er sich mit den Menschen, seinen Brüdern, vereint: mit all den Armen dieser Erde, die nach Brot, einem Dach, einer Heimat, nach ein wenig Liebe und Wertschätzung und, oft ohne ihr Wissen, nach einem Gott suchen; auch mit all den Reichen, deren Vermögen, deren Vergnügungen nicht diesen Geschmack der Enttäuschung hätten, wenn sie nicht nach einem absoluten Glück trachten würden. Inmitten von ihnen allen, denen es an wahrer Hoffnung fehlt, ist er der Bruder, in dem ihre Wünsche, ihre Verzweiflung, ihre Enttäuschungen sich in ein Gebet der Hoffnung verwandeln.

Seine Kraft, seine Treue gegenüber der Hoffnung kommen ihm aus der Zugehörigkeit zum *Volk* der Hoffnung zu: der *Kirche*. Er weiß, dass er in Kommunion mit der Hoffnung all der Kinder Gottes steht, und er will es so. Eine Hoffnung, die durchaus Warten auf die Hilfe des *Herrn* ist, aber zunächst und vor allem Sehnsucht nach dem *Tag des Herrn*, dieses Tages, an dem Christus in Herrlichkeit zurückkommen, die Toten auferwecken, einen neuen Himmel und eine neue Erde schaffen und sich mit dem unzählbaren Volk der Geretteten dem Kuss des *Vaters* darbringen wird. Dann wird „Gott alles in allen" sein und es wird keine Hoffnung mehr geben: Seine Schöpfung wird an der unendlichen Glückseligkeit Gottes Anteil haben.

Allem Anschein nach habe ich Ihnen wenig über das Gebet gesagt. Aber eigentlich war es mir, während ich Ihnen schrieb, die ganze Zeit gegenwärtig. Denn das Gebet ist der bevorzugte Augenblick, in dem die Hoffnung sich erneuert und sich ausdrückt. Eingedenk der Versprechen des *Herrn* findet sie hier neue Kraft; in der Dürre des Gebets wächst ihre Sehnsucht; und wenn der *Herr* eine ahnbare Nähe zulässt, läuft sie ihm mit größerem Schwung entgegen.

„Die Hoffnung aber lässt nicht zugrunde gehen" (Röm 5,5).

75 Das Beten muss Fasten sein, bevor es Festmahl wird

Geduld und Ungeduld sind zwei von den vielen Tugenden, die das Gebet fordert. Ich sage ausdrücklich Ungeduld, obwohl wir sie nicht im offiziellen Katalog der Tugenden finden. Ist sie denn nicht eine Tochter der Liebe? Wie könnte der Liebende es ertragen, vom Geliebten getrennt zu sein und nicht vor ungeduldigem, gebieterischem Verlangen brennen, ihn wiederzusehen, ihn zu besitzen, mit ihm vereint zu sein? Aber dir braucht diese Ungeduld sicher nicht empfohlen zu werden; sie ist dir vertraut. Mir will dagegen scheinen, dass die Geduld dir weniger gegeben ist. Daher möchte ich über sie mit dir sprechen, weil sie dem besonders nottut, der im Beten weiter und höher kommen will.

Kaum sechs Monate bist du im Seminar, und schon bist du traurig, weil du noch nicht auf den Gipfeln des Gebetes angekommen bist! Ich bitte dich, sei geduldig, oder, wenn du lieber willst, geduldig-ungeduldig. Es ist gut, sehnsüchtig die Vereinigung mit Gott zu wünschen, aber der Weg ist lang, oder vielmehr: der Pfad ist steil, und wir müssen uns mit dem ruhigen Schritt und dem regelmäßigen Atmen des Bergsteigers auf den Weg machen.

Geduld, Geduld, und vergiss nicht, was uns die Etymologie des Wortes Geduld lehrt: Es kommt von erdulden. Wenn du entschlossen bist zu erdulden, durchzuhalten, der Wüste und der Nacht zu trotzen, dann habe Vertrauen. Aber bekräftige oft deinen Entschluss; er wird nicht selten bedroht sein, ganz besonders beim Beten.

Alte geistliche Schriftsteller gebrauchen, wenn sie von den Prüfungen des Gebetes sprechen, einen sehr starken Ausdruck: „Wir müssen Gott erdulden", *„pati Deum"*, empfehlen sie uns; wir müssen einwilligen in die lange, harte, erfinderische, beharrliche Arbeit des Heiligen Geistes in uns, der langsam den eigensinnigen, zähen „alten Menschen" sterben lässt, damit sich der „neue Mensch" erhebe, befreit von seinen Schlacken, glühend wie Metall aus dem Feuerofen.

Geduld, tapfere Geduld wie die Jakobs, der eine ganze lange Nacht mit dem Engel ringt, und sich, obgleich verwundet, weigert, den Kampf aufzugeben, um so schließlich in der Morgenfrühe zu erreichen, dass ihn sein furchtbarer Gegner segnet (siehe Gen 32,25–30).

Während ich dir schreibe, erinnere ich mich an etwas längst Vergessenes: die Mahnung zur Geduld, die ein alter Mönch an einen Novizen richtet. Sie steht in *Miguel Mañara*, dem „Mysterienspiel" des großen litauischen Dichters Milosz. Bevor ich schließe, schreibe ich die betreffenden Zeilen ab und überlasse sie dir zum Nachdenken:

„Liebe und Hast passen schlecht zueinander, Mañara. Die Geduld ist es, an der man die Liebe misst. Ein gleichmäßiger, sicherer Schritt, das ist die Gangart der Liebe, ob sie zwischen Jasminhecken am Arm eines Mädchens oder allein zwischen zwei Gräberreihen hinführt. Geduld …

Der allzu leidenschaftliche Hunger ist auch eine Versuchung. Man muss das Unkraut und die welke Wurzel zerkauen mit den Zähnen eines Tieres, das eine schöne Weide und lange, lange Sommerstunden vor sich hat.

Denn das Beten muss ein Fasten sein, bevor es ein Festmahl wird, Nacktheit des Herzens, bevor es Mantel des Himmels sein kann, rauschend von Welten. Vielleicht wird ein Tag kommen, an dem Gott dir erlauben wird, ungestüm einzudringen wie eine Axt in das Mark eines Baumes, blindlings zu fallen wie ein Stein in die Nacht des Wassers und singend hineinzufahren wie das Feuer in das Herz des Metalls."

76 Der Geber oder die Gaben?

Françoise, danken Sie Gott, der Ihnen zu beten hilft. Diese Sehnsucht nach und dieses Gefallen am Gebet, diese während des Gebets ganz leicht fallende Aufmerksamkeit auf Gott, diese freudvolle Glut, die in Ihnen wie eine lebendige Quelle entspringt, all das sind ausnahmslos wertvolle Gnaden. Oft macht Gott sich auf diese Weise zum Gebetsmeister seiner Kinder: Damit sie sich zu diesem Weg des Gebets entschließen, kommt er ihnen, wie wenn er für die Sinne fassbar wäre, zu Hilfe. Aber man muss wissen, dass er nach einer Zeit seine anfänglichen Gnadengaben zurücknehmen wird, damit die abgestillte Seele im reinen Glauben fortschreitet. Die Stunde wird für Sie kommen – und das vielleicht bald –, das, was Sie jetzt glut- und lichtvoll erleben, in innerer Dürre und Nacht zu glauben. Bereiten Sie sich auf diese neue Phase vor. Wenn ich Ihre Zeilen lese, fürchte ich manchmal, dass Sie sich mehr an die Gaben binden als an den Geber. Was zählt, ist Gott zu gefallen, nicht, seine Gnadengaben zu genießen. Beim Beten gilt für die spürbaren Gnaden dasselbe wie für alle Gaben Gottes: Entweder findet der Mensch durch sie einen Zugangsweg in die Nähe seines *Herrn*, oder er macht sich von ihnen wie von Idolen abhängig.

Aber ich merke, dass ich an Sie, die junge Gymnasialschülerin, in recht abstrakten Worten schreibe: Vielleicht lässt Sie ein einem Film entliehenes Bild meinen Gedanken besser erfassen.

In einer ärmlichen Hütte wohnt eine dreiköpfige Bauernfamilie. Am Geburtstag der jungen Frau begibt sich ihr Mann, die mageren Ersparnisse in der Tasche, in die benachbarte Stadt. Sie auszugeben ist verrückt – aber wenn man jemanden liebt … Er bringt ein wertvolles Paket zurück, das er, kaum zu Hause, glücklich seiner Frau hinhält. Voller Staunen entdeckt sie ein wunderbares Paar Damenstrümpfe; die Strümpfe sind tatsächlich für sie, die arme Bäuerin; sie hat so etwas noch nie getragen. Sie bewundert sie, sie kann gar nicht aufhören, sie von allen Seiten zu betrachten, sie zärtlich zu streicheln, ohne zu merken, dass ihr Mann traurig weggeht, wie wenn er ein Störenfried wäre; dann kommt er wieder zu ihr, die immer noch nur Augen für ihre Strümpfe hat; schließlich kann er nicht mehr anders, als sie seine Enttäuschung sehen zu lassen … Die Frau versteht ihn sofort. Sie ergreift eine Schere und zerschneidet die Strümpfe in Stücke: Sie ist zornig auf das, was für einen Augenblick lang ihre Augen von ihrem Geliebten abgelenkt hat. Und sie wirft sich in die Arme ihres Mannes.

Mögen die Gaben des *Herrn*, Françoise, für Sie eine Einladung sein, sich in seine Arme zu werfen, nicht eine Versuchung, sich an ihnen zu ergötzen.

77 Uneigennützig?

Kennen Sie die seltsame Erzählung am Anfang des Buches Ijob: *„Eines Tages, als die Gottessöhne kamen, um vor Jahwe hinzutreten, kam auch Satan unter ihnen. Jahwe sprach zu Satan: ‚Woher kommst du?' – ‚Vom Durchschweifen der Erde und vom Umherwandeln auf ihr', antwortete er.*

Und Jahwe sprach weiter: ‚Hast du meinen Knecht Ijob gesehen? Er hat nicht seinesgleichen auf der Erde, ein redlicher, rechtschaffener Mann, der Gott fürchtet und sich hütet vor dem Bösen.‘ Und Satan erwiderte: ‚Liebt Ijob dich umsonst? Umhegst du nicht ihn und sein Haus und alles, was sein ist, ringsumher? Du hast all seine Arbeit gesegnet, seine Herden mehren sich im Lande. Doch strecke einmal deine Hand aus und rühre an seine Güter, ich schwöre dir, dass er dir ins Angesicht flucht.‘“

Liebt er dich umsonst?, lacht Satan voll Hohn. Bist du selbst es, an den er gebunden ist, oder sind es die Gaben, die er in so großer Fülle aus deiner Hand empfangen hat? – Die Anspielung ist tückisch, sie ist schwerwiegend. Könnte Ijobs Liebe zu Gott nicht nur eine niedrige, geschickt versteckte Eigenliebe sein? Ijob wird auf die Probe gestellt, und er besteht sie: Seine Liebe zu Gott ist echt.

Ein Satz in Ihrem letzten Brief hat mich aufgeschreckt. Sie schrieben: „Ich kann mich einer gewissen Traurigkeit nicht mehr erwehren, weil ich im Gebet nicht mehr diese Vertrautheit mit Christus erfahre, die mir doch, wie Sie wissen, in den letzten Jahren in all den Prüfungen unserer Familie so sehr geholfen hat.“ Ich habe mich beim Lesen Ihres Briefes gefragt, ob Sie wohl wachsam genug sind, das aufzuspüren, was sich an Selbstsucht in Ihr Gebet mischen kann. Gott bewahre mich davor, Ihnen Ihr Verlangen nach Vertrautheit mit Christus auszureden; ich bin ganz davon überzeugt, dass es eine Gnade ist. Aber ist es ganz selbstlos? Lieben Sie Christus uneigennützig? Seit den oft erwähnten Einkehrtagen 1949 hat Gott Ihnen, um Sie im Gebetsleben zu ermutigen, häufig das lebendige Empfinden seiner Gegenwart und seiner Liebe gewährt; Ihr Gebet war oft voller Freude und Inbrunst. Ist es Ihnen nicht zur Gewohnheit geworden? Haben Sie sich vielleicht unbewusst gehen lassen, sich dem Gebet mehr deshalb hingegeben, um die Wonne der Gegenwart des Herrn zu erfahren, als einzig zu seiner Ehre? Zumindest ist dies die Frage, die Sie sich bitte stellen wollen. Wenn Gott uns fühlbare Gnaden gewährt, ist es tatsächlich sehr schwierig, dass sich in unsere Liebe zu ihm nicht eine ganz feine Selbstliebe einmischt; dass in unseren Willen, ihn zu verherrlichen, nicht ein gewisser selbstsüchtiger Wunsch, ihn zu genießen, eindringt.

Somit ist eine Läuterung angebracht. Denn sicher gibt es für Ihre gegenwärtige geistliche Trockenheit keine andere Erklärung. Haben Sie Vertrauen zu der in Ihnen wirkenden Gnade Gottes. Aber tun Sie das Ihrige dazu.

Ich empfehle Ihnen: Sagen Sie Gott gleich am Anfang Ihres Gebetes, dass Sie kommen, weil es sein Wille ist und um ihm zu gefallen; dass Sie sich ihm ganz und bedingungslos zur Verfügung stellen; dass Sie im Voraus einwilligen, keine fühlbare Gnade zu finden; dass Sie ihn sogar bitten, Ihnen eine solche nicht zu gewähren, wenn das zur Ankunft seines Reiches beitragen, ihn mehr verherrlichen könnte. Ich weiß wohl, dass man nicht ohne ein unwillkürliches inneres Widerstreben so zum Herrn sprechen kann. Aber ein solches Gebet läutert auf wunderbare Weise das Herz.

Die Läuterung des betenden Menschen vollzöge sich viel schneller, wenn er sich so in die Hand Gottes gäbe, der seine Rebe beschneiden will, damit sie überreiche köstliche Frucht trage. Wenn man aber den Mut verliert oder wie ein verwöhntes Kind neue fühlbare Gnaden begehrt, wie käme man da voran?

Schreiten Sie mutig weiter auf diesem Wege. Ich sage „mutig“, nicht wie man das so hinsagt, sondern weil das Wort sich aufdrängt. Diese Zeit der Läuterung ist hart. Wir müssen sehr tapfer sein, um da auszuhalten und den scheinbaren Tod des Empfindens, des Verstandes, des Herzens anzunehmen. Denn so ist es wirklich: Da unserem Empfinden alle Süße genommen ist, scheint es zu sterben; da unser Verstand, allen Lichtes beraubt, in seiner Betrachtung gelähmt ist, scheint auch er zu sterben, und unser Herz wird unempfindlich und wie unfähig zum Lieben. Wir verstehen den alten Schriftsteller, der vom „Opfer des Gebetes“ spricht.

Man braucht einen großen Glauben, um sich nicht gehen zu lassen und zu denken, die Zeit des Gebetes sei verlorene Zeit; um sich zu überzeugen, dass dieser Tod eine Auferstehung vorbereitet, dass *„das Weizenkorn, wenn es sich in der Erde verwesen lässt, viele Frucht bringen wird"*.

Das Gebet erweist sich durch die Prüfungen, die es für uns bereithält, in Wahrheit als der Schmelztiegel, in dem sich unsere Liebe zu Gott läutert und leuchtend wird.

78 „Wie lechzendes Land..."

Mein lieber Pater, warum fragen Sie mich, ob man sich im Verlauf des Gebets, ohne Skrupel zu haben, der Sehnsucht nach der Vereinigung mit Gott überlassen kann? Ist die Antwort nicht in unserem Brevier? Es lässt uns die Sehnsucht nach Gott, die im Herzen des Psalmisten brannte, auf uns übertragen; um diese Sehnsucht zum Ausdruck zu bringen, fand der Psalmist eine erschütternde Wendung:

Meine Seele dürstet nach Gott wie lechzendes Land (Ps 143,6).

Gott, du mein Gott, dich suche ich, meine Seele dürstet nach dir. Nach dir schmachtet mein Leib wie dürres lechzendes Land ohne Wasser. Darum halte ich Ausschau nach dir im Heiligtum, um deine Macht und Herrlichkeit zu sehen (Ps 63,2–3, EÜ).

Wie der Hirsch lechzt nach frischem Wasser, so lechzt meine Seele, Gott, nach dir. Meine Seele dürstet nach Gott, nach dem lebendigen Gott. Wann darf ich kommen und Gottes Antlitz schauen? (Ps 42,2–3, EÜ).

Die Theologie hält ebenfalls eine Antwort auf Ihre Frage bereit: Es ist das – fast hätte ich gesagt: biologische – Gesetz der durch die Taufe im Herz des Menschen eingegrabenen göttlichen Tugenden, in ihrer ganzen Dynamik auf ihr Objekt ausgerichtet zu sein, welches Gott ist.

Der Glaube strebt nach einer immer vollkommeneren Erkenntnis des *Herrn*, und die Liebe nach einer immer engeren Liebesverbindung mit ihm. Wenn die Gnade einen Menschen erfasst, macht sie aus ihm ein Wesen voller Sehnsucht, einen Hungernden und Dürstenden; und je größer sie wird, umso klarer werden Hunger und Durst in ihm.

Aber ich sage mir, dass Sie diese Antworten der Heiligen Schrift und der Theologie genauso gut kennen wie ich. Sie erwarten also etwas anderes. Irre ich mich, wenn ich denke, dass Sie gespalten sind: Sollen Sie Ihrer Sehnsucht nach Gott nachgeben, oder wäre es nicht vollkommener, nur rein den Ruhm des *Herrn* zu wünschen?

Jeder Mensch, der auf den Wegen des Gebets voranschreitet, stößt irgendwann auf diese Alternative; sein Zögern, sich schlicht und einfach der Sehnsucht nach der Vereinigung mit Gott zu überlassen, kommt aus einem Gefühl, dass diese Sehnsucht nicht wirklich rein ist. Von diesem Gott, den er in gnadenvollen Stunden voll Glück erahnt, wünscht er sich mit seinem ganzen Sein, dass er sich erneut manifestiere. Aber ist diese Sehnsucht nicht eher Gier als Großzügigkeit, eher Selbstliebe als Selbsthingabe? ... Er stellt sich die Frage, ob er sie nicht vielmehr zurückweisen muss, um Gott mit einer uneigennützigen Liebe zu dienen, einer Liebe, die in nichts sich selbst sucht. Hartnäckig, zäh taucht jedoch die Sehnsucht immer wieder auf.

Man muss keine Angst vor ihr haben. Viel eher sollte man sich über sie freuen, als einem sicheren Zeichen der Gegenwart des lebendigen Gottes in der Seele. Es geht nicht darum, sie zu eliminieren, sondern sie zu reinigen. Gott übernimmt das übrigens. Der Marsch in der Wüste und in der Nacht wird so lang sein, dass keinerlei Selbstliebe dem widerstehen kann, während in der tiefsten Talsohle der Seele eine nun ganz spirituelle, reine Sehnsucht wächst, eine Sehnsucht nach Gott, die von Gott ausgeht und die einzig um des Ruhmes Gottes willen ganz auf Gott ausgerichtet ist.

Heißt das, dass man diesen hohen Punkt der Reinigung abwarten sollte, um es zu wagen, dem *Herrn* beim Beten unser nicht zu unterdrückendes Bedürfnis anzuvertrauen, ihn zu erkennen, ihn zu lieben, ihm vereint zu sein? Nein, natürlich nicht! Das Kind soll mit seinem *Vater* einfach und wahrhaftig sein. Man sollte nur missbilligen, was in unserem Streben doppeldeutig bleibt.

Beim Gebet können wir gegenüber Gott umso freier unsere Sehnsucht nach der Vereinigung mit ihm zum Ausdruck bringen, als wir im Rest unseres Lebens in Bezug zu ihm keine sentimentalen, die Aktion verachtenden Verehrer sind, sondern eilfertige Diener des Himmelreichs.

Erlauben Sie mir abschließend, für Sie einen Text der heiligen Angela von Foligno niederzuschreiben. Da die Unterscheidungen, die ich Ihnen geschrieben habe, nun klar sind, besteht keine Gefahr mehr, seine wahre Bedeutung misszuverstehen:

„Die kluge Seele gibt sich nicht mit einer oberflächlichen, durch irgendwelche Überlegungen zustande kommenden Erkenntnis Gottes zufrieden; sie will ihn wahrhaftig erkennen, seine höchste Güte schmecken, seinen Wert in Erfahrung bringen. Er ist für sie nicht einfach nur ein Gutes, sondern der Gute par excellence. Sie liebt ihn folglich aufgrund dieser Gutheit; da sie ihn liebt, will sie ihn besitzen. Und er, in seiner großen Güte, schenkt sich ihr; sie fühlt ihn; mit größtem Genuss schmeckt sie seine Süße. In dieser Teilhabe an ihm, der die höchste Liebe ist, wird sie voller Zärtlichkeit hingerissen, sie vereint sich ihm … Aber die Seele kann weder durch sich selbst noch durch die Heilige Schrift noch durch die Wissenschaft noch durch irgendein erschaffenes Mittel zu einer so hohen Erkenntnis gelangen, wiewohl diese Dinge helfen und vorbereitend wirken können; es braucht das göttliche Licht und die Gnade. Um diese Gunst also schnell und sicher zu erlangen, und um sie von Gott, dem höchsten Gut, dem höchsten Licht, der höchsten Liebe zu erlangen, kenne ich nichts Besseres als eine fromme, reine, beständige, demütige und stürmische Bitte; eine Bitte, die kein Lippenbekenntnis ist, sondern die dem Geist, dem Herzen, allen körperlichen und spirituellen Vermögen entspringt, eine Bitte, welche die Gnade durch eine mächtige Sehnsucht nötigt."

79 Bettler vor Gott

Sie scheinen sich zu schämen, Bittgebete an Gott zu richten. Könnte es sich da nicht um einen subtilen Hochmut handeln? Bitten ist die Haltung des Bettlers, Schenken die der Großzügigen und Selbstlosen – und ist es nicht so, dass Sie gerne zu den Letzteren gehören würden?

Christus hat uns das Bittgebet immer wieder nahegelegt: *„Bittet, dann wird euch gegeben"* (Mt 7,7, EÜ). *„Euer Vater im Himmel wird dem Gutes geben, der ihn bittet"* (Mt 7,11). *„Alles, um was ihr in meinem Namen bittet, werde ich tun"* (Joh 14,13, EÜ). *„Alles, was zwei von euch auf Erden gemeinsam erbitten, werden sie von meinem himmlischen Vater erhalten"* (Mt 18,19, EÜ).

Wie kann man angesichts eines solchen Nachdrucks Christi bezweifeln, dass das Bittgebet von vorrangiger Bedeutung ist? Im Übrigen ist es auch leicht zu verstehen: Was könnten wir Gott anbieten, das wir nicht von ihm bekommen haben? Und wie soll man empfangen, wenn man nicht die Hand ausstreckt? Sie träumen davon, Gott selbstlos zu lieben; aber mit was könnten Sie ihn lieben, wenn nicht mit einer von ihm empfangenen Liebe – sich selbst überlassen sind Sie unfähig, Gott „mit ganzem Herzen, mit ganzer Seele und mit all deinen Gedanken" zu lieben –, wenn nicht mit einem „neuen Herzen", dem Herzen, das Ezechiel durch Gott verspricht: *„Ich schenke euch ein neues Herz und lege einen neuen Geist in euch. Ich nehme das Herz von Stein aus eurer*

Brust und gebe euch ein Herz von Fleisch. Ich lege meinen Geist in euch" (Ez 36,26–27, EÜ).

Und genau das muss der Gegenstand unseres Gebets sein: Gott zu bitten, dass er uns lehrt, ihn zu lieben, dass er uns die Liebe schenkt, durch die wir ihn lieben. Nicht irgendeine Liebe, sondern jene, welche die Autoren des Neuen Testaments mit dem griechischen Wort *„agapè"* bezeichnen – das mit Caritas übersetzt wird, einem Begriff, der in der Umgangssprache leider ziemlich farblos geworden ist. Zu dieser Liebe ist der Mensch von Grund auf unfähig; sie ist göttlich; ihr Ursprung und ihre Natur sind von Gott. Es ist jene Liebe, mit der sich der *Sohn* und der *Vater* in der jubelnden Freude des Heiligen Geists in Ewigkeit lieben, jene Liebe, mit der sie auch die Menschen lieben: Sie wurde auf wunderbare Weise offenbart durch das Geschenk, das uns der *Vater* mit seinem *Sohn* gemacht hat, und durch das Leben, das Christus für uns als Opfer dargebracht hat.

„Gott ist die Liebe", die Liebe ist die innerste Natur Gottes. Außerhalb Gottes kann sie nur in denen gefunden werden, die er zeugt, das heißt, denen er seine Natur und sein Leben mitteilt. Aber sie lieben dann Gott wahrhaftig, wie er sich selbst liebt, und werden zu denen, die ihm ganz nah sind, zu seinen Freunden.

Wenn Sie diese bewundernswerte Lehre begreifen – der heilige Johannes hat sich, nachdem er sie im Lauf eines langen Lebens meditiert hat, zu ihrem Verkündiger gemacht –, wie könnten Sie nicht zu einem leidenschaftlichen Anhänger des Bittgebets werden? Gestützt von einem festen Glauben und einer unwandelbaren Hoffnung werden Sie von Gott die Gabe der *agapè* erflehen.

Ich wünsche Ihnen, Ihr ganzes Leben ein Bettler zu sein. Einer, der um die *agapè* bettelt. Der Bettler jenes Gottes, dessen Reichtümer dann zu Ihrem Anteil werden.

80 Zuerst die Verherrlichung Gottes

Niemals wollte ich Ihnen sagen, dass wir das Bittgebet verbannen müssten, um zu einem vollkommenen Gebet zu gelangen. Wenn mein letzter Brief Sie das denken ließ, muss ich mich sehr schlecht ausgedrückt haben.

In Bezug auf die Empfindungen der Freude, der Inbrunst, der Liebe, die uns manchmal beim Beten kommen und die Sie dabei oft gefunden haben, bat ich Sie, nicht mehr darum zu beten und sogar darauf zu verzichten, solange Gott es will. Tatsächlich müssen wir lernen, auf die fühlbare Gegenwart Gottes zu verzichten, um zu einer vollkommeneren Vertrautheit mit ihm zu gelangen. Wir müssen in die Nacht einwilligen, um zum wahren Licht zu gelangen. Gibt es nicht etwas Ähnliches schon in der menschlichen Liebe? „Beata, lösch diese Lampe, die mich nur dein Antlitz sehen lässt." Wenn ich Ihnen aber rate, fühlbare Gnaden weder zu wünschen noch zu erbitten, so dürfen Sie daraus nicht schließen, dass Sie das Bittgebet aufgeben sollen.

Christus selbst hat uns gelehrt, den Vater um das zu bitten, was wir brauchen: tägliches Brot, Verzeihung, Schutz. Das hindert ihn aber nicht, uns vorher beten zu lassen, dass der Name des Vaters geheiligt werde, dass sein Reich komme, dass sein Wille geschehe. Das Erste ist in Wahrheit die Herrlichkeit Gottes. Und es geht dabei nicht um einen einfachen Vorrang in der Zeit – als ob wir, nachdem wir zuerst um das Reich Gottes gebetet haben, dann das Recht hätten, für unsere eigenen Angelegenheiten zu bitten –, sondern es geht um einen absoluten Vorrang. Auch unsere Bitten um Brot, um Verzeihung, um Gnade müssen in Beziehung stehen zu Gott, zu seiner Verherrlichung, müssen an ihn gerichtet sein nicht zuerst unseres Glückes, nicht einmal unseres Heiles wegen, sondern vor allem, damit sein Name in unserem ganzen Leben geheiligt werde, damit in uns und durch uns sein Reich komme und sein Wille geschehe. So verstanden ist das Bittgebet völlig lauter und etwas Großes.

Ich komme auf die Frage der fühlbaren Gnade zurück. Glauben Sie nicht, dass Sie diese nach dem eben Gesagten fürchten oder verschmähen müssten. Wichtig ist nur, dass wir nicht ihretwegen beten und uns nicht einbilden, Inbrunst sei besser als reiner Glaube. Das heißt, lernen Sie, die Gaben Gottes schlichten Herzens und dankbar anzunehmen. Lernen Sie, sich in Überfluss und in Armut zu schicken, damit – wie der heilige Benedikt zu seinen Mönchen sagte – „Gott in allem verherrlicht werde".

„Vom Geist Gottes bewegt“

Für das Gebet ist unser Meister der Heilige Geist. Er arbeitet daran, uns die Erfahrung unserer Bedürftigkeit und unserer Ohnmacht zu ermöglichen; er lehrt uns, mit ihnen einverstanden zu sein, und so befähigt er uns nach und nach, die Gnadengaben Gottes zu empfangen, zu deren Spender er sich macht.

Die Gebete, während derer wir das Gefühl haben, nichts zu tun, diese „nutzlos“ verbrachten Minuten, könnten sie alle nichts als verlorene Zeit sein? Nein! Sondern geweihte Zeit, „Gebetsopfer“. (1. Leg dein Opfer auf den Felsen) – Wenn es den Anschein hat, dass der *Herr* weit weg ist, dann ist das für uns die Stunde, unseren Glauben an seine gegenwärtige und handelnde Liebe neu zu bekräftigen. Und so vertieft sich unsere Sehnsucht, und unsere Liebe wird rein und glühend. (2. Gebete in der Wüste) – Wer alles besitzt, nur Gott nicht, dem fehlt alles; aber nichts fehlt dem, der frei von allem ist, außer von Gott. Es gibt nur eine Armseligkeit, und sie besteht darin, Gottes beraubt zu sein. (3. An jenem Tag wird er beten können) – Gott ist eigentlich niemals abwesend. Er wohnt in uns. Man muss ihn allerdings da suchen, wo er ist. Und dem zuhören, den man nur in der Stille gut hört. (4. Die Legende vom Moschustier) – Hüten wir uns davor zu reden, wenn wir im Grund unserer Seele dazu eingeladen werden zu schweigen und aufmerksam und hingegeben da zu sein. (5. Das Reich des Schweigens) – Dieses Schweigen und diese innere Unbewegtheit sind eine außerordentlich intensive Tätigkeit. Man darf daran nicht zweifeln. (6. Einladung zum Schweigen) – In unseren vom Schweigen bestimmten Gebeten erwacht in uns nach und nach das Herz eines Kindes, jenes Kinderherz, das nach dem Wort Jesu allein des Reichs Gottes fähig ist. (7. Das gefangene Kind) – Die gereinigte und schweigsame Seele entdeckt bald, dass aus dem Grund ihrer Seele ein Licht ausstrahlt, welches in die Intelligenz eindringt, und eine Liebe, welche das Herz stärkt. (8. Stoßweise Gebete) – Die Sehnsucht der Seele, Gott zu finden, wächst ins Unermessliche. Aber im Bereich der Spiritualität „besteht die Erfüllung der Sehnsucht eben darin, unersättlich zu bleiben". (9. Finden besteht im Suchen) – Diese Sehnsucht wird zu einem nicht zu unterdrückenden Bedürfnis, den gesamten Raum Gott zu überlassen, sich ihm mit unserer Substanz ganz auszuliefern, so wie das Holz sich der Flamme überlässt, die es verbrennt. (10. „Anbeter im Geist und in der Wahrheit")

81 Leg dein Opfer auf den Felsen

„Ich habe den Eindruck", so schreiben Sie mir, „mit dem Beten meine Zeit zu verlieren." Zeit verlieren: Glauben Sie, dass es nichts ist, wenn Sie Ihre Zeit wirklich für Gott verlieren? *„Wer sein Leben verliert, wird es gewinnen"*, lesen wir im Evangelium. Nun ist die Zeit die Grundlage Ihres Lebens; für Gott einen Teil davon „verlieren" heißt eigentlich, ein Opfer darbringen. Abel opferte ein Schaf seiner Herde, und sein Opfer gefiel Gott, weil Abel auf diese Weise die souveräne Verfügungsgewalt des *Herrn* über all seine Reichtümer anerkannte. Sie bringen Ihrerseits diese Stunde des Tages dar, sie vergeuden sie verschwenderisch, Sie opfern sie im religiösen Sinn des Wortes; wie sollte dieses „Gebetsopfer" in den Augen des *Herrn* nicht wertvoll sein, wenn Sie damit seine souveräne Herrschaft über Ihr ganzes Leben anerkennen. Verlorene Zeit? Nein, sondern geweihte Zeit.

Sie würden zweifelsohne erhebende Gedanken, Inbrunst oder zumindest eine wirkliche innere Sammlung vorziehen. Aber sind Sie sicher, dass Sie sich dann nicht darin gefallen würden, sodass die Zeit des Gebets, anstatt für Gott da zu sein, für Sie da wäre, eine Suche nach Ihrer persönlichen Befriedigung wäre?

Wenn Ihnen beim Beten alles – Nachdenken, Inbrunst, Stille – trotz Ihres guten Willens sich entzieht, geben Sie sich bereitwillig damit zufrieden, diesen Teil Ihres Lebens herzuschenken. Verbannen Sie jedes Bedauern: Das hieße, mit der einen Hand zurücknehmen, was Sie mit der anderen schenken.

Ihr Gebet bringt Ihnen nichts? Dann haben Sie es mit dem Opfer par excellence zu tun, dem Brandopfer, dessen Flamme das Opfertier bis zur letzten Faser verschlang, im Unterschied zum „Friedensopfer", bei dem derjenige, der die Opfergabe darbrachte, einen Teil für seinen eigenen Unterhalt mitnahm.

Ihr Brief hat mich erreicht, als ich gerade die Lektüre der Heiligen Schrift mit jener stark religiösen Seite beendete, auf der das Opfer Gideons beschrieben wird: *„Da sagte der Engel Gottes zu ihm: ‚Nimm das Fleisch und die Brote und leg sie hier auf den Felsen! [...]' Gideon tat es. Der Engel des Herrn streckte den Stab aus, den er in der Hand hatte, und berührte mit seiner Spitze das Fleisch und die Brote. Da stieg Feuer von dem Felsblock auf und verzehrte das Fleisch und die Brote. Der Engel des Herrn aber war Gideons Augen entschwunden."* (Ri 6,20–21, EÜ). Wenn Sie zum Gebet kommen, legen Sie Ihre Opfergabe, diesen Teil Ihrer Zeit, auf den Felsen – der heilige Paulus lehrt uns, dass der *Felsen* Christus ist, – und dann bitten Sie den Engel Jahwes, ihn mit der

Spitze seines Stocks zu berühren. Und freuen Sie sich, wenn das Feuer ihn verschlingt, ohne etwas für Sie zurückzulassen.

Soll das heißen, dass man jene Gnadengaben, die der *Herr* während des Gebets schenkt – die Stille, diesen Frieden, diese Freude, die Gedanken, die einen göttlichen Geschmack haben –, verschmähen soll? Sicherlich nicht. Wenn wir es verstünden, ganz aufmerksam auf den Geber zu sein anstatt auf die empfangenen Gaben, würde uns der Heilige Geist ohne Zweifel noch öfter besuchen. Aber die Gaben Gottes lenken uns zu oft von ihm ab.

Staunen Sie also darüber, dass er uns aus Liebe eher Mangel als Überfluss zuteilwerden lässt. Er will nicht, dass wir uns mit weniger zufriedengeben als ihm selbst. Und doch: Wie groß ist seine Ungeduld, uns glücklich zu machen, indem er sich selbst schenkt!

82 Gebete in der Wüste

Veronika ist dreizehn Jahre alt. Da ihre Mutter sie sehr früh im Beten unterwiesen hat, widmet sie ihm täglich zehn Minuten oder eine Viertelstunde. Am letzten Sonntag vertraute mir eine arme verstörte Veronika ihren Kummer an: „Seit acht Tagen finde ich im Gebet die Gegenwart Jesu nicht mehr."

Meine liebe Veronika!

Ich dachte, du würdest die Ratschläge, die ich dir vorgestern gab, gern schriftlich haben, vor allem wenn du in einem täglichen Gebet die Gegenwart Christi noch nicht wiedergefunden hast. Seit Monaten gewährte er dir das Bewusstsein seiner Anwesenheit, und das war sehr gut. Jetzt, da das Bewusstsein dir entzogen ist, bist du verwirrt. Ich verstehe es, doch sei nicht beunruhigt. Plage dich nicht vergeblich, die

Ursache dieser Veränderung herauszufinden. Denke nicht gleich, du seiest schuld. Sei vielmehr darauf bedacht, bereitwillig, ruhig und in großer Geduld eine Prüfung anzunehmen. Nach und nach wirst du entdecken, dass deine scheinbar unfruchtbaren Gebete großen Gewinn bringen. Und das Wort Christi wird sich auch für dich als wahr erweisen: *„Es ist gut für euch, dass ich hingehe."*

Aus dieser Wanderung durch die Wüste, wo nichts wächst und man niemandem begegnet, wird dein Glaube reiner und stärker hervorgehen. Solange unser Herr dich seine Gegenwart und seine Liebe ahnen ließ, war es leicht für dich, ihm anzuhangen, etwa wie den Aposteln, als der auferstandene Meister in ihrer Mitte erschien. Wenn aber nichts Wahrnehmbares ihm hilft, muss dein Glaube sich festigen und sich behaupten. Erinnere dich an das Wort Christi an Thomas: *„Selig, die nicht sehen und doch glauben."* Bemühe dich, während deiner trockenen Gebete ganz still, ganz friedlich zu glauben, dass Jesus da ist und seine kleine Tochter mit einer großen Liebe liebt. Nichts kann ihn mehr verherrlichen als ein so unerschütterlicher Glaube.

Dein inneres Leben wird aus diesen schmerzlichen Gebeten eine zweite sehr wichtige Wohltat erfahren: Wird nicht, seitdem du im Internat bist, dein Wunsch, deine Eltern, die Brüder und Schwestern wiederzusehen, von Tag zu Tag größer? Und bringt die Heimkehr nach Hause nicht umso mehr Freude, je mehr sie herbeigewünscht wurde? Ebenso wird dein Wunsch, Christus wiederzufinden, tiefer in seine Liebe einzudringen, in deinen freudlosen Gebeten immer größer werden. Das ist sehr wichtig; denn wenn dein Wunsch sich vertieft, wird er deine Seele aushöhlen, und du wirst dem Leben Christi einen unendlich größeren Raum anbieten können. Seine Gnade wird dir umso reichlicher zuteilwerden, als du leerer und durstiger geworden bist. Und dieser Durst ist die Tugend der Hoffnung.

Die dritte Wohltat: Wie Metall im Feuer reinigt sich deine Christusliebe in diesen Gebeten, die dem Fegefeuer gleichen. Hast du nicht gemerkt, dass du oft mit dem großen Wunsch zum Gebet gekommen bist, eine so gute Freude wie am vorigen Tage zu erleben? Prüfe dich, ob du einzig und allein um Gott zu gefallen hingetreten bist oder auch aus Liebe zu dir selbst? Sobald wir das merken, müssten wir sofort unserem Herrn sagen: „Um mich von dieser alten Selbstliebe zu befreien, um von nun an nicht mehr wegen der Freude zu beten, die ich darin erfahre, sondern einzig und allein zu deiner Ehre, bitte ich dich, gib, dass ich darin keine Freude mehr finde, solange das nötig ist." Und wenn wir nicht selber so initiativ sind, wollen wir wenigstens in Frieden und Geduld einwilligen, wenn uns die Freude beim Beten versagt bleibt. Gleiche vor allem nicht denen, die während der ganzen Zeit ihres Gebetes auf die Rückkehr der Freude lauern. Sie erinnern mich an jene Kinder, die während der Christnacht mit dem einen Ohr schlafen und mit dem anderen das Hineinlegen des Spielzeugs in ihre Schuhe überwachen. Eines Tages wirst du, hoffe ich, sogar ganz zufrieden sein, wenn dein Gebet ohne Freude ist; denn dann wirst du wissen, dass du Jesus ein wenig mehr liebst als dich selbst.

Hatte ich nicht recht, Veronika, dir zu sagen, dass deine verdorrten Gebete sehr nützlich sind? Gerade dadurch werden die drei großen Tugenden reiner und vollkommener: der Glaube, die Hoffnung und die Liebe, die Tugenden also, die uns in Fühlung mit Gott bringen und uns in sein geheimes Leben einführen.

83 An jenem Tage wird er beten können

Eine Mutter schrieb mir: „Ich hatte meinen kleinen Jungen vor dem Einschlafen in seinem Zimmer umarmt. Beim Hinausgehen löschte ich das Licht; aber da fleht mich eine ängstliche Stimme an: ‚Geh nicht weg, Mutter.' Ich gehe wieder zu ihm, beuge mich über ihn. ‚Warum, Liebling?'. ‚Weil ich … ich … arm bin, wenn du nicht da bist.'"

„Madame", habe ich ihr geantwortet, „ich weiß nicht, ob mich jemals ein Kinderwort so ergriffen hat. Seitdem ich die Worte Ihres kleinen Philipp gelesen habe, lassen sie mich nicht mehr los. Er hätte sagen können: ‚Ich habe Angst.' Das wäre alltäglich gewesen. Und zudem zerstreuen sich Traurigkeit und Angst recht schnell. Aber nachdem er einen Augenblick das treffende Wort gesucht hat, um sein Gefühl ganz deutlich auszudrücken, hat er gesagt: ‚Ich bin arm.' Das reicht viel weiter. Ein Armer, das ist jemand, dem das Notwendige fehlt, das unentbehrliche Brot, und der, weil es ihm fehlt, schließlich daran sterben muss. Und das hat an jenem Abend Ihr Kleiner so stark gefühlt: dass seine Mutter sein tägliches Brot war, der Sinn seines Lebens, dass er ohne sie wirklich arm wäre, arm bis zur Herzensangst.

Möge er eines Tages mit dem gleichen Aufschwung und der gleichen Kraft der Überzeugung zu Gott sagen: ‚Herr, gehe nicht weg. Denn wenn du nicht da bist, bin ich arm.' An jenem Tag wird er beten können."

84 Die Legende vom Moschustier

Warum plagen Sie sich Gott nachzujagen, als wenn er außerhalb Ihrer selbst wäre? Er ist in Ihnen. Dort begegnet er Ihnen; dort erwartet er Sie; dort lässt er sich finden, wann er es für gut hält.

Um ihren Kindern diese große Wirklichkeit verständlich zu machen, erzählen die Hindu-Mütter ihnen die Legende vom Moschustier:

„Es war einmal vor vielen Jahren in den Bergen ein Moschustier, das spürt einen Hauch Moschusduft. Es springt von Dschungel zu

Dschungel und jagt nach dem Moschusduft. Das arme Tier verzichtet auf Nahrung, Trank und Schlaf. Es weiß nicht, woher dieser Anhauch von Moschus kommt, aber es ist gezwungen, ihn durch Schluchten, Wälder und Hügel zu verfolgen, bis es schließlich hungrig, ermattet und erschöpft von einem Felsgipfel abrutscht und tödlich verletzt zusammenbricht. Seine letzte Handlung vor dem Sterben ist, sich selbst zu bemitleiden und sich die Brust zu lecken … Und da ist beim Fall auf den Felsen seine Moschustasche zerrissen, und sie strömt ihren Duft aus. Keuchend versucht es den Duft einzuatmen, doch es ist zu spät. – Oh, mein vielgeliebter Sohn, suche den Wohlgeruch Gottes nicht draußen, um im Dschungel des Lebens unterzugehen, sondern suche deine Seele, und siehe, er wird in ihr sein."

Dieser Gott im Innern ist kein schweigender Gott, er spricht; aber um ihn zu hören, muss man schweigen. „Der Vater spricht ein Wort, und das ist sein ‚Sohn'. Er spricht es in einem ewigen Schweigen, und nur im Schweigen vernimmt es die Seele" (Johannes vom Kreuz).

Schweigen gebieten ist schwierig in unserer fürchterlich lärmenden Welt. Ich spreche nicht allein von den hörbaren Geräuschen, sondern von all diesen Ereignissen, sensationellen Neuigkeiten, verschiedenartigen Drohungen, die die Reklame, „diese Hexe der modernen Zeit", von den Dächern schreit, in unsere Ohren flüstert. All das wirkt auf unsere Sinne, unsere Einbildungskraft, unser Denken, unser Herz ein, all das führt einen tollen Tanz in uns auf, stört unser Gebet. Gleichwohl ist inneres Schweigen möglich.

Um zu ihm zu gelangen, müssen wir uns mit Geduld und Sanftmut darin üben. Niemals sind heftige Mittel gute Mittel gewesen, um Frieden zu stiften. Und gerade um das Friedenstiften handelt es sich, um Frieden zwischen all unseren Fähigkeiten, damit sie für Gott verfügbar werden, unbeweglich lauschend. Dieser letzte Ausdruck meint eine bestimmte Art von Schweigen: die Sammlung. Sie ist eine ganz wache Aufmerksamkeit, die bereit ist, die innere Stimme wahrzunehmen.

„Viele Weise", schreibt Claudel, „haben uns schon gesagt, dass zum Verstehen vielleicht das Zuhören genügen würde. Wie wahr das ist! Doch nicht mit unseren Gehörorganen, nicht einmal mit unserem angespannten Verstand horchen wir hin: Mit unserem ganzen Sein hören wir das *Sein* existieren."

Wahrscheinlich werden Sie mir abermals sagen, dass Sie daran verzweifeln, zum inneren Schweigen, zu dieser heiligen Sammlung zu gelangen. Ihre eigenen Anstrengungen können hier in der Tat nicht genügen; da muss sich die göttliche Gnade einschalten. Doch diese Gnade, wie könnte Gott sie verweigern? Er wünscht viel zu sehr, dass Schweigen Ihre Seele erfülle, damit Zwiesprache zwischen dem Vater und seinem Kind möglich werde. Haben Sie Vertrauen, halten Sie aus im Gebet, und Christus wird Ihre unsteten Kräfte beruhigen und zu sich zurückführen wie jener Hirte, von dem die heilige Teresa von Ávila spricht, der bei hereinbrechender Nacht die Schalmei spielt, um die auf den Wiesen zerstreuten Schafe zu sammeln.

85 Das Reich des Schweigens

Sie müssen es besser wissen als ich, ob Sie die Form des aktiven Gebetes, die Sie bis jetzt geübt haben, zugunsten eines mehr passiven Gebetes aufgeben sollen. Hier nur einige Anhaltspunkte für die Entscheidung.

Wenn Sie beim Beten dazu neigen, mit schweigender regloser Seele bei Gott zu verweilen, den Sie nicht sehen, von dem Sie aber sicher wissen, dass er da ist; wenn Ihnen jedes Wort überflüssig vorkommt, wenn es viel weniger deutlich und wahr ist als das Schweigen Ihres ganzen Wesens, das vor dem Blick Gottes offen daliegt; wenn Sie am Ende des Gebetes friedvoll und wie erneuert sind, dann suchen Sie nicht nach mehr, weil der Heilige Geist Sie schon in das Reich des Schweigens eingeführt hat.

Erwarten Sie aber nicht, dass dieses Reich des Schweigens ein irdisches Paradies sei. In bestimmten Stunden müssen Sie viel Mut haben, um der Versuchung zu widerstehen, diesem herben, wüstenartigen Land zu entfliehen. Möge dann das Versprechen des Herrn, das beim Propheten Hosea aufgezeichnet ist, Ihre Kraft sein: „Ich werde ihn in die Wüste führen, und da werde ich zu seinem Herzen sprechen!"

Auch einer entgegengesetzten Versuchung müssen Sie misstrauen: sich an diese neue Form des Gebetes zu klammern, weil Sie fürchten, bei der Rückkehr abzusinken. Sie werden wirklich Tage erleben, an denen das Schweigen leer ist, an denen es Zeitverlust wäre, wenn Sie nicht aktiv würden. Kehren Sie dann demütig zu diesem Gebet zurück, das Sie gut kennen; das darin besteht, an Gott zu denken, mit ihm zu sprechen, ihm jene vorzustellen, die Ihnen tagsüber begegnen, damit er sie segne, über die Aufgaben zu sprechen, die Sie zu erfüllen haben.

Manchmal werden Sie schwanken, was Sie tun sollen. Es wird sein, als ob ganz in der Tiefe, in einem dem Lärm unzugänglichen Bereich die Seele wach und auf Gott aufmerksam sei, während an der Peripherie Vorstellungen, Gedanken, Empfindungen, Gefühle, Leidenschaften entfesselt sind. Beunruhigen Sie sich nicht, seien Sie ganz einfach im Einklang mit dem tiefen Grund Ihrer Seele. Der Rest, der unruhig ist und Sie aufreizt: Behandeln Sie ihn mit Gleichgültigkeit; beachten Sie ihn nicht; nicht beachten heißt, ihn harmlos zu machen.

86 Einladung zum Schweigen

Die Frage Ihres letzten Briefes hat mich ein wenig in Verlegenheit gebracht. „Wenn man im Gebet nichts tut, woran kann man dann erkennen, dass es gerade das ist, was Gott will?" Ich wollte Ihnen antworten: Niemals besteht der Wille Gottes darin, dass wir im Gebet nichts tun, denn jedes wahre Gebet ist wesentlich Tätigkeit. Doch da ich bei Ihnen kein unüberlegtes Fragen kenne, habe ich versucht, den genauen Sinn Ihrer Frage zu erspüren. Sagen Sie mir, ob ich richtig gesehen habe.

Es kommt vor, dass man betet, ohne dabei zu sein. Nach einigen Minuten ist man erstaunt, sich auf den Knien zu finden, sich bewusst zu werden, dass Gedanken und Sorgen nicht einmal unterbrochen worden sind. Der innere Film ist weiter abgelaufen. Ein andermal überrascht man sich dabei, nach einem guten Anfang allen möglichen Dingen, die nichts mit dem Gebet zu tun haben, nachzuhängen, es sei denn, der Geist treibe gar in sanfter Schläfrigkeit dahin. Sind es derartige Seelenzustände, auf die Sie anspielen? Wenn ja – was ich aber kaum annehme –, dann ist es offenkundig, dass wir uns wieder auffangen, unseren Geist zu Gott zurückführen, eine Glaubenswahrheit ergreifen müssen, um uns daran zu halten, uns in der Liebe üben müssen.

Ich möchte eher glauben, dass Ihre Frage sich auf die Augenblicke des Gebetes bezieht, in denen wir kein Verlangen haben, über einen bestimmten Gegenstand nachzudenken, nicht einmal bestimmte Akte der Anbetung, des Lobes und der Liebe zu vollziehen; Augenblicke, in denen wir uns gern regungslos einem inneren Schweigen überlassen, zu dem man sich hingezogen fühlt. Doch eine Unruhe hindert uns, uns ihm vorbehaltlos hinzugeben: Ist das noch echtes Gebet?

Hier also mein Rat: Wenn Sie den Eindruck haben, dass das innerliche Schweigen wahrer, wirklicher ist, Sie tiefer in Anspruch nimmt als Worte, dann entscheiden Sie sich ohne Zögern für das Schweigen. Und weisen Sie vor allem die Versuchung ab, sich für untätig zu halten: In Ihrem tiefsten Innern ist eine feine, zarte, sehr reine Tätigkeit, die kaum wahrnehmbar ist, weil sie sehr geistlich ist. Es ist eine ganz schlichte Ausrichtung Ihres tiefsten Wesens auf Gott, ein Tätigsein, das viel wirklicher und wahrer ist als die Regungen des Empfindens und der Fantasie, als die überschwänglichsten Gedanken und Gefühle. Es ist göttlich, durch den Geist des Herrn in Ihnen erweckt. Diese Augenblicke erfüllten Schweigens (es gibt auch leeres Schweigen) sind bevorzugte Augenblicke des Gebetes.

Seien Sie aber wachsam, versuchen Sie nicht, sie herbeizuführen. Es steht Ihnen nicht zu, sich in diesen Zustand der Seele zu versetzen oder darin zu verweilen. Das ist Sache der Gnade. Und wenn Sie in sich keine Neigung zum Schweigen verspüren, so kehren Sie ruhig zu Ihrer früheren Gebetsform zurück: Denken Sie an Gott, sprechen Sie mit ihm, lieben Sie ihn, opfern Sie sich ihm. Seien Sie aber bereit, alle diese Tätigkeiten aufzugeben, sobald der Heilige Geist Sie von Neuem zum Schweigen einlädt.

87 Das gefangene Kind

Ein Pfarrer hatte mich eingeladen, in der Karwoche in seinem Bergdorf zu predigen. Als ich die Beichten seiner Pfarrkinder hörte, entdeckte ich bei vielen eine geistliche Haltung von seltener Höhe. Sie hatten etwas wie eine Familienähnlichkeit: Ihre Beziehungen zu Gott waren bestimmt durch kindliches Vertrauen, Frieden und eine frohe Großmut. Ich schloss daraus, dass mein Pfarrer unter dem Äußeren eines rauen Bergbewohners ein außergewöhnliches inneres Leben verberge und ein Erwecker der Seelen sei.

Alle unsere Unterhaltungen bei Tisch und am Abend waren jedoch recht enttäuschend, sie beschränkten sich auf allgemeine Probleme der Theologie und der Seelsorge. Ich gab mich nicht zufrieden und blieb hartnäckig bemüht, durch das Gestrüpp hindurch die Quelle zu finden. Am Ostertag hatte man in den Messen und dann bei der Vesper in der versammelten Pfarrgemeinde geradezu ein Schwingen innerer Teilnahme gespürt. Abends beim Essen war das strenge Gesicht des Pfarrers von einer geheimen Freude überstrahlt. Und doch wäre unser letztes Gespräch nicht über den unpersönlichen Charakter der früheren hinausgegangen, hätte nicht eine Bemerkung meinerseits, die eine unerwartete Wendung brachte, mir erlaubt, einen Blick in eine ungewöhnlich tiefe priesterliche Seele zu tun. Vor Kurzem habe ich die paar Notizen wiedergefunden, die ich nachher in meinem Zimmer hingekritzelt hatte. Ich sende sie Ihnen, so wie sie sind: Sie geben getreulich, wenn auch nicht vollständig, die Äußerungen des Pfarrers wieder.

„Für so viele Leute ist christliches Leben gleichbedeutend mit Anstrengung, Gespanntheit, Bemühung, Leistung, Rekorde. (Um seinen Gedanken zu verdeutlichen, verwandte der Pfarrer diese gehäuft aneinandergereihten Worte). Aber das christliche Beten ist viel weniger greifbar, sichtbar, äußerlich: Es ist in der Tiefe des Wesens etwas Feines, Zartes, Reines, Gelöstes, eine Bewegung der Seele, ein Zustimmen unserer inneren Freiheit.

Tiefer, ganz tief unter unserem religiösen Tun, unseren ungeschlachten Akten der Großmut, unserem spürbaren inneren Erleben, unseren heftigen Sehnsüchten, unseren engbrüstigen Ansprüchen ist in uns ein Raum der Frische, der Unschuld, der Jungfräulichkeit. Härten, Ängste, Bosheiten, Schmutz des äußeren Lebens können ihn nicht erreichen, nicht beflecken, nicht anstecken. Dort lebt unsere Kinderseele, jung, frisch, rein, unverbraucht, unverletzt. Aber bei fast allen Menschen lebt dieses ‚kleine Mädchen' eingesperrt.

Christsein heißt zunächst, das gefangene Kind zu befreien, es ins Licht zu führen, seine Fesseln zu lösen. Und siehe, es atmet, es singt ein helles, klares Lied. Ach, wie möchte man so vielen Gutmeinenden zurufen: Nicht mit euren wichtigen, nicht mit euren sentenzenreichen Reden, nicht mit euren steifen, abgemessenen oder vornehmen Tugenden, eurer Buchführung oder euren geistlichen Renten werdet ihr ins Paradies eintreten. Von alldem müsst ihr euch unbedingt befreien. Wohl aber mit eurer Kinderseele, geführt von diesem Mädchen, werdet ihr, wenn ihr ihm die Hand geben wollt, in das Himmelreich eingehen, das den Kindern und denen, die ihnen gleichen, bereitet ist. Darüber staunt ihr immer – und zweifellos nehmt ihr im stillen Anstoß daran –, wenn ihr seht, wie Christus den Himmel so wohlfeil verspricht: der öffentlichen Sünderin, der Ehebrecherin, dem Schächer, seinem Nachbarn am Kreuz. Das geschah, weil in der Berührung mit ihm ihre plötzlich befreite Kinderseele ihnen das einfache Wort, das Wort der Liebe, zuflüsterte, das ‚Ja', das ein Schicksal entscheidet.

Tatsächlich ist es so einfach, gerettet zu werden – aber wir müssen es ausdrücklich hinnehmen, dass es einfach ist. Unser ewiges Leben spielt sich nicht auf der Ebene erbaulichen Betragens, angepasster Tugenden, großer Unternehmungen ab, sondern an der äußersten Spitze der Seele. Es scheint nur ein Hauch zu sein, ein Übergang, es scheint geringfügig, aber in Wirklichkeit gibt es nichts Wichtigeres, Wirksameres: Ein bestimmtes Lächeln unserer Seele, kindlich, aufrichtig, rein, vertrauend, kühn vertrauend, das ist es, was über unsere Ewigkeit entscheidet. Es war, glaube ich, eine bestimmte einzigartige Art des Lächelns, die den Sohn aus dem Leben der Dreifaltigkeit herausriss und ihn unwiderstehlich in den Schoß des Mädchens Maria zog."

„Und wie", habe ich meinen Pfarrer gefragt, „finden wir unsere Kinderseele wieder und bringen ihr die Lust zu leben, zu singen, zu lächeln wieder bei?"

„Ich weiß nichts Besseres als das Gebet", sagte er mir. „Unter der Bedingung jedoch, dass der Erwachsene schweigt und in die Schule des befreiten Mädchens geht. Doch wenn wir uns den Weg zeigen ließen ..." Und mein Gegenüber machte der Unterhaltung, die ich so gern fortgesetzt hätte, ein plötzliches Ende.

88 Stoßweise Gebete

Glauben Sie nicht, dass Sie der Einzige Ihrer Art sind. Viele andere machen die gleiche Erfahrung wie Sie. Ein befreundeter Mediziner sagte mir vor kurzem: „Oft, wenn ich Auto fahre oder manchmal zwischen zwei Krankenbesuchen, passiert es mir, den Drang zu haben zu beten; ich sehne mich dann nach dem Augenblick, an dem ich zur Kirche gehen kann. Und wenn ich dann endlich dort bin, finde ich in mir das Gebet nicht mehr, von dem ich glaubte, dass es bereit liegt, um hervorzusprudeln." Wie viele Mütter haben mir anvertraut, dass ihre Gebete verzweiflungsvoll dürr bleiben, dass sie aber, während sie den Haushalt machen oder das Essen vorbereiten, ohne jede Mühe beten.

Für diese häufige Feststellung kann man mit Sicherheit mehrere Erklärungen geben. Bevor ich Ihnen eine gute Erklärung liefere, bitte ich Sie, etwas Abstand zu nehmen und die Frage aus größerer Höhe zu betrachten.

Gemäß dem Versprechen, das Christus seinen Aposteln gegeben hat, lebt die Heilige Dreifaltigkeit in uns: *„Wer mich liebt, den wird auch mein* Vater *lieben, und wir werden zu ihm kommen und bei ihm wohnen."* Sie ist in uns nicht so wie der Inhalt in einem Behältnis, wie zum Beispiel eine Hostie in einem Ziborium, sondern vielmehr so wie das Feuer in einem Holzscheit, das es verbrennt, wie das Licht in einem Kristallblock, wie die Seele im Leib. Alles Beispiele, mit denen ich Ihnen verständlich machen will, dass die Dreifaltigkeit uns in ihr eigenes Leben hineinnimmt. Der tiefste Grund unseres Seins wird so der Dreifaltigkeit verbunden, diesem innersten Bereich unserer selbst, ein Bereich, den wir gleichzeitig am wenigsten kennen. Wie oberflächlich auch immer wir sein mögen, dringen doch manchmal Botschaften aus diesem Zentrum der Seele durch, geheimnisvolle Signale, Einladungen, uns zu sammeln. Uns zu sammeln, das will heißen, unsere Aufmerksamkeit, die sich so sehr auf die uns umgebenden Wesen zerstreut, die so sehr von unseren oberflächlichen Eindrücken in Beschlag genommen ist, empfänglich für die inneren Wirklichkeiten zu machen.

Wenn wir auf die Einladung eingehen, wenn wir alles verlassen und aufmerksam hinhorchen, tritt oft das tief in uns liegende Leben ans Licht unseres Bewusstseins, oder genauer gesagt, dringen wir in diese innere Welt ein, die wir ewig Zerstreuten aufzusuchen vernachlässigt haben.

Sie werden mir sagen: Ja, das ist es ja gerade. Wenn ich auf das antworte, wovon ich glaube, dass es der Anruf Gottes ist, und mich zum Beten begebe, genau dann nehme ich gar nichts mehr wahr, spüre ich keinerlei Bedürfnis zum Gebet; und dann langweile ich mich.

Könnte es sein, dass in dem Moment, an dem Sie ganz still werden sollten, Ihre Intelligenz sich bemüht, Ideen, und Ihr Herz, Gefühle hervorzubringen? Bitte begreifen Sie, dass es, um Gott besser zu kennen und zu lieben, oft angemessener ist, zu empfangen als zu handeln. Denken Sie an die Wasserbecken, die sich von innen her füllen. Genauso ist es mit Ihrer Seele. Ihre Intelligenz ist das in Ihnen, was bereit ist, das Licht des *Wortes* zu empfangen: Sie muss also offen sein, und von ihrer Mitte her wird das Licht auftauchen, das nur darum bittet, sich in ihr auszubreiten. Ebenso soll sich Ihr Herz bereit machen, von innen her diese trinitarische Liebe zu empfangen, diese Caritas, die das Herz ausfüllen und ausweiten will, um dann in die Umgebung hinein überzufließen.

Ich sage nicht, dass man beim Beten immer diese passive Haltung einnehmen muss. Ich würde sogar davor zurückscheuen, sie Anfängern zu raten. Für Anfänger empfiehlt es sich, dass sie die Schüssel dadurch anfüllen, dass sie sich außen versorgen, dass sie ihr Denken und ihr Herz mit dem Wort Gottes nähren. Da muss man anfangen und so muss man, vielleicht viele Jahre lang, weitermachen, solange die von den Theologen so genannte eingegossene Beschauung nicht im Inneren auftaucht.

Doch man muss achtsam sein. Diese eingegossene Kontemplation bietet unserem Geist keine klar unterscheidbaren Vorstellungen; sie flößt uns nicht unbedingt ausdrückbare Gefühle ein, und so läuft sie zumindest zu Anfang Gefahr, nicht wahrgenommen zu werden.

Genau deshalb ist sie göttlich, weil sie über unsere menschlichen Arten und Weisen zu denken und zu lieben hinausgeht und sie durcheinanderbringt.

Bin ich vom Thema abgewichen? Nein. Diese, wie Sie es ausdrücken, „plötzlich hochwallenden Gebete", die an einem Augenblick während des Tages daherkommen, an dem Sie gar nicht versuchen zu beten, sind wahrscheinlich eine Aufforderung zu einer größeren Passivität vor Gott, zu mehr Flexibilität und innerer Fügsamkeit, damit der Heilige Geist Ihrer befriedeten und zur Verfügung stehenden Seele seine göttlichen Eingebungen kommunizieren und Sie zweifelsohne bereits in die eingegossene Beschauung einführen kann.

Lernen Sie also, nicht draußen zu suchen, was in Ihrem Inneren ist, nicht zu versuchen hervorzubringen, was empfangen werden muss.

89 Finden besteht im Suchen

Ich frage mich, ob Ihrer Sehnsucht, Gott zu erkennen und ihm vereint zu sein, nicht eine übertriebene Anspannung innewohnt, die droht, Sie aufzusaugen. Der Weg der Heiligkeit ist lang und hart: Er wird all Ihre Ausdauer erfordern; der spirituelle Kampf ist unerbittlich, und Sie können gar nicht genug an eigenen Kräften haben, um ihn zu einem guten Ende zu führen.

Sicherlich ist diese in Ihnen vorhandene Sehnsucht nach Gott, die Sie in die Einsamkeit geführt hat[2], eine große Gnade. Sie müssen diese Sehnsucht anerkennen und ihr entsprechen. Aber genauso wichtig ist, sie zu kanalisieren und zu reinigen. Gott antwortet nicht so sehr auf ihre Vehemenz als vielmehr auf ihre Reinheit.

Eine solche Sehnsucht vermischt sich oft mit spiritueller Illusion und Gier. Man sehnt sich nach dem Tag, wo diese Sehnsucht endlich gestillt ist und wo man sich, im Besitz Gottes, bereits auf dieser Erde ausruhen kann. Nichts könnte trügerischer sein.

Mit Gott verhält es sich nicht so wie mit den irdischen Gütern. Bei den Letzteren löscht der Besitz ipso facto die Sehnsucht aus. Während man, je mehr man Gott besitzt, sich desto mehr nach ihm sehnt und ihn umso aktiver sucht.

Die irdischen Dinge – einen Tisch, ein Haus … – kann man aufgrund ihrer Begrenztheit in ihrer Totalität besitzen, und sie machen unsere Sehnsucht satt. Aber Gott, der Unendliche, übersteigt uns in allen Richtungen. Je mehr wir ihn zudem kennen, lieben, besitzen, umso mehr erscheint es uns, dass er noch viel besser gekannt, geliebt, besessen werden kann. Und wieder sprudelt unsere Sehnsucht erneut hervor.

Über diese Sehnsucht sollen wir uns freuen. Sie ist, an der Wurzel unseres Seins, das Drängen Gottes, dessen Denken in unsere Intelligenz eindringt und sie so nötigt, sich zu lockern, damit er sich ihr umfassender mitteilen kann; seine Liebe macht in unserem Herzen Druck, damit wir uns ihm vollkommener hingeben. So ist Gott in uns, Er, der sich kennt und sich liebt, und der uns da hineinnehmen will, uns teilhaben lassen will an seinem Bewusstsein seiner selbst, an seiner lebendigen Liebe seiner selbst. Dies ist letztlich die Erklärung für diese

---

2 Dieser Brief richtete sich an einen jungen Priester, der nach einigen Jahres des Dienstes in einer Pfarrgemeinde von seinem Bischof die Erlaubnis erhalten hat, sich in die Einsamkeit zurückzuziehen, um ein Leben des Gebets und der Buße zu führen.

Sehnsucht, Gott zu erkennen und zu lieben, diese Sehnsucht, mit der er die Seele seiner Freunde zu gewinnen sucht.

Ungeduldig sehnen Sie sich nach einer vollkommeneren Vereinigung mit Gott; wie könnten Sie nicht ungeduldig sein? Aber seien Sie geduldig ungeduldig; Sie müssen begreifen, dass Ihre Sehnsucht zwar auf dieser Erde nicht wirklich gesättigt werden kann, aber dass sie doch eine immer größere Erfüllung finden wird und sich, je mehr Sie Gott finden, gleichzeitig intensivieren wird. Die gesamte Spiritualität des heiligen Gregor von Nyssa gründet auf dieser Aussage: „Gott zu finden besteht darin, ihn ohne Unterlass zu suchen." Und er erläutert: „Tatsächlich ist Suchen nicht Eines und Finden ein Anderes; der Gewinn der Suche ist die Suche selbst. Die Sehnsucht der Seele findet gerade dadurch Erfüllung, dass sie unersättlich bleibt, denn eben darin besteht die Schau Gottes, niemals satt zu sein, ihn zu ersehnen."

Antworten Sie nun etwa: „Aber wann findet man denn dann Ruhe?" – Immer weniger. Gerade so wie ein Stein, der fällt, während des Falls immer schneller wird, so intensiviert sich auch der Schwung der Seele in dem Maß, in dem sie sich Gott nähert.

Nichts ist widersinniger, als die Vollkommenheit unter unseren irdischen Bedingungen als eine im festen Besitz Gottes zur Ruhe gekommene Sehnsucht anzusehen: Sie ist ganz im Gegenteil aktive Suche, Bewegung, Drang zu ihm hin: Derselbe Gregor von Nyssa sagt: „Aufgrund der Transzendenz der Güter, die sie entdeckt, scheint die Seele im Maß, in dem sie voranschreitet, immer nur am Anfang des Aufstiegs zu sein. Deshalb wiederholt der Logos sein Wort: ‚Erhebe dich' zu jener, die sich bereits erhoben hat, und ‚komm' zu jener, die bereits gekommen ist. In der Tat wird sich derjenige, der sich wirklich erhebt, sich immer erheben müssen, und demjenigen, welcher auf den *Herrn* zuläuft, wird niemals offener, weiter Raum fehlen. Und so hält jener, welcher hochsteigt, niemals an; er geht durch nie endende Anfänge von Anfang zu Anfang."

90 „Anbeter im Geist und in der Wahrheit"

Mein lieber Georg!

Da du beten willst, beginne doch damit, dich auf Gott einzustellen, ihn zu betrachten. Wenn doch alle Leute, die sagen, sie könnten nicht beten, die Anmaßung, aus ihrer eigenen Kraft beten zu wollen, ablegten; wenn sie doch anfingen, ihre Aufmerksamkeit auf den Herrn zu richten; vielleicht würde aus ihnen dann das angeblich unmögliche Gebet hervorbrechen. Der Spiegel erschafft nicht das Licht, er strahlt es nur zurück und muss dazu noch der Lichtquelle zugewandt sein.

Ein Mann, ein Priester, ein großer Anbeter im Geist und in der Wahrheit, Pater de Condren, vertraute seinem Schüler Amelote eines Tages an, wie in ihm dieses Gebet der Anbetung, das nie mehr versiegen sollte, entstanden war. Glücklicherweise hat dieser aufgeschrieben, was er vernommen hatte. Es ist eine der großartigsten Stellen unseres geistlichen Schrifttums, dem *Memorial* Pascals vergleichbar.

Wenn du es gelesen hast, sagst du mir vielleicht, dass wir es mit einem Auserwählten zu tun haben und dass Gott sich nicht jedem Menschen auf solche Art offenbart. Sollte es nicht eher daran liegen, dass wir selbst weder sehen noch hören können? Denn Gott zeigt sich uns und spricht unermüdlich zu uns: durch die Schöpfung, die Geschichte des jüdischen Volkes; durch die Taten und Worte Christi, jene klarsten Zeichen seiner untrüglichen Liebe; durch die heiligen Schriften, die uns stets zur Verfügung stehen. Aber wir sind blind und taub. Wir beachten Gott weiterhin nicht, selbst wenn seine Vertrauenserweise offen vor unseren Augen liegen.

Ich möchte also mit dir diese bedeutsame Stelle betrachten. Sie zeigt beredt das, wovon ich dich überzeugen möchte, dass nämlich das Gebet Antwort des Menschen auf die Offenbarungen Gottes ist.

„Er war etwa zwölf Jahre alt. Eines Tages, als er gerade beim Studium war, fand er sich plötzlich im Geiste von einem wunderbaren Licht umgeben, in dessen Klarheit ihm die göttliche Majestät erschien, so gewaltig und so unendlich, dass ihm vorkam, als ob es nichts gebe als dieses lautere Sein, das immerfort zu dauern habe, und als ob das ganze Universum zu seiner Ehre vernichtet werden müsse."

Er hatte gewiss schon früher von der Majestät Gottes sprechen gehört. Doch ist es weit von einer begrifflichen Kenntnis bis zu dieser konkreten, erlebten Erfahrung, so wie es weit ist von der Beschreibung eines Blitzes bis zu diesem Feuer vom Himmel, das in einer Gewitternacht auf einen Baum im Wald neben dir niederfährt.

Lieber Georg, versuche die Reaktion des jungen Condren zu verstehen: Die Einmaligkeit, die Gewalt des Wesens Gottes erscheinen ihm so, dass ihm im Vergleich dazu das Weltall in diesem Augenblick nicht nur lächerlich, sondern in irgendeiner Weise absonderlich, unschicklich, unpassend, unerträglich vorkommt. Es müsste unbedingt zerstört werden, um Gott den Platz abzutreten, ausgelöscht werden vor der ungeheuren göttlichen Herrlichkeit. Sich vor dem Herrn niederzuwerfen wie die Juden des alten Gesetzes, erscheint Condren unzureichend: Er müsste einfach verschwinden, und nicht nur er selbst, sondern die ganze Welt. Es gab keine andere Weise, Gott seiner Würde gemäß in Bewunderung und Ehrfurcht zu huldigen.

„Er sah, dass Gott kein Geschöpf braucht; dass sein eigener Sohn, sein ganzes Wohlgefallen, ihm sein Leben hatte opfern müssen; dass die Selbstaufopferung und die Hingabe aller Dinge erst mit Jesus zusammen seiner Größe würdig waren und dass man ihn noch nicht genug liebte, wenn man sich nicht mit seinem Sohne um seiner Liebe willen selbst aufgeben wollte."

Er berichtet mit genauen Worten über seine unwillkürliche Reaktion und findet sogleich die Bestätigung für sein Empfinden: Jesus selbst hat sich Gott opfern müssen, sich opfern im eigentlichen Sinne des Wortes, sich darbieten als Opfer, sich geben, wie Holz sich der Flamme preisgibt, um von ihr verzehrt zu werden. Lieben, ohne so weit zu gehen, ohne sich mit Christus verlieren zu wollen – jede Hoffnung auf Zurücknahme aufzugeben –, ist nur ein Hohn. Was nun folgt, erklärt die erste Reaktion Condrens, als er sich der Majestät Gottes gegenübergestellt sah.

„Dieses Licht war so klar, so mächtig, dass es in seiner Seele einen Eindruck von Tod hinterließ, der nie erloschen ist. Er gab sich mit ganzem Herzen Gott hin, um zu seiner Ehre zu nichts zu werden und nur noch in dieser Verfassung zu leben."

Der Knabe kehrt zurück zu seinen Spielen, seinen Studien, seinen Kameraden. Aber der Eindruck war so stark, dass er ihn nie vergessen wird. „Eindruck des Todes", wie wenn Gott in der Seele Condrens alles zerstört hätte, was nicht „Er" war. Wenn die Sonne aufgeht, sind alle Sterne wie erloschen; das ganze Weltall, alles, was bis dahin Augen, Geist und Herz des jungen Condren gefangen nahm, anzog, entzückte, wird plötzlich farblos, jeder Verlockung, jeder Anziehung, jeden Interesses beraubt. Ein Wesen, ein einziges, hat den ganzen Raum eingenommen, hinreißend, unwiderstehlich. Doch der Knabe ist nicht versucht, sich dieses Wesens zu bemächtigen, um sich seiner zu freuen; er sehnt sich danach, sich in ihm zu verlieren, „um seiner Liebe willen".

„Zu einem Nichts werden." Beachte wohl, was das heißen will. Es gibt einen gewissen dämonischen Geschmack am Nichts, dieser ist Verachtung, Absage ans Dasein, Sucht, zu zerstören und sich selbst zu zerstören. Ganz anders, göttlich, ist diese Sehnsucht nach Entäußerung;

sie entspringt der Liebe, nicht um nichts, sondern um der andere zu werden. Es ist das Holz, das verlangt, zu Feuer zu werden; es ist die Hostie auf dem Altar, die darauf wartet, durch die Ankunft Christi ihrer Substanz entleert zu werden.

Wer liebt, wird dieses unwiderstehliche Verlangen des Liebenden verstehen, der nicht allein seine Liebe ausdrücken, sondern sie rückhaltlos bezeugen möchte. Aber nur ein einziger Beweis ist schlüssig: sich opfern, sich ausliefern, sein Leben verlieren für den, den man liebt, für die Ehre Gottes, die man liebt.

„Dann erkannte er, dass diese ganze Welt wegen der Sünde der Menschen verbrannt werden müsste, dass die göttliche Reinheit, Heiligkeit und Gerechtigkeit äußersten Widerwillen gegen sie hatte, während sie mit Freude nur auf Jesus Christus sah und auf das, was in seinem Geiste war."

Nun taucht im Ablauf seiner Überlegungen eine neue Sicht auf. Diese Gegenüberstellung von Gott und Weltall lässt nicht allein den Gegensatz zwischen Gott und dem Geschöpf erscheinen, zwischen „dem, der ist" und dem, der nur von Gott her Sein hat, sondern auch den Gegensatz, die unerträgliche Antinomie, die schreiende Unvereinbarkeit zwischen göttlicher Heiligkeit, die in ihrer Reinheit erschreckend ist, und der widerlichen Sünde der Welt. Eine Unvereinbarkeit, die schon Jesaja ausrufen ließ: *„Weh mir, ich bin verloren, denn ich bin ein Mensch mit unreinen Lippen … Und meine Augen haben den König gesehen, Jahwe Sabaoth"* (Jes 6,5).

Doch in der Dunkelheit der sündigen Welt gibt es einen Lichtpunkt: Jesus Christus, auf dem der Blick des Vaters mit Wohlgefallen ruht.

„Denn als er im Abgrund seines Nichts vor der göttlichen Heiligkeit war und den brennenden Wunsch hatte, zu seiner Ehre geopfert zu werden, wurde ihm eine besondere Freude zuteil: Er sah, dass der Sohn Gottes immer Opfer (Hostie) seines Vaters ist … Er erkannte, dass das Opfer Jesu Christi die Erfüllung des Strebens all derer war, die wünschten, selbst geopfert zu werden, sich aber unfähig fühlten, durch ihr Opfer Gott würdig zu ehren. Dass das unendliche Lob der göttlichen Heiligkeit, seiner Gerechtigkeit, Selbstgenügsamkeit, mit einem Wort: der Unendlichkeit des ewigen Vaters darin bestand, seinen toten Sohn ihm darzubieten, in ihm bekennend, dass nicht allein das Universum, sondern dieser selbst in seiner Gegenwart hatte vernichtet werden müssen. Er sah, dass nichts Gottes würdig war als allein dieses einzigartige Opfer Jesu Christi.“

Jesus Christus ist nicht allein die Freude für das Auge des Vaters, sondern auch die Hoffnung für den jungen Condren. Er hat begriffen, dass die Entäußerung, die er ersehnt, und selbst die Darbringung des ganzen Weltalls ungenügend und ohnmächtig wären, Gott den Dienst zu erweisen, der ihm gebührt. Es genügt nicht, dass eine Opfergabe dargebracht werde; sie muss auch Gottes würdig sein! Und Condren, der eben die Herrlichkeit Gottes geahnt hatte, wäre beim Anblick dieser völligen Ohnmacht, Gott würdig zu ehren, in Verzweiflung versunken, wenn nicht der Gedanke an Jesus Christus, „die reine, heilige und makellose Opfergabe“, ihm Hoffnung gegeben hätte. Dieses Opfer Jesu Christi – er versteht, dass er nichts anderes zu tun braucht, als dieses Opfer zu ergreifen, es darzubringen, hineinversinkend es zu opfern, damit der Vater geehrt werde, wie er geehrt zu werden verdient: mit unendlicher Ehre.

Von Neuem erscheint das Leitmotiv dieser Stelle. Jesus Christus selbst, der vollkommene Anbeter, „musste vernichtigt werden“, sterben, um verklärt zu werden. Denn anbeten heißt sich zu vernichtigen, alles diesem verzehrenden Feuer zu überlassen, das die Herrlichkeit Gottes, des lebendigen Gottes ist, die darauf hindrängt, „alles in allen“ zu sein.

Diese Vision rief in Condren eine außergewöhnliche Hochschätzung für die heilige Messe hervor, die denen, welche Gott seiner Würde gemäß verehren möchten, das Opfer Jesu Christi zur Verfügung stellt. Und im selben Augenblick wusste er, dass er eines Tages Priester sein und aus dem Messopfer leben würde.

„Wer Gott anhängt, ist mit ihm nur ein einziger Geist"

Die Sehnsucht, Gott zu finden, die uns dazu gebracht hat, uns auf die Wege des Betens zu begeben, hat nicht getrogen. Die so sehr ersehnte Vereinigung wird zu einer ganz nahen und inneliegenden Wirklichkeit.

Gott finden: Das ist es, was man vom Gebet erwarten muss, das ist es, was es uns zu bringen verspricht. (1. Ich möchte beten lernen) – Das Gebet ist tatsächlich ein heiliger Ort, wo Gott den Menschen empfängt, um zu seinem Herzen zu sprechen und ihn mit seiner zärtlichen und starken Liebe zu umfangen. (2. Meditation vor einem Bildnis) – Gott manifestiert der betenden Seele seine aktive Gegenwart nicht nur am Ende eines Gebetslebens, sondern manchmal sehr bald. Die mystische Erfahrung ist nicht nur den Heiligen vorbehalten. Wer sie herabsetzt, ist zu beklagen; noch mehr sind es jene, denen sie geschenkt wird und die sie in den Wind schlagen. (3. Mystiker) – Wem sie gewährt wird, sieht klar, dass Beten weniger im „Machen" als vielmehr im „Sein" besteht: im Mit-Gott-Sein, für den in der Seele gegenwärtigen Gott da sein. (4. Sein oder tun?) – Um zu dieser Erfahrung vorzudringen, ist sicherlich Askese erforderlich, aber das Umgekehrte ist noch wahrer: Die mystischen Gnadengaben sind eine äußerst wirksame Hilfe, die Tugenden zu leben; mit ihrer Hilfe macht sich unsere Gottesliebe nach und nach frei von der Selbstliebe. (5. Saïd) – Sie bringen in uns eine geheimnisvolle Erkenntnis des *Herrn* zum Aufblühen, dies allerdings unter der Bedingung, dass unsere Intelligenz sich vor der „großen Unverstehbarkeit Gottes" ganz klein macht. (6. „Du wirst meinen Rücken sehen") – Sie bearbeiten uns, um uns mit Gott zu vereinen, eine Vereinigung, die im Wesentlichen in der Verschmelzung unseres tiefen Wollens mit dem Wollen Gottes besteht. (7. Das Gebet einer bescheidenen Frau) – Die Etappen auf dem Weg dieser Vereinigung mit Gott sind nicht notwendig für alle dieselben, aber der Fortschritt liegt immer in der Richtung einer Liebe, die begieriger und gleichzeitig reiner in ihrer Selbstlosigkeit wird. (8. Stationen auf dem Weg) – Die Vereinigung wird sich erst dann vollziehen, wenn wir allen Platz in uns Gott überlassen haben. (9. Du selber bist es.) – An jenem Tag werden wir eingeführt in die Kommunion der Liebe zwischen dem *Vater* und dem *Sohn*, dieses ewige Fest, dessen Dirigent und Zeuge im Himmel und auf der Erde der Heilige Geist ist. (10. „Die Ruhe Gottes")

91 Ich möchte beten lernen

„Ich möchte beten können", sagen Sie mir. Danken Sie Gott! Dieses Verlangen kann nur von ihm kommen. Und doch müssen Sie sich nach dem Beweggrund fragen.

Besser als lange Reden wird eine alte Geschichte Ihnen verständlich machen, was ich meine.

Einst lebten in den Wäldern der Vogesen viele Einsiedler. Einer von ihnen stand im Ruf großer Heiligkeit. Jäger versicherten, vor dem

Eingang seiner Grotte die wilden Tiere – Bären, Wildschweine, Rehe – versammelt und wie andächtig gesehen zu haben, während er das Lob des Herrn sang. Und die Talbewohner wunderten sich nicht mehr, nachts über dem Berg, wo der Mann Gottes wohnte, ein eigenartiges Leuchten zu sehen. Oftmals hatten junge Leute der Gegend ihn gebeten, sie zu sich zu nehmen. Lebten die anderen Einsiedler nicht mit einem, zwei oder drei Schülern zusammen, die sie in die Betrachtung einführten? Aber alle erhielten die gleiche verneinende Antwort. Außer einem.

Den Grund für ein solches Vorrecht erzählte dieser selbst kurz nach dem Tode seines Meisters:

„Im Alter von achtzehn Jahren hatte ich mich ihm vorgestellt und ihn um die Gunst gebeten, bei ihm bleiben zu dürfen. Auf seine Frage: Warum? hatte ich geantwortet: ‚Weil ich beten lernen möchte.' Diese Worte hatten einen Schimmer von Zärtlichkeit im Blick des Einsiedlers aufleuchten lassen. Dann hatte er mich gefragt: ‚Und warum, Kleiner, willst du beten lernen?' – ‚Weil das die höchste Wissenschaft ist.' – ‚Ich würde dich gern annehmen, aber ich kann es nicht', antwortete er nicht ohne Trauer.

Nach drei Jahren besuchte ich ihn wieder. Er empfing mich mit väterlicher Herzlichkeit und stellte mir von neuem die Frage: ‚Warum willst du beten lernen?' – ‚Um ein Heiliger zu werden.' Ich war überzeugt, dass er mich diesmal annehmen würde. War ein solcher Beweggrund nicht der höchste, der sich denken ließ? Aber er gab mir erneut eine abschlägige Antwort, und verzweifelt verließ ich ihn.

Ich nahm die Feldarbeit wieder auf. Doch mehr als zuvor, vom Morgen bis zum Abend, plagte mich der Wunsch zu beten. Wenn ich an den dachte, der dort oben so vertraut mit seinem Gott lebte, kamen mir die Tränen.

In einer Christnacht erhob ich mich plötzlich: Die Gewissheit hatte sich in mir festgesetzt, dass er mich diesmal annehmen würde.

Bei meiner Ankunft betete er und hörte mich nicht. Ich wartete lange; meine Ungeduld beruhigte sich nach und nach. Als er sich umwandte, schien er über meine Gegenwart gar nicht erstaunt zu sein. Ohne ihm Zeit zu lassen, Fragen zu stellen, nahm ich das Wort: ‚Ich möchte beten lernen, weil ich Gott finden möchte.' Da schloss er mich in seine Arme."

Gott finden – das ist das Ziel des wahren Gebetes. Dies macht es unwiderstehlich: Dem Kind, das ihn sucht, kann der Vater sich nicht entziehen. Und dem Vater, der es sucht, darf sich auch das Kind, das nun endlich verstanden hat, nicht länger entziehen.

Gott finden – der heilige Gregor von Nyssa sagt uns, worin dieses Trachten und Sehnen, das die Gnade im Menschen langsam reifen lässt, besteht: „Gott finden, das ist: ihn unaufhörlich suchen. In der Tat sind Suchen und Finden hier nicht zweierlei. Das Ergebnis des Suchens ist, weiter zu suchen. Das Verlangen der Seele ist davon so ganz erfüllt, dass es unstillbar bleibt; denn das gerade ist das Gottschauen, dass wir nie überdrüssig werden, es zu ersehnen."

Diese Begriffsbestimmung des Gebetes, obwohl sie eine der tiefgründigsten ist, enttäuscht uns, offen gestanden, ein wenig. Aber wie könnte es anders sein? Niemals werden Worte und Begriffe die innige Beziehung der Seele zu ihrem Gott ausdrücken können. Die Menschen, die Gott gefunden haben, möchten uns gern ihr Geheimnis anvertrauen, aber sie stoßen auf eine Unmöglichkeit. Weder Worte noch Begriffe vermögen die Einigkeit zwischen der Seele und ihrem Gott auszudrücken. So bleibt ihnen nur die Versicherung, dass der Weg des Gebetes keine Sackgasse ist, dass er vielmehr auf eine Lichtung führt, zu einer Erfahrung Gottes, und dass diese Erfahrung unaussprechlich ist.

92 Meditation vor einem Bildnis

Denken Sie an die Stelle der Bibel, wo Moses auf den Höhen des Horeb seine Schafe hütet und plötzlich vor einem Dornbusch, der lodert und nicht verbrennt, fest gebannt steht. Er bebt in heiligem Schrecken. Er nähert sich, um das Wunder zu sehen, aber eine aus den Flammen dringende Stimme hält ihn zurück: *„Zuerst ziehe deine Schuhe aus; der Boden, auf dem du stehst, ist heiliges Land."*

Das Gebet ist ein heiliger Ort, ein heiliges Land, wo Gott wohnt. Dort erwartet er den Menschen, dort wird er zu ihm sprechen und ihn vielleicht mit seiner zarten und mächtigen Liebe umfangen.

Weil im Gebet Gott weit mehr wirkt als der Mensch, entzieht es sich zum Teil dem forschenden Verstand: Es ist Geheimnis. Dennoch ist es aber keineswegs unbillig, nach seinem besten Verständnis zu streben; denn das Gebet ist einer der erhabensten Gegenstände für das Mühen des menschlichen Geistes. Um hier weiterzukommen, müssen wir aber auf den Anspruch, ihm sein letztes Geheimnis zu entreißen, verzichten, uns unter die Führung des Heiligen Geistes stellen, uns ihm demütig nähern, mit nackten Füßen.

Ich verzichte darauf, Sie von seiner Wichtigkeit zu überzeugen, solange Sie als „alter Rationalist", der Sie sind, sich nur einzig auf der Ebene der Philosophie aufhalten.

Aber bei Ihrem nächsten Besuch werde ich Ihnen ein Bildnis von Benoît Labre zeigen, dem bettelnden Heiligen. Vielleicht wird diesem Bild mehr Überzeugungskraft innewohnen als meinen eigenen Reden. Es hat mich immer sehr beeindruckt: Ich finde es außergewöhnlich vielsagend. Man sieht dort den Heiligen beten, die Arme gekreuzt, den Kopf leicht geneigt, die Lider gesenkt. Das Bild strahlt den Eindruck intensiver Sammlung aus; man spürt, dass Benoît Labre die Welt, die ihn umgibt, wie ganz fremd ist; er ist ganz in sich zurückgezogen, die Pforten seiner Sinne sind sorgfältig verschlossen. Was geschieht in diesem innersten Heiligtum? Das entgeht natürlich unserem Blick. Man kann jedoch eine Ahnung von diesem Geheimnis bekommen, denn da ist dieser undefinierbare Lichtschein aus Zärtlichkeit, aus Demut, welcher die Person des Heiligen einhüllt, da ist sein wie von innen her erleuchtetes Gesicht. Dieses Menschenherz – man kann nicht daran zweifeln – erlebt etwas äußerst Wichtiges, Beneidenswertes. Und man fühlt sich gedrängt, vor dem betenden Benoît niederzuknien, denn man ist gewiss, dass der Gott, der in seiner Seele lebt, Worte an ihn richtet, die ihn selig machen, Worte großer Sanftheit.

Dieses Bildnis hat mich mehr über das Gebet gelehrt als viel Gelesenes: Wer weiß, ob es nicht auch zu Ihnen spricht …

93 Mystiker

Lieber Herr Pfarrer,

soll ich Ihnen verschweigen, dass ich am Mittwochabend, milde gesagt, erstaunt war, als Sie mit einer gewissen Ungeniertheit, die nah am Spott lag, über die Mystik und die Mystiker sprachen? Ich empfand dies als Entwürdigung. Ich dachte an unsere großen katholischen Heiligen; von fast allen von ihnen wissen wir, dass sie Mystiker waren. Und angesichts dieser Studenten, die mit einem derartigen Vertrauen ihrem jungen, für sie zuständigen Geistlichen zuhörten, sagte ich mir, dass Sie Gefahr liefen, jene unter ihnen zu verwirren, die in ihrer Sehnsucht, Gott zu begegnen, daran verzweifeln, ihn in einer katholischen Religion zu finden, in der sich alles auf rationale Erklärungen und eine handlungsorientierte Moral zu reduzieren scheint. Die Begeisterung von manchen jungen Menschen, auch von berühmten Schriftstellern für die Religionen Indiens, der Erfolg der Sekten, das unglaubliche Prestige, dessen sich der eine oder andere aus dem Orient kommende

Magier erfreut, erklären sich oft durch nichts anderes als durch die Herabwürdigung des mystischen Lebens durch eine Unzahl von Priestern und Katholiken. Halten Sie dem nicht entgegen, dass jeder Beichtvater eines Tages mit falschen Mystikern in Streit gerät: Ich weiß das wohl; aber müssen denn die gefälschten Rembrandts die Werke des holländischen Meisters diskreditieren?

Selbstverständlich muss man die wirklichen von den falschen Mystikern unterscheiden. Wichtig ist dabei, dieses Wort sorgfältig zu definieren; so oft wurde sein wahrer Sinn verfälscht! Ohne auf Feinheiten einzugehen, würde ich vom wirklichen Mystiker sagen, dass er im „Zentrum der Seele" die aktive Gegenwart Gottes wahrnimmt und von ihr vielfältige Impulse erhält: zum Gebet, zur Liebe, zum Tun, zum Opfer seiner selbst … Er kann wie der heilige Paulus sagen: *„Der Geist selber bezeugt unserem Geist, dass wir Kinder Gottes sind"* (Röm 8,16). Derselbe heilige Paulus erweist sich auf allen Seiten seiner Briefe als ein großer Mystiker: Ihm ist bewusst, unter der Einwirkung Gottes zu stehen, von seinem Geist bewegt zu sein. Und er macht uns klar, dass dies das Besondere der Kinder Gottes ist: *„Die wahren Söhne Gottes sind all jene, die sich vom Geist Gottes leiten lassen"* (Röm 8,14).

Sie sehen, dass ich in die Definition der mystischen Erfahrung nicht die „außerordentlichen" Phänomene einbeziehe: die Ekstasen, die Visionen, die Offenbarungen; sie können in einem authentischen mystischen Leben vorkommen, aber sie sind nicht das Wesentliche.

Sagen Sie mir nun: „Die Mystik ist die Weihe der Heiligkeit; wozu soll es gut sein, zu diesen Menschen, die mühsam auf den Wegen unten in der Ebene dahin laufen, davon zu sprechen?" Nein, die mystische Erfahrung ist nicht den Heiligen vorbehalten. Man findet sie, zumindest in der Form vorübergehender Gnadengaben, am Ursprung vieler Konversionen und bei Christen, die auf den Wegen der Heiligkeit nur wenig vorangekommen sind. Aber ich stimme zu, dass die mystischen Gipfelerfahrungen sich nur bei spirituell sehr weit fortgeschrittenen

Menschen beobachten lassen: Sie leben mit, von und in Gott. Ein heiliger Johannes vom Kreuz beschreibt in *Die lebendige Liebesflamme* ihr innerstes Leben so: „Die Seele wird von den Strahlen der Gottheit ganz erfüllt und ganz in ihren Schöpfer verwandelt. Denn Gott teilt ihr übernatürlich sein Sein mit, sodass sie Gott selbst zu sein scheint, dass sie hat, was Gott hat, und dass alles, was jedem von beiden gehört, durch diese Umwandlung ein Einziges zu sein scheint. Man könnte sogar sagen, dass die Seele durch diese Teilnahme mehr Gott als Seele zu sein scheint, obgleich es wahr ist, dass sie ihr Wesen bewahrt und dieses vom göttlichen Wesen unterschieden ist, wie das Glas vom Lichtstrahl unterschieden bleibt, der es durchleuchtet und durchdringt." Der christliche Anfänger ist sicherlich weit entfernt von einer derartigen Erfahrung, aber es kommt manchmal vor, dass der *Herr* ihn diese Gipfel ahnen lässt, um ihn anzuregen, sich nach der Vereinigung mit Gott zu sehnen und ihr weiter nachzujagen, jener Vereinigung, die das Ziel des ganzen christlichen Lebens ist. Die heilige Teresa von Ávila, die heilige Johanna von Chantal vertrauen uns an, dass ihre jungen Nonnen nach sechs Monaten oder einem Jahr des Noviziats sehr oft zu einem mystischen Gebet Zugang fanden.

Die mystische Erfahrung, wie sie die oben gegebene Definition zu verstehen gibt, ist nicht auf die Stunden des Gebets beschränkt. Der Mystiker macht im Tun die Erfahrung, dass Gott ihn mitten im Handeln zum Beten bewegt. Nichtsdestoweniger wird die Seele in der Stunde des Gebets leichter entdecken, dass ihr Gott in ihr gegenwärtig ist und handelt, denn hier macht sie sich ganz frei, verfügbar, Gott hingegeben „wie der Stock in der Hand des Reisenden". Auch hier stammt die Beschreibung dieser Erfahrung vom heiligen Johannes vom Kreuz.

Nachdem er daran erinnert hat, dass eine erste Phase des Betens im Meditieren besteht, zeigt er, dass die dem Gebet geweihten Seelen, vor allem jene, die alles verlassen haben, um sich Gott im klösterlichen Leben hinzugeben, recht schnell die Gnade der „eingegossenen

Beschauung“ oder, anders gesagt, des mystischen Gebets empfangen. Hier ein Zitat, mit welchen Worten er diese neue Form des Gebets beschreibt:

„Der Herr verströmt in der Seele geheim und in Ruhe die Weisheit und das Licht, ohne dass es in ihr zu vielen unterschiedlichen, benannten oder wiederholten Handlungen kommt. Andere Male jedoch bringt Gott die Seele dazu, einige dieser Handlungen mit einer gewissen Dauer hervorzubringen; die Seele muss sich dann von ihrer Seite her darauf beschränken, ihre Aufmerksamkeit äußerst liebevoll auf Gott zu richten, ohne etwas anderes zu tun als das, wozu sie sich durch Gott hingezogen fühlt. Ihre Haltung besteht darin, sozusagen passiv zu bleiben, ohne in sich irgendeine Bewegung zu veranlassen, ohne sich etwas anderem hinzugeben als dieser liebevollen Aufmerksamkeit, die einfach und ganz auf ihr Objekt konzentriert ist, etwa wie jemand, der die Augen öffnet, um in Liebe zu schauen. Gott will sich da in einfachem und liebevollem Erkennen mit der Seele unterhalten; die Seele muss ihrerseits dieses Erkennen in Einfachheit und großer Liebe empfangen, sodass jeweils das Erkennen mit Erkennen und die Liebe mit Liebe antworten. Ist es nicht angemessen, dass derjenige, der ein Geschenk erhält, sich harmonisch auf das einstimmt, was er empfängt, um es so entgegennehmen zu können, wie man es ihm gibt, und es so erhalten zu können, wie er es empfangen hat?“

Man glaube nur nicht, dass es sich hier um luxuriösen Zeitvertreib handelt: Während eines solchen Gebets vollbringt Gott in der Seele, und indirekt in der Kirche, große Dinge:

„Das Geringste der Gnadenwunder, die Gott in der Seele durch diese übernatürliche Einsamkeit und diese ganz göttliche Ruhe bewirkt, ist ein unschätzbares Gut, wertvoller, als es die Seele und ihr Führer selbst es begreifen können.“

Die Seele von dieser Form des Betens, von dieser „übernatürlichen Sammlung“ abhalten, sie „aus diesem Meerbusen der tiefen Gewässer“

herausholen, wie das bei gewissen Seelsorgern passiert, ist, so betont es der heilige Johannes vom Kreuz nachhaltig, ein Fehler mit unberechenbaren Folgen:

„Ist es also einfach mangelnde Umsicht, ein leichter Fehler, eine Seele zum Verlust dieser unschätzbaren Güter zu bringen, indem man sie falsch anleitet und indem man sie elend am Boden dahinkriechen lässt? … Wenn es in der Welt Angelegenheiten gibt, die man mit der größten Umsicht verfolgen muss, dann sind es sicherlich jene, in denen es um Gott geht; man darf mit ihnen nur mit weit offenen Augen umgehen, vor allem, wenn es sich um die subtilsten, um die delikatesten Dinge handelt, die zu nahezu unendlichen guten oder schlechten Folgen führen, je nach der guten oder schlechten Anleitung, die man hat zuteilwerden lassen."

Soll dies heißen, dass ein solches Gebetsleben ganz aus Ruhe besteht, keine Prüfungen, Gefahren, Illusionen kennt? Sicherlich nicht. Deshalb haben ein heiliger Johannes vom Kreuz, eine heilige Teresa und viele andere es unternommen, die Seelen, die Gott auf diesen Weg bringt, mit ihren Schriften anzuleiten.

Muss man befürchten, dass diese Art des Gebets die Laien vom Apostolat fernhält? Das Beispiel einer heiligen Teresa von Ávila dürfte genügen, um den Einwand zu entkräften. Je mehr sich eine Seele dem Gebet hingibt, umso stärker und intensiver wird in ihr das Bedürfnis, den *Herrn* zu erkennen und andere ihn erkennen zu lassen, ihn zu lieben und anderen diese Liebe zu ermöglichen, ihm zu dienen und für andere diesen Dienst zugänglich zu machen:

„Ein unwiderstehlicher Drang", schreibt Bergson, „lässt die Seele sich in die weitreichendsten Unterfangen stürzen. Eine ruhige leidenschaftliche Begeisterung in all ihren Kräften bringt sie dazu, Großes zu sehen und, wie schwach auch immer diese Begeisterung sein mag, es kraftvoll zu realisieren. Vor allem hat sie einen einfachen Blick, und diese Einfachheit, die in ihren Worten wie in ihrem Verhalten ins Auge sticht, führt sie durch Komplikationen hindurch, die sie selbst nicht wahrzunehmen scheint. Ein eingeborenes Wissen oder vielmehr eine erworbene Unschuld bringt sie so auf Anhieb zur richtigen Handlungsweise, zum entscheidenden Schritt, zum Wort, das keinen Widerspruch kennt. Unerlässlich bleiben trotzdem die Bemühung samt der Durchhaltefähigkeit und der Ausdauer. Aber sie kommen ganz von allein, sie durchdringen von selbst die zupackende und ‚gepackte' Seele, deren Freiheit mit dem göttlichen Tun zusammenfällt."

Entschuldigen Sie, lieber Herr Pfarrer, Ihnen einen so langen Brief zu schreiben. Aber das Thema liegt mir besonders am Herzen. Ich stelle in der Tat fest, dass das christliche Leben jener, die sich dem Angebot des Geistes Gottes ausliefern, so viel mehr Schwung hat! Bei ihnen zeigt sich, sogar in den Prüfungen, eine seelische Freude, im Aufstieg zu Gott – selbst wenn sie auf dem Weg manchmal schwach werden – eine Ausdauer und im Tun eine außerordentliche Kraft und Wirksamkeit.

Mögen Sie in diesem Brief, lieber Herr Pfarrer, das Zeichen meiner großen Wertschätzung für Ihre priesterliche Opferbereitschaft und für den Wunsch finden, dass sie viele Ihnen vertrauende Seelen bis zur höchsten Nähe zu Gott führen werden.

Und glauben Sie bitte an meine brüderliche Freundschaft.

94 Sein oder tun?

Während Ihres letzten Besuchs sagte ich Ihnen, dass das christliche Gebet nicht eine einfache menschliche Aktivität ist, sondern dass es aus den Tiefen unseres Christseins hervorquillt, jenem Sein, das „Anteil an der göttlichen Natur" ist (2 Petr 1,4). Und Sie erinnern sich sicherlich daran, dass ich hinzufügte: „Beten Sie – nicht mit ihrer Intelligenz oder ihrer menschlichen Affektivität, sondern mit dem Urgrund Ihres

Seins." Dieses „Gebet des Seins" finde ich eigenartigerweise in einem Brief benannt, den ich soeben erhielt. Ich schreibe eine Passage daraus für Sie ab. Sie werden sicherlich sehen, dass wir uns da nicht in einem christlichen Klima vorfinden: Aus den vermittelten Äußerungen tritt eine gewisse pantheistische Geistesverfassung hervor. Das ändert aber nichts daran, dass die Ratschläge, die mein Briefpartner erhalten hat, von einem Christen sehr gut in einem akzeptablen Sinn verstanden werden können.

„Während einer Geschäftsreise um die Welt hatte ich die Gelegenheit, einige Tage in Indien zu verbringen. Angefüllt mit dem, was ich früher über dieses wunderbare Land gelesen hatte, fragte ich dort seit vielen Jahren angesiedelte französische Freunde, die mir ihre Gastfreundschaft gewährten, ob es immer noch diese von Gebet und Weisheit durchdrungenen ‚heiligen Menschen' gibt, deren Einfluss im Verlauf der Zeiten so groß war. Das ist, offen gestanden, nicht die Welt, in der meine Freunde sich bewegen. Um mir einen Gefallen zu tun, zogen sie aber Erkundigungen ein. So führten sie mich eines Tages in ein abgelegenes kleines Dorf und ließen mich dort bei einem ‚heiligen Mann', von dem man ihnen gesagt hatte, dass er in der ganzen Gegend einen sehr guten Ruf hatte. Der Mann, der mich in einer Art Hütte empfing, war um die sechzig Jahre alt. Armselig, mager, mit einem einfachen Lendenschurz bekleidet, machte er den Eindruck großer moralischer Kraft und seelischer Reinheit.

Ich sagte ihm in meinem schlechten Englisch, dass ich katholisch sei, aber dass ich Indien nicht verlassen wolle, ohne die Ratschläge eines Weisen entgegenzunehmen, der den Reichtum der religiösen Traditionen seines Landes in sich trug. Was für eine Überraschung, als ich erfuhr, dass der Mann Engländer war! Während vieler Jahre war er in dieser abgelegenen Gegend medizinisch tätig. Und seit fünfzehn Jahren verbringt er sein Leben damit, zu beten und jenen, die zu ihm kommen, die Wege des Gebets zu lehren. Seine Spiritualität erschien mir einigermaßen bunt zusammengewürfelt, aber von einer tiefen Religiosität.

Er schaute mich lange an; ich fragte mich, ob er mich verstanden hatte. Bei diesem klaren, nachhaltigen, durchdringenden und gleichzeitig wohlwollenden Blick empfand ich fast eine gewisse Peinlichkeit.

Schließlich fragte er mich: ‚Beten Sie jeden Tag?' – ‚Ja', antwortete ich, ‚aber nicht lang.' – ‚Und wie beten Sie?' Ich beschrieb ihm meine Art des Betens: Anbetung, Nachdenken über eine Seite der Heiligen Schrift, dann Lob Gottes und Bittgebet für mich und für die anderen Menschen.

Er lächelte, als er mir zuhörte, ein Lächeln voller Sympathie – allerdings, wie mir schien, nicht ohne eine gewisse Herablassung.

‚Die Westler', nahm er das Wort, ‚denken immer, dass Beten darin besteht, etwas zu *machen*. Hier lehren uns alle Weisen, dass es im *Sein* besteht. Wenn das Sein ist, wozu soll es gut sein, das *Machen* hinzuzufügen? Wenn das Sein nicht da ist, ist das Machen wertlos.' Als er sah, dass ich seinem Denken nicht unmittelbar folgte, wurde er genauer.

‚Beten ist Sein. Ich rede weder über Verhaltensweisen noch über geistige Haltungen. Das Sein ist die Substanz des Menschen. Das ist es, was er vor Gott hintragen muss. Sein, da sein, Gott hingegeben sein, mit Gott sein, für Gott sein, in der Gegenwart Gottes sein, frei von allem Haben und allem Tun. Zu sein ist das einzig wahre Tun, intensiv, hervorquellend, ununterdrückbar, wirkungsvoll und mächtig.

Es ist nicht einfach zu sein. Unser Sein ist überdeckt von angeschwemmtem Nicht-Sein. Man muss es zunächst davon freimachen. Man muss es wieder zum Leben bringen; es dann nackt den Strahlen der Gottheit hinhalten. Und so wird Ihr Sein vielleicht eines Tages, nach zahlreichen Jahren, von dem Großen Sein aufgesogen werden wie der Tautropfen, der in der Sonne verdampft und sich mit der Wolke vereinen wird.

Für Sie würde also Sein bedeuten, in *dem* zu sein, *der ist,* in Gott zu sein, Gott zu sein.'

‚Wollen Sie einen Augenblick mit mir beten?', meinte er dann noch. Und da sammelte sich mein Gastgeber, der in der Haltung Buddhas auf dem nackten Erdboden saß, oder besser: Er wurde wie in die innere Sammlung hineingezogen. Derart weit weg von mir empfand ich ihn mit einem Schlag. Ich konnte nicht beten; es gelang mir nicht, meinen Blick von seinem Gesicht zu lösen, das von Minute zu Minute schöner wurde, wie wenn ein inneres Licht durch es hindurchstrahlen würde.

Nach einer langen Zeitspanne zog ich mich in der hereinbrechenden Dämmerung zurück; ich vermied das geringste Geräusch. Aber er öffnete die Augen und blickte mich voller Liebe an: ‚Wenn Sie zu Ihrem Gott beten, werden wir von nun an beide Seite an Seite sein, so wie heute, sogar noch besser als heute.'"

95 Saïd

Mein lieber Jakob,

dein Gedanke stimmt, dass es, um ein Mann des Gebets zu werden, vonnöten ist, seine Instinkte zu disziplinieren, seine Neigungen zu ordnen, die innere Einheit zu verwirklichen. Heißt dies aber, dass man, um mit dem Beten zu beginnen, warten muss, bis man eine vollkommene Beherrschung seiner selbst erreicht hat? Ich bin mir dessen weniger sicher als du. Aber bevor ich dir meine Ansicht darlege, hätte ich gerne, dass du einen Brief liest, den ein Freund mir vor etwa zwanzig Jahren geschickt hat und den ich vor Kurzem wiedergefunden habe. Ich schreibe ihn für dich ab:

Da bin ich wieder nach langen Jahren der Abwesenheit in dieser Stadt Nordafrikas, die ich so liebe. Da ist die Freude, die Eltern wiedergefunden, Freundschaften wieder aufgegriffen zu haben, lachende Gesichter zu sehen. Ich wende meinen Blick zu den Palmen, die sich im Wind wiegen, zu den alten, von der Sonne vergoldeten Steinen, und meine Hand drückt tausend andere Hände.

Mitten im Tohuwabohu der Ankunft eine Überraschung: Saïd, mein guter alter Saïd, kommt auf mich zu und heißt mich mit dem klassischen Gruß willkommen: *„Ahlan oua sah'lan."* Dass er in meiner Familie geblieben ist – er dient uns seit zwanzig Jahren –, hat an und für sich nichts Überraschendes an sich. Etwas anderes aber erstaunt mich. Ich kannte ihn als streitsüchtigen Menschen, reizbar, brutal, als jemanden, der hinter jungen Mädchen her war, und als unverbesserlichen Trinker. Heute ist er sanft und geduldig, demütig; seine Stimme ist ohne Unsicherheit; seine Gesten sind gelassen und ausgewogen. Er strahlt eine unerklärliche und unausdrückbare Heiterkeit aus.

Um das Geheimnis aufzuklären, stelle ich Saïd einige Fragen; unsere Freundschaft berechtigt mich dazu. „Gott hat es gewollt", antwortet er, „Gott hat es so gewollt." Fertig. Er erklärt nichts. Saïd kennt meine Religion. Er respektiert sie aufrichtig, aber er lässt nicht zu, dass ich in sein Innenleben eindringe.

Ich konnte mich nicht mit einer derart ausweichenden Antwort zufriedengeben, und so ging ich eines Morgens zu ihm. Er wohnt im Herzen des arabischen Viertels, in einem jener Häuser mit kalkgetünchten weißen Wänden, die gewöhnlich recht zwielichtige Orte sind. Er lebt dort mit Zohra, seiner Frau, und dem kleinen verlassenen Kind, das er adoptiert hat. Es ist eine seltsame Oase des Friedens und der Ordnung, ganz im Gegensatz zum Durcheinander der Häuser in der Nachbarschaft. Es ist acht Uhr morgens. Ich gehe bis zum Schlafzimmer von Saïd, aber gegen alle Regeln der orientalischen Gastfreundschaft lässt sich dieser nicht stören, um mich zu empfangen: Er ist im Gebet. Und ich stelle fest, dass Saïd zusätzlich zu den fünf rituellen Gebeten weiter betet oder eher meditiert. Liegt darin sein Geheimnis, die Erklärung für seine Metamorphose …?

Während ich warte, erzählt man mir, dass er jeden Tag im Morgengrauen anfängt zu beten, dann zu seiner Arbeit geht, die ihn bis zum Nachmittag beschäftigt. Sobald er wieder zu Hause ist, nimmt er das Gebet wieder auf, und während dieser Zeit herrscht im ganzen Haus Stille. Danach, erst danach geht das Kommen und Gehen der Besucher los, denn Saïd ist im Viertel bekannt und seine Nachbarn kommen, um ihn um Rat zu fragen: Er befriedet die tausend täglichen Streitereien, die man seinem Urteil anheimgibt. Er lässt es nicht zu, dass man ihm öffentlich den Titel eines Scheichs verleiht, auf den er ein Anrecht hat, aber er wird von allen respektiert, man versammelt sich um ihn mehr als um einen verehrungswürdigen Marabut. Er redet gerne, und seine Worte sind von erstaunlicher Weisheit und Sanftmut für den, der den früheren Saïd gekannt hat. Am Abend vor dem Schlafengehen betet er wieder lange. So sind es an die fünf Stunden, die er während des Tages mit seinem Gott verbracht hat.

Nachdem er sein Gebet beendet hat, kommt Saïd zu mir, bringt mich zu einem winzigen Salon und bietet mir die traditionelle Tasse Kaffee an; mit einem Wort: Er empfängt mich mit der ganzen Raffinesse der exquisiten orientalischen Gastfreundschaft.

Nachdem ich ihn verlassen hatte und langsamen Schritts nach Hause ging, war es an mir zu meditieren …

Verstehst du, warum ich dich diesen Brief lesen lassen wollte? Aus ihm geht klar hervor, dass Saïds Gebet die Quelle der Verwandlung seines Charakters und seines ethischen Verhaltens war, nicht umgekehrt. Mein Freund hat sich darin nicht getäuscht. Ich stimme dir zu, dass die Selbstbeherrschung für denjenigen nötig ist, der auf den Wegen des Gebets vorankommen will, aber noch notwendiger ist das Gebet, um Selbstbeherrschung zu erlangen. Wenn du darauf wartest,

Selbstbeherrschung erlangt zu haben, um dich dann ans Beten zu machen, befürchte ich sehr, dass du niemals weder zum einen noch zum anderen vordringst.

Im Übrigen erscheint mir der Ausdruck „Beherrschung seiner selbst“, den du oft gebrauchst, fragwürdig. Ein Christ hat Besseres zu tun, als Selbstbeherrschung anzustreben. Er sollte eher anstreben, dass Gott über ihn herrscht. Schau dir Saïd an: Glaubst du, dass er diese Ausstrahlung hätte und ein solcher Anziehungspunkt wäre, wenn er lediglich Selbstbeherrschung hätte? Eigentlich ist es die Gegenwart eines Anderen in ihm, die durch seinen gewandelten Charakter hindurchstrahlt und diese Anziehungskraft ausübt.

Suche also Gott, gib deinen Geist dem wachsenden Einfluss seiner Liebe hin, dann wirst du früher oder später bemerken, dass sich Ordnung und Frieden zunehmend in dir einstellen. Höre auf den heiligen Augustinus, wie kraftvoll und klar er dieses große Gesetz des spirituellen Lebens zum Ausdruck bringt: „Es ist recht, dass das, was niedriger ist, sich dem, was höher ist, unterwirft. Derjenige, der das, was unter ihm steht, beherrschen will, muss sich dem unterwerfen, was über ihm steht. An dir ist es, dich Gott zu unterwerfen; an dir ist es, dir dein Fleisch (und all seine Neigungen) zu unterwerfen. Was könnte richtiger sein! Was könnte schöner sein! Du bist dem unterworfen, was größer ist als du; was kleiner ist als du, ist dir unterworfen. Wenn du dich allerdings an das erste Gesetz „Gottes ist deine eigene Unterwerfung“, nicht hältst, dann wirst du nie zur Wahrheit des zweiten Gesetzes durchstoßen: „Dir ist das Fleisch unterworfen.“

Und um zu dieser Unterwerfung unseres ganzen Seins unter Gott zu kommen, gibt es ein besonders geeignetes Mittel: das Gebet. Saïd ist Zeuge dafür, aber auch viele Christen während vieler Jahrhunderte.

96 „Du wirst meinen Rücken sehen"

Ihr Brief hat mich an eine bescheidene Frau erinnert, die ich vor mehr als dreißig Jahren getroffen hatte. Als junger Priester wohnte ich bei einem Mitbruder, der mir ein Zimmer in der Nähe der Basilika von Montmartre vermietet hatte.

Eine Frau aus dem Viertel kam für die Haushaltsarbeiten, und hin und wieder sprach ich mit ihr, während sie mein Zimmer ausfegte. Sie schien mir sehr alt zu sein. Heute wäre meine Schätzung ganz anders! Klein, wendig, diskret wie ein Schatten war sie wie jemand, der sich immer dafür zu entschuldigen schien, da zu sein.

Ihre Tugendhaftigkeit – vielleicht sollte ich sagen: ihre Heiligkeit – war sicherlich groß. Aber man musste, um das zu erahnen, auf ihren Blick achten – der einzige Spalt zu ihrer Innenwelt: Er ließ eine intensive und reine Klarheit durchscheinen. In der Basilika konnte man sie sehr lang beten sehen, fast immer kniend, die Augen auf die Monstranz gerichtet. Und man munkelte, dass sie Ärmeren die Hälfte ihres Lohns zukommen ließ.

Ich musste sie Ihnen hier vorstellen, damit Sie die Tragweite des Zwiegesprächs erfassen können, von dem ich Ihnen erzählen werde, ein gleichzeitig rätselhaftes, aber auch an spiritueller Bedeutung äußerst reiches Zwiegespräch.

Eines Tages wünschte ich mir, dass sie die Exerzitien, die ich anleiten sollte, mit in ihr Gebet aufnehmen würde, und so bat ich sie: „Beten Sie bitte darum, dass ich in rechter Weise zu den Leuten von Gott sprechen kann." Und da rutscht ihr das Wort heraus: „Oh! Sprechen Sie auf keinen Fall von Gott!" Aber gleich darauf, selbst etwas verwirrt von dem, was sie gerade gesagt hatte, entschuldigt sie sich: „Ich bin ein Dummkopf. Ich weiß nicht, warum ich Ihnen das gesagt habe." Und ich konnte nichts weiter aus ihr herausbekommen.

Nichtsdestotrotz ließ mich ihr seltsamer kleiner Satz, den sie mit solcher Überzeugung geäußert hatte, nicht in Ruhe. Zweifelsohne wurde ich ab diesem Augenblick auf ihr Innenleben aufmerksam.

Eine andere Bemerkung von ihr, die sie machte, als sie von einer Predigt zurückkam, ließ mich einen weiteren Schritt bei der Entdeckung ihres Denkens machen: „Ich war so zufrieden", vertraute sie mir an. „Der Prediger hat gesagt, dass Gott nicht zu verstehen ist." – „Ich dachte, dass Sie ein großes Verlangen danach haben, Gott zu erkennen?" – „Ja, aber nicht, ihn zu begreifen. Immer, wenn ich denke, dass man von Gott nichts begreifen kann, fühle ich mich, wie wenn ich von einem sehr ruhigen Licht umstrahlt würde."

Täusche ich mich, wenn ich denke, dass Sie in diesen einfachen Äußerungen einer sehr bescheidenen Frau die Antwort auf die Fragen finden, die Sie sich stellen?

Wenn wir nicht davon ablassen, Gott mit unseren eigenen Mitteln erkennen zu wollen, werden wir ihm nie wirklich näherkommen. Man muss nicht nur über die an die Sinne gebundene Erkenntnis hinauskommen, sondern auch über die der Ratio. Viele betende Seelen erleiden bei ihrer Suche nach Gott Schiffbruch, weil sie sich nicht dazu durchringen können, die Imagination und die an die Sinne gebundene Erkenntnisweise einzudämmen, oder weil sie sich an Begriffen über Gott festhalten und nicht verstehen, dass Gott sich genauso wenig durch unsere Konzepte erfassen lässt, wie man den Ozean mit einem Fischernetz einfangen kann.

Sie, diese bescheidene Frau, wusste, dass uns all die schönen Ideen höchstens ein Stück weit in der Richtung auf Gott hin weiterbringen, aber dass sie uns, wenn wir bei ihnen stehenbleiben, daran hindern, in sein Geheimnis einzudringen. Sie sagte auf ihre Weise, was Bossuet in beredteren, vielleicht sogar durchdringenderen Worten über „die hohe Unbegreifbarkeit Gottes" ausdrückte: „Je mehr man in der Erkenntnis Gottes voranschreitet, umso mehr sieht man, dass man sozusagen gar nichts weiß, das Seiner würdig wäre; und indem man über alles hinauskommt, was man je von ihm gedacht hat und was man bis in alle Ewigkeit über ihn denken könnte, preist man ihn in seiner unbegreiflichen Wahrheit, und man verliert sich in diesem Loben und Preisen.“

Man muss zunächst aufgeben, jemals hier auf dieser Erde Gott so zu erkennen wie er ist, sodass Gott es ist, der im Zentrum unserer Seele eine Erkenntnis seiner selbst einflößt, die lichtvolle Sicherheit seiner Existenz und seiner Gegenwart ist und zugleich vollkommene Nicht-Kenntnis dessen, wer er in sich selbst ist. Es ist der Gott, wie Mose ihn sieht: Er sieht „Gottes Rücken“ (Ex. 33,18–23). Denn solange wir auf Erden sind, können wir sein Angesicht nicht betrachten. Der heilige Thomas hat hierzu einige Zeilen bewundernswerter Tiefsicht geschrieben: „Am Ziel unserer Erkenntnis angekommen, kennen wir Gott als den Unerkannten. Und unser Geist dringt in vollkommener Weise in dem Augenblick zur Erkenntnis Gottes vor, wo er erkennt, dass die göttliche Essenz über dem liegt, was der Geist im Zustand des gegenwärtigen Lebens erfassen kann.“

Einer der besten Beweise dafür, dass der Heilige Geist, der Geist der Weisheit, in uns gegenwärtig ist und in uns handelt und uns das höchste Geschenk zukommen lässt, liegt darin, dass wir die Unbegreifbarkeit Gottes schmecken und Freude darüber empfinden, wenn von ihr gesprochen wird, und dass wir uns unbehaglich fühlen, wenn wir Äußerungen zu hören bekommen, die vorgeben, uns Gott zu offenbaren, und dass wir beim Gebet das Bedürfnis spüren, sich zu verlieren, sich von dem Abgrund der göttlichen Unbegreiflichkeit aufsaugen zu lassen, wie der Perlentaucher in die durchsichtigen Wasser hinabtaucht.

Aber es versteht sich von selbst, dass es, bevor man dorthin gelangt, lange Zeit nötig ist, die diskursive Erkenntnis Gottes durch die Meditation seines Wortes und durch die Kontemplation seiner Attribute im Spiegel seiner Geschöpfe zu suchen. Es wäre vermessen, schneller vorankommen zu wollen, als die Gnade es tut.

Verlangen sie mit all Ihren Kräften nach der Erkenntnis Gottes, suchen Sie ihn Und dann, zu guter Letzt, überlassen Sie sich ihm ganz und gar, um Sie in jenen Bereich einzuführen, der unendlich jenseits dessen liegt, was unsere menschlichen Erkenntnisfähigkeiten erforschen können. Seien Sie in Erwartung dessen ganz arm und klein, und er wird sich als sehr groß offenbaren. Lieben Sie seine Dunkelheit, und er wird Sie in seinem Licht aufnehmen.

„In jener Zeit sprach Jesus: Ich preise dich, Vater, Herr des Himmels und der Erde, weil du all das den Weisen und Klugen verborgen, den Unmündigen aber offenbart hast. Ja, Vater, so hat es dir gefallen" (Mt 11,25–26, EÜ).

97 Das Gebet einer bescheidenen Frau

Wenn sie mich über ihre *Methode zu beten* sprechen hörte, würde die bescheidene Frau lächeln mit dem hellen und zugleich schüchternen Lächeln, das ihr eignet. Sie hätte nicht unrecht. Ich könnte mir sogar denken, dass sich in ihr Lächeln eine leise Ironie mischte.

Wir Armen, die wir so reich sind an Techniken und Methoden! Sie brauchte zum Beten nicht mehr Methode als zum Lächeln.

Fast jeden Morgen war sie um sieben in der Heiligen Messe. Wenn ich die Kommunion austeilte, fiel sie mir unter allen auf; ich sage nicht durch Intensität, sondern durch Andacht, eine bestimmte Qualität, die man unmöglich beschreiben kann. Es war, als erlebte sie im tiefsten Grund ihres Wesens etwas so Beglückendes, dass davon eine geheimnisvolle Klarheit ausstrahlte und in ihrem Gesicht aufleuchtete. Die gleiche Sammlung beeindruckte mich, wenn ich sie an der Kniebank der Marienkapelle sah, aufrecht und mit gefalteten Händen.

Als wir uns eines Tages unterhielten, erlaubte ich mir die Frage, wie sie bete. Zuerst war sie überrascht. Da aber die Frage eines Priesters für sie sehr ernst zu nehmen war, besann sie sich einen Augenblick und antwortete: „Zu Beginn meines Betens denke ich daran, dass Gott über diesen Augenblick, da ich gerade bei ihm bin, eine bestimmte Vorstellung hat und irgendetwas erwartet. Dann will ich, was er will, und suche nicht weiter. Das ist mein ganzes Gebet."

Glauben Sie mir, das ist eine sehr echte, sehr hohe, sehr vollkommene Weise zu beten. Wenn Sie das reine Licht dieser bescheidenen Sätze, die Sie eben gelesen haben, zerlegen, so finden Sie die höchsten Tugenden in seltener Größe darin: Glauben, Selbstverleugnung, Ergebung, Liebe. Glauben an den lebendigen Gott, der da ist, aufmerksam für sein Kind, und der sicher dieses Gebet zu seiner Verherrlichung dienen lässt. Selbstverleugnung: Diese Frau kennt kein persönliches Verlangen oder Wünschen, nicht einmal den abgeklärtesten Wunsch – dem einzigen Willen Gottes zuzustimmen, genügt ihr vollauf. Ergebung für das, was der Herr tun wird, bedingungslose Einwilligung in alles, was er verlangen wird. Liebe endlich, diese Liebe, die darin besteht, allen Raum in sich diesem Gott zu überlassen, den man liebt, eine Liebe, die der Anbetung ganz nah verwandt ist.

Ein andermal vertraute sie mir an, wie sie zu dieser Gebetsform gelangt war. Ich kann ihre Ausdrücke nicht genau wiedergeben und ich bedaure es, weil ihre Sprache die einer Frau aus dem Volk war: einfach, konkret, saftig. Hier nur, was sie mir im Wesentlichen sagte: „Ich habe eine sehr harte Zeit durchgemacht. Beim Beten wurde mein Wunsch, Gott zu erkennen und zu lieben, immer stärker und so heftig, dass ich davon völlig erschüttert und erschöpft war. Da ich einsah, dass das nicht normal war, habe ich gedacht, ich müsste diesen Wunsch, der noch ein Suchen nach mir selbst sein konnte, unterdrücken und von jedem Wunsch leer vor den Herrn hintreten. Aber auch damit gewann ich keinen Frieden. Dann habe ich die großen Anliegen gesucht, die meinem Gott angenehm sein könnten: die Bekehrung der Ungläubigen, die Einheit der Kirche, das Ende des Krieges ... Aber ich war nicht ganz sicher, ob das gewählte Anliegen auch das von Gott gewünschte war. Wochen vergingen, ich hatte das Gefühl, dass mein Gebet nicht immer die rechte Antwort auf die Erwartung des Herrn war.

Eines Tages kam mir endlich eine so einfache Idee, dass ich erstaunt war, sie nicht früher gehabt zu haben: Ich bin nie sicher, ob ich nach Gottes Wunsch handle, warum soll ich mich nicht einfach damit begnügen, aus all meinen Kräften das zu wollen, was Gott im Grunde meines Ich will, meinen ganzen Willen dem göttlichen zu vereinen, oder noch besser, ihn von diesem göttlichen Willen völlig einschließen zu lassen? Dann wäre ich sicher, mich nicht zu täuschen, nicht an Gottes Wunsch vorbeizugehen, ob er nun die anderen oder mich betrifft. Ich wäre sicher, ihm genau das Gebet anzubieten, das er von mir erwartet. Diesmal fand ich den Frieden, einen tiefen Frieden. Wenn ich ihn einmal nicht mehr in mir finde, so ist es ein Zeichen, dass ich mich vom Willen Gottes habe ablenken lassen. Dann kehre ich aber sofort zu ihm zurück."

98 Stationen auf dem Weg

Um auf Ihren Wunsch einzugehen, müsste es mir möglich sein, die spirituelle Entwicklung Ihres Ehemanns nachzuzeichnen. Wie und durch welche Zwischenstufen hindurch hat er zu diesem strahlenden inneren Leben gefunden, das nur beeindrucken konnte? Geheimnis Gottes. Es stimmt, dass ich jahrelang Zeuge und Vertrauter dieser seiner spirituellen Bemühungen war, aber das Bedeutsamste spielte sich in ihm ab, in einer Tiefe, zu der ich keinen Zugang hatte. Trotzdem werde ich versuchen, die grundlegenden Etappen seines Gebetslebens, so, wie ich sie wahrnahm, nachzuverfolgen.

Bald wird es zwölf Jahre her sein, als ich ihn kennenlernte. Sie wissen besser als ich, dass er ein Mann tiefen Glaubens war. Seine Art zu reagieren war fast immer die eines gläubigen Menschen: ob eines seiner Kinder krank war, ob er eine wichtige berufliche Entscheidung treffen musste, bei Ihrem schweren Unfall … Das Erste, was er tat, war, sich an Gott zu wenden. Sie brauchen nur daran zu denken, mit welchem Glauben an die göttliche Väterlichkeit er gern den Satz Christi zitierte: *„Bittet, dann wird euch gegeben; sucht, dann werdet ihr finden; klopft an, dann wird euch geöffnet"* (Mt 7,7, EÜ).

Eines Tages hatte ich das Gefühl, dass er dabei war, in eine neue spirituelle Phase einzutreten. Bei einem Gespräch mit ihm schien es mir nämlich, dass sich sein Gebet seit einigen Monaten verändert hatte: Er erbat nicht mehr zeitgebundene Güter, sondern die des Reichs Gottes – und mit welchem Nachdruck! Als ich ihn darauf aufmerksam machte, dass es völlig in Ordnung sei, Gott um unserer zeitlichen Bedürfnisse willen anzubeten, bestritt er dies nicht, aber er beeindruckte mich, mit welcher Eindeutigkeit er mir die Worte Christi in Erinnerung rief: *„Fragt nicht, was ihr essen und was ihr trinken sollt, und ängstigt euch nicht! Denn um all das geht es den Heiden in der Welt. Euer Vater weiß, dass ihr das braucht. Euch jedoch muss es um sein Reich gehen; dann wird euch das andere dazugegeben"* (Lk 12,29–31, EÜ). Der Wunsch nach der Gnade, die er mehr und mehr in sich erfuhr, war in ihm äußerst lebendig: Gnade, die ihn dazu brachte, eigene Fehler zu korrigieren, und die ihn in ein tieferes Beten hineinzog, eine Gnade des Friedens und der Freude, eine Gnade, die durch ihn hindurch jene berührte, die ihn um Rat fragten – das war der Augenblick, Sie erinnern sich sicherlich daran, als er sich mit so großer Hingabe um einen jungen Straftäter kümmerte.

Einige Jahre später verstand ich, dass er diese Etappe ebenfalls hinter sich gelassen hatte. Als wir eines Tages vom Beten sprachen, zitierte er diesen Satz eines Mystikers: „Welch ein Unterschied zwischen jenem, der sich zum Festmahl um des Festmahls willen begibt, und jenem, der dorthin geht, um den Geliebten zu treffen!" Wie oft kamen in den folgenden Monaten in seinen Äußerungen und seinen Briefen Verse aus den Psalmen, in denen sich sein Seelenzustand offenbarte: *„Gott, du mein Gott, dich suche ich, meine Seele dürstet nach dir. Nach dir schmachtet mein Leib wie dürres, lechzendes Land ohne Wasser"* (Ps 63,2, EÜ); *„Meine Seele dürstet nach Gott, nach dem lebendigen Gott. Wann darf ich kommen und Gottes Antlitz schauen?"* (Ps 42,3, EÜ); *„Ich breite die Hände aus zu dir; meine Seele dürstet nach dir wie lechzendes Land"* (Ps 143,6, EÜ). Wenn man sich mit ihm unterhielt, war klar, dass er weder die Güter dieser Welt ersehnte noch in einem gewissen Sinn die des Reiches Gottes noch die Gaben Gottes, sondern die Gabe Gottes, Gott selbst.

Die Jahre vergingen, und diese Sehnsucht brannte in ihm: Er war begierig, die großen spirituellen Autoren zu lesen, Menschen zu begegnen, die zu ihm von seinem Gott reden würden. Es war, wie wenn er immer hoffte, ein Geheimnis zu entdecken: das Mittel, jenem Gott zu begegnen, der ihn zu sich hingezogen hatte, um ihn nie mehr zu verlassen. Dieses Bedürfnis nach Gott hatte etwas außerordentlich Bewegendes – voller Ungeduld und gleichzeitig voller Frieden; es kam aus der tiefsten Tiefe seines Wesens; es verriet sich in den Gesprächen mit mir und es dürfte sich sicherlich in sein Gebet in durchdringenden Bitten übertragen haben. Ich glaube, sagen zu können, dass Ihr Ehemann zu der echten, dem Evangelium entsprechenden Unabhängigkeit gekommen war, nicht weil er die Güter dieser Welt verachtet hätte, sondern dank einer Faszination, die ein unvergleichlich viel wünschenswerteres Gut auf ihn ausübte.

Dann kam eine Zeit, die mich verwirrte: Ich fragte mich, ob seine Inbrunst nicht nachließ: Ich nahm das vom Gottesfieber brennende Schlagen seines Herzens nicht mehr wahr. Ich wollte mich jedoch auch nicht beunruhigen, denn Friede, Freude, fast hätte ich gesagt, der Heilige Geist, gingen von ihm aus. Der Beweis dafür war mir die zunehmende Weite seiner Ausstrahlung. Das war zu jener Zeit, als er den jüdischen Professor auf die Taufe vorbereitete, den Sie in Ihrem Haus so herzlich willkommen geheißen hatten. Aber ich nahm das Werk der Gnade bis zu jenem Tag schlecht wahr, wo er mir, ohne es zu wissen, den Schlüssel dazu gab, indem er von einem „Jenseits-der-Sehnsucht" sprach. Ich fragte, was er damit meine. Hier fast wörtlich seine Antwort: „Es stimmt, dass während vieler Jahre mein inneres Leben in einer unstillbaren Sehnsucht nach Gott bestand. Dann, eines Tages, war es, wie wenn alles Sehnen tot war. Ich hatte große Angst; ich war überzeugt, Gott verloren zu haben. Auf das Gefühl intensiven Lebens, das durch die unstillbare Sehnsucht, dem *Herrn* zu begegnen und mich in ihm zu verlieren, in mir am Brennen gehalten wurde, folgte eine Leere, eine völlige spirituelle Erschlaffung. Ich wusste nicht mehr, ob ich noch den Glauben hatte, und ich war sicher, ihn nicht mehr zu lieben, denn ich fand in mir nicht die geringste Sehnsucht. Sie waren nicht da, um mir zu helfen, den Willen Gottes zu verstehen. Ich hatte die Empfindung, aus einer lang anhaltenden Illusion herausgetreten zu sein. Ich war ruhig und gleichzeitig verlassen – in dem Sinn, in dem man von einem verlassenen Stück Erde spricht. Das Licht der Einsicht ist mir gekommen, als ich mich mit einer gewissen Nostalgie an das Gebet erinnerte, das in den vorhergehenden Jahren so oft aus mir herausgebrochen ist: „Herr, ich habe Hunger und Durst nach dir." Ich verstand zum ersten Mal, dass dieses Gebet nicht arm genug war: „Ich habe Hunger … ich habe Durst", das „ich" war noch viel zu sehr im Vordergrund, viel zu lebendig, wo es doch hätte gekreuzigt werden müssen. Ich hatte Schritt für Schritt auf die Güter dieser Welt verzichtet, dann auf die Güter des Reiches Gottes, jetzt musste ich auf die Sehnsucht nach Gott selbst verzichten, in dem Sinn, dass ich die Vereinigung mit Gott nicht mehr um meinetwillen, sondern um Gottes willen ersehnen sollte, dass die Sehnsucht nicht mehr meine Sehnsucht, sondern die Gottes in mir sein sollte." An diesem Tag haben wir sehr lange über diese neue Etappe seines Gebetslebens miteinander gesprochen.

Als Sie mich einige Monate später über seinen tödlichen Unfall informierten, ist mir eine Passage aus dem Buch von Émile Dermenghem *Vie des saints musulman* (Das Leben der heiligen Moslems) in den Sinn gekommen, die Ihr Mann mir bei unserem letzten Gespräch mit großer Freude zitiert hatte: „‚Eine Stimme hat mir zugerufen: O Aboû Yazîd, wonach hast du Sehnsucht?' Ich antwortete: ‚Ich sehne mich danach, nichts zu ersehnen, denn ich bin der Ersehnte, und du bist derjenige, der Sehnsucht hat!'"

99 Du selber bist es!

Ein mohammedanischer Student hat mich besucht. Er hatte eines der *Hefte über das Gebet* gelesen und wünschte mich zu sprechen. Als er sich nach unserem Gespräch verabschiedete, sagte er, dass er mir zur Erinnerung und als Zeichen des Dankes eine mohammedanische Legende schenken wolle, „die Sie sicher lieben werden", fügte er hinzu. Und er erzählte sie mir.

Tatsächlich habe ich sie so gern, dass mein heutiger Brief sich damit begnügt, sie Ihnen zu erzählen. Eines Nachts kommt ein Liebender, sieghaft und voll Verwegenheit, und klopft an die Tür seiner Geliebten. Sie fragt: „Wer ist da?" Er antwortet: „Ich bin es!" Sie weigert sich zu öffnen und sagt hart: „Geh fort." Der junge Mann entfernt sich, bebend vor Zorn, und erklärt, dass er sie vergessen werde, dass er sie schon vergessen habe. Er reist durch die weite Welt. Aber Vergessen findet er nicht. Und die Liebe führt ihn abermals mit unwiderstehlicher Hand vor die Tür der Geliebten. Dasselbe Zwiegespräch wie beim ersten Mal. Nur fügt sie beim Abschied einen kleinen, geheimnisvollen Satz hinzu: „Du sagst mir das einzige Wort nicht, das mir erlauben würde, dir zu öffnen." Entrüstet, beunruhigt, niedergeschlagen geht er fort. Aber diesmal nicht, um auf fernen Reisen Vergessen zu suchen. Er sucht einsame Schluchten auf, um lange nachzudenken. Langsam weichen Zorn und Leidenschaft in ihm der Weisheit. Was seine Liebe an Heftigkeit verliert, gewinnt sie an Tiefe, und nach Jahren kommt unser Liebender aufs Neue schüchtern, demütig und glühender als je zu seiner Geliebten. Bescheiden klopft er an. „Wer ist da?" Mit leiser Stimme antwortet er: „Du selbst!" Und sofort öffnet sich ihm die Tür.

Erklärt hat mir mein Besucher seine Legende nicht. Wozu auch, nicht wahr? Sie ist klar wie ein Gebirgsbach. Beten, das heißt, an die Tür klopfen, hinter der das gewaltige göttliche Leben lodert, blendend von Licht, Liebe und Freude. Wenn er sich ganz entäußert und dem Herrn in seiner Seele Raum gegeben hat, kann der, welcher klopft, ganz wahrhaftig sagen: „Du selber bist es." Dann endlich öffnet sich die Tür für die so lange ersehnte Einigung mit Gott.

100 „Die Ruhe Gottes"

Sie sind verwirrt, weil Sie beim Beten dazu neigen, sich auszuruhen, während Sie bislang die Empfindung intensiver geistiger und von Herzen kommender Aktivität hatten. Sie fragen sich, ob darin nicht eine Versuchung zur Nachlässigkeit liegt.

Könnte es sein, dass Sie, wie so viele unserer Zeitgenossen, nur wenig Wertschätzung für die Ruhe haben und all Ihre Gunst dem Tun vorbehalten? Natürlich muss man sorgfältig unterscheiden. Ausruhen ist nicht gleich Ausruhen. Aber von vornherein jedem Ausruhen misstrauisch gegenüberzustehen, was für ein Irrtum! Wenn manches Ausruhen nur Faulheit, nur Trägheit ist, gibt es andere Formen, die schätzenswert sind, die darauf abzielen, Kräfte wiederzugewinnen, um dann besser handeln zu können.

Es gibt noch höherstehende Formen der Ruhe. Lesen Sie den Brief an die Hebräer (Hebr 4 passim). Der Brief lehrt uns eine „frohe Botschaft", die ein Versprechen beinhaltet, *„das Versprechen, in das Land seiner Ruhe zu kommen, das dem Volk Gottes vorbehalten ist"* – und somit jedem seiner Glieder. Und der Autor des Briefes schließt mit dem Satz: *„Bemüht euch, in dieses Land der Ruhe zu kommen."* Der Ausdruck „die Ruhe Gottes" ist alt. Er bezeichnet in der Bibel das Gelobte Land; in dieses Land einzutreten hieß, zur Ruhe Gottes Zugang zu haben. Aber das Gelobte Land war nur ein recht mangelhaftes Bild für die wahre Ruhe Gottes, zu der wir eingeladen sind: dem Himmel. Dieser ist im Übrigen wie das Gelobte Land schwer zu erobern. Soll das heißen, dass man vor dem Eintritt in das *Vaterland* darauf verzichten muss, Ruhe, die Ruhe Gottes zu finden? Nein. Auf dem Weg sind göttliche Haltepunkte bereitgestellt, Stunden und Orte der Ruhe; hat Jesus Christus nicht gesagt: *„Kommt alle zu mir, die ihr euch plagt und schwere Lasten zu tragen habt. Ich werde euch Ruhe verschaffen [...] So werdet ihr Ruhe finden für eure Seele"* (Mt 11,28–29).

Wir können, wir sollen auch die Ruhe Gottes suchen und uns bemühen, in sie einzutreten, wozu uns der Hebräerbrief ja auffordert. Aber dringen wir noch tiefer in die Bedeutung dieses biblischen Begriffs der Ruhe Gottes ein.

Ruhe Gottes: Der Ausdruck ist nicht nur als die Ruhe zu verstehen, die Gott uns anbietet, sondern auch als die Ruhe, die Gott genießt. Ich will das näher erläutern.

Es stimmt, dass man spontan eher an Gottes intensive Aktivität denkt als an seine Ruhe. Man ist weniger erstaunt, Christus sagen zu hören: *„Mein Vater und ich handeln ohne Unterlass"* (Joh 5,17), als wenn man auf den Ausdruck „Ruhe Gottes" stößt. Ein Gedanke über die Liebe kann uns helfen zu begreifen, was man darunter zu verstehen hat. Auf den ersten Blick erscheint die Liebe, weil sie gerichteter Schwung, weil sie Sehnsucht ist, als ein Gegensatz zur Ruhe. Aber Schwung und Sehnsucht sind nicht das Ganze der Liebe; sie neigen einem Ziel zu: der Vereinigung. In ihr wird Liebe zur Ruhe, eine Ruhe, in der sich Schwung und Sehnsucht nicht erschöpfen, sondern in einer freudvollen und ruhigen Begeisterung ihre Erfüllung finden.

Das findet im Zentrum des trinitären Lebens selbst seine Bestätigung. Der *Vater* und der *Sohn* lieben sich mit einer unendlichen Liebe; mit größtem, ununterdrückbarem Schwung streben sie zueinander hin, vereinigen sich und ruhen *„in der Einheit des Heiligen Geistes"*. So wurde der Heilige Geist von den Kirchenvätern auch „Ruhe" genannt. Natürlich ist diese Ruhe des *Vaters* und des *Sohnes* kein Verlöschen ihrer Liebe, sondern viel eher das Ziel, in dem diese Liebe ihre Erfüllung und ihren Endpunkt findet, und das in einem unendlichen und ewigen Frohlocken.

Wenn man sich in jeder Liebe um das Erreichen der inneren Ruhe bemüht, und wenn die Liebe in dieser Ruhe ihre Erfüllung findet, wie können wir schon hier auf dieser Erde zur spirituellen Ruhe kommen, zur Ruhe Gottes? Eben dies würde ich Ihnen gerne begreiflich machen.

Zwischen dem Christen und Christus ist die Liebe, wie jede Liebe, zunächst gezielter Schwung und Sehnsucht, aber sie sucht nach Vollkommenheit, nach der Ruhe in der Intimität mit dem geliebten Wesen. Die Apokalypse sagt es in konkreten Worten: *„Ich stehe vor der Tür und klopfe an. Wer meine Stimme hört und die Tür öffnet, bei dem werde ich eintreten, und wir werden Mahl halten, ich mit ihm und er mit mir"* (Offb 3,20, EÜ). Im Evangelium des heiligen Johannes drückt

Christus dieselbe Wahrheit in weniger konkreten, aber kürzeren und stärkeren Worten aus: *„Ihr in mir und ich in euch"* (Joh 14,20). Jesus Christus will uns also auf diese Weise bereits hier auf der Erde einen Vorgeschmack der Ruhe Gottes geben, indem er uns mit sich vereint.

Wer in Treue betet, wird mit Sicherheit hin und wieder diese Erfahrung machen. Der Beweis hierfür ist, dass die mit Spiritualität befassten Autoren von einem Gebet sprechen, das sie „Gebet der Seelenruhe", „Gebet der Ruhe" *(oraison de quiétude)* nennen. Hören Sie einem von ihnen zu: „Wenn die Seele sich zum Gebet begibt, und käme sie auch in der Absicht dorthin, sich um irgendeine spezielle Angelegenheit zu kümmern, befindet sie sich alsbald, ohne dass sie weiß, wie, innerlich in sich selbst gesammelt mit dem süßen Empfinden der Gegenwart *unseres Herrn*. Es stimmt, dass dieses Empfinden nichts deutlich Umgrenztes an sich hat, aber die Süße, die es begleitet, überzeugt die Seele davon, dass jener, den sie liebt, nahe ist und selbst kommt, um die Liebe Gottes zu bezeugen, und dass sie nur danach verlangen soll, das Glück zu genießen, das ihr dargeboten wird" (P.-J. Clorivière). Und in dem Maß, in dem der Christ dazu kommt, ohne Unterlass zu beten, kann er sogar inmitten einer von viel Stress gezeichneten Existenz fortdauernd nach dem Gebot Christi leben, ohne aus der Ruhe Gottes herauszutreten.

Gehen wir noch weiter. Dieser Christus, zu dem sich unser Schwung und unsere Sehnsucht hinspannt, gibt sich nicht damit zufrieden, uns in seine Nähe hineinzunehmen, er will uns in einem nicht aufzuhaltenden Liebes-Elan bis zum Vater bringen.

Und so findet sich die Seele, die dies geschehen lässt, in die intime Beziehung, in die Liebesvereinigung des Vaters und des Sohnes, die der Heilige Geist ist, hineingenommen, jenen Heiligen Geist, den die Tradition *Ruhe, Fest, jubelnden Lobpreis, ewiges Lob* der Liebe des *Vaters* und des *Sohnes* genannt hat.

Sie werden mir vielleicht antworten, dass Ihnen bei meinen Worten schwindlig wird, dass Sie weit von einer solchen Heiligkeit entfernt sind. Sei's drum, aber ist die Ruhe, die Sie in Ihrem Gebet erfahren, nicht bereits eine erste Station auf dem Weg zur „Ruhe Gottes"?

Zur Übersetzung

Von Hans Urs von Balthasar wurden übersetzt die Briefe mit den Nummern:

1, 2, 3, 4, 5, 6, 8, 9, 10, 11, 12, 20, 27, 28, 30, 32, 33, 34, 37, 38, 39, 42, 44, 45, 46, 47, 56, 57, 58, 59, 60, 61, 63, 64, 68, 69, 75, 77, 80, 82, 83, 84, 85, 86, 87, 90, 91, 92, 97, 99.

Von Frank Höfer wurden übersetzt:

7, 13, 14, 15, 16, 17, 18, 19, 21, 22, 23, 24, 25, 26, 29, 31, 35, 36, 40, 41, 43, 48, 49, 50, 51, 52, 53, 54, 55, 62, 66, 67, 70, 71, 72, 73, 74, 76, 78, 79, 81, 88, 89, 93, 94, 95, 96, 98, 100.

1963 erschien eine ebenfalls stark gekürzte Ausgabe von *Presence à Dieu*. Die Übersetzung von Brief 65 stammt aus diesem Buch: Henri Caffarel, Briefe über das Beten. Aus dem Französischen übersetzt von Agnes Heitzer © für die deutsche Übersetzung: Matthias-Grünewald-Verlag, Mainz 1963.